新世纪高等师范院校教材

# 中学数学教材教法

（修订版） 第三分册 初等几何研究

主　审　张奠宙

主　编　赵振威

副主编　章士藻

编写人员　赵振威　章士藻

何履端　沈培华

华东师范大学出版社

上海

**图书在版编目(CIP)数据**

中学数学教材教法. 第 3 分册,初等几何研究/赵振威主编.—修订版.—上海:华东师范大学出版社,1994.5(2009.1 重印)

ISBN 978 - 7 - 5617 - 1194 - 1

Ⅰ.中… Ⅱ.赵… Ⅲ.中学一几何课一教学法一师范大学一教材 Ⅳ.G633.602

中国版本图书馆 CIP 数据核字(2000)第 10006 号

新世纪高等师范院校教材

**中学数学教材教法**(修订版)

第三分册

主　　编　赵振威

出版发行　**华东师范大学出版社**
社　　址　上海市中山北路 3663 号　邮编 200062
网　　址　www.ecnupress.com.cn
电　　话　021 - 60821666　行政传真 021 - 62572105
客服电话　021 - 62865537　门市(邮购)电话 021 - 62869887
地　　址　上海市中山北路 3663 号华东师范大学校内先锋路口
网　　店　http://hdsdcbs.tmall.com

印 刷 者　句容市排印厂
开　　本　850×1168　32 开
印　　张　7.25
字　　数　180 千字
版　　次　1994 年 5 月第一版
印　　次　2023 年 2 月第 30 次
印　　数　172 601—174 700
书　　号　ISBN 978 - 7 - 5617 - 1194 - 1/O·038
定　　价　18.00 元

出 版 人　王　焰

# 出 版 说 明

　　1986 年,我社受国家教委有关部门的委托,根据国家教委师范司制订的《二年制师范专科学校八个专业教学计划》的要求,与全国各省、市、自治区教委合作,共同组织编写了全国高等师范专科学校教材 20 余种;同时与华东六省教委密切协作,编写了能反映华东地区师专教学和科研水平的、适应经济建设较为发达地区的师专教学需要的教材 40 余种。从此,师专拥有了比较符合自己培养规格、规律和教学要求而自成系统的教材。实践证明,师专教材建设对于提高师专教学水平,保证师专教学质量起到了重要作用。

　　近几年来,在邓小平理论的指引下,我国的教育事业取得了很大发展。国家教委根据《中国教育改革发展纲要》的要求,针对高等师范专科学校的教育特点,颁发了《高等师范专科教育二、三年制教学方案》,进一步明确了高等师范教育面向 21 世纪的发展目标和战略任务,以及教学内容和教学结构的改革要求。

　　自出版第一本师专教材以来,我社多年来分阶段地对师专教材的使用情况进行了跟踪分析,又于 1995 年开展了较为系统的全面调查。调查中,教师普遍反映,现有师专教材尚不同程度存在着与当前师专教学实际相脱节的现象;对各学科中的新发现、新理论、新成果,未能加以必要的反映,已跟不上当前社会、经济、科技等发展的新形势。考虑到师专从二年制向三年制发展的现状和趋势,我社于 1996 年初与华东六省教委有关部门一起,邀集全国 48 所师专代表专门研讨了师专教材建设问题,随即开展了部分教材的修订和新编工作。

1999年,我社又进行了更大范围的实地调查,发现不少地区已将对中学教师的培养提高到了本科水平,在专业设置、课程计划、教学要求等方面都有变化。为此,我们对部分教材作了进一步的修订,使其能够适应新世纪的高等师范教学需要,同时也可用于中学教师的职后培训。

　　师范院校教材建设并不是一个孤立的系统,它必须服务于师范教育的总体规划。它已经历了从"无"到"有"的过程,并将逐步实现从"有"到"优"的目标。我们相信,通过各方面的努力,修订和新编的师范院校教材将充分体现基础与能力相结合,理论与实践相结合,当前与未来相结合的特色,日臻完善和成熟。

　　这次编写和修订工作得到了有关省市教委的大力支持,我们谨在此深表谢忱,并向为师范院校教材建设付出辛勤劳动的各地师范院校领导和所有参加编写、修订和审稿的专家、学者等致以衷心的谢意。

华东师范大学出版社

2000年1月

# 原　序

　　近几年来，学科教育学建设终于提上了议事日程．数学教育学的著作如雨后春笋般在各地出现，形势十分喜人．返观这批著作，大约有两类．一种是理论著作，着意于数学教育基本规律的探讨，数学活动的心理机制研究，中外数学教育在社会文化背景上的比较，90 年代以至 21 世纪的展望以及各类专题的深入剖析等等．总的来说，国际上也并无数学教育学的成熟体系，更谈不上统一的范式，所以国内的作品也是百花齐放，各显其能．中国数学教育界的基础理论研究，与世界各国相比起步较晚，眼下主要还停留在国外工作的介绍和消化这一步．但是只要积以时日，将来一定会有更好的学术著作问世，以至在国际上产生影响．我想，中国数学教育应当走向世界．

　　另一类数学教育学的著作，则主要着眼于现实，旨在帮助青年人了解我国数学教育方面的政策和规定，继承我国数学教育上的优良传统，熟悉当前数学课堂教学的基本规范，一句话，使高师院校的学生们尽快走上课堂，顶岗顶位．赵振威教授及其合作者，正是本着这一现实目的，写了这部著作．依我看来，本书作者力图反映近几年来国内数学教育研究的新成果，并将它运用于实际课堂教学．尝试是成功的．

　　借此机会，我想谈谈对中国数学教育的评价．一方面，中国学生的数学成绩一直名列前茅．国际数学奥林匹克竞赛，中国代表队屡获优胜，1989 年荣获团体冠军．几次中美数学通讯竞赛，也是中国为优．一般反映，中国数学教育重视基本运算、基本训练，注意培养逻辑思维能力．善于解常规题是亚洲各国的共同特点，我国也许更强些．但是，我们也要看到另一方面，中国数学教育观念比较陈旧和保守. 我国教育受考试制约严重,数学教育成了"考题教育". 数学课并非着意为大多数学生的日后生活需要和就业知识准备条件, 往往把无穷的精力浪费在一些无谓的牛角尖试题上. "为大众的数学"(Mathematics for all),"信息革命时代的数学教育","作为服务性学科的数学",着重培养实际数学能力的"问题解决、模型化和应用"等等全球性的数学教育行动口号, 中国都未能仔细加以研究, 更谈不上认真实行, 似有一种自我封闭的感觉.

那末怎样将上述两方面结合起来呢? 这也许是我们这一代数学教育研究工作者面临的历史任务. 我衷心希望, 数学教育理论研究和数学教育实践指导这两类著作能够并肩齐飞,各展所长,并在互相取长补短的过程中,加强融合,乃至形成具有中国特色的完备的数学教育学体系, 做到在理论和实践两方面都能臻于完美.

"21 世纪的数学大国","中国数学率先赶上国际先进水平",这是我国数学界和数学教育界的共同愿望. 但是, 21 世纪的数学家, 正是我们中小学数学教育的对象. 成万上亿的现代化建设者,他们的数学素养更取决于数学教育改革的成果. 任重而道远. 数学教育工作者重任在肩.

窗外正是寒冬. 再过几天, 90 年代就要来临了. 我希望 90 年代的第一春将会给中国数学教育注入新的生机. 本书付印之前, 振威先生嘱我写点什么, 我只能写上述的片断感想, 以就教于作者与读者.

张莫宙
1989 年 12 月于华东师大

# 修订版再序

《中学数学教材教法》一再重印，可见受到读者的欢迎．振威先生等早就着手修订．除补正误植外，更注意拓广和完整，保持对读者完全负责的态度，值得称许．

八九年冬的原序，现在看来尚未过时，只是时代在前进，形势又有很大变化．从大的方面看，中国的社会主义市场经济正在形成，未来公民的素质，自然应该包括金融意识、市场意识等等在社会上生存和立足的本领．我们的基础教育是否跟上去了？中学数学教育是否涉及利息计算、分期付款、利润筹划、图表识别、数据处理、有奖销售之类的现实生活？似乎还没有跟上．当然，教材、大纲未能大改，本书也无法奢谈，只好留待今后．听说国家教委有关部门在抓师专的教育改革，也许近几年会有一些新的动作．

另一个重大变化是九年制义务教育正在普及．这一变化将会影响数学教育的全局．实际上，我国过去的数学教育观，主要建筑在英才教育之上，为普通劳动者的考虑很少．因此，教材、教法、考试等均以升学为标准．数学是把筛子，把"谷粒"留下，把"秕糠"扬弃就行．现在人人都有权享受九年教育，何以应对？中等学生、后进生如何处理，日益显得突出，今后的"中学数学教材教法"，大概也会面临这个问题的．

本书已经并正在造就一批数学教师，形成他们的数学教育观．这必将影响一代人．在下一次修订的时候，也许会接近下一个世纪之交．那时，我们期望《中学数学教材教法》具有更强烈的时代精神，以迎接新世纪的曙光．

张莫宙

1994 年春再识

# 总 目 录

## 第一分册　总　　论

## 第二分册　初等代数研究

## 第三分册　初等几何研究

# 目　录

# 绪　言

"几何"一词，来自希腊文 $\gamma\varepsilon\omega\mu\varepsilon\tau\rho\iota\alpha$（土地测量的意思）．几何在我国作为数学专门名词，是由意大利传教士利玛窦（R. Matteo 1552～1610）和我国明末科学家徐光启（1562～1633）于1607年合译《几何原本》时首次采用的，以后发展成为数学分支的名称，也被亚洲一些国家所采用．

几何学是一门十分古老而又崭新的数学分支．它的产生可追溯到距今8000～14000年的新石器时期，原是研究现实世界空间形式，即研究现实世界物体的形状、大小和相互位置关系的学科，而后发展成为研究一般空间结构的学科．

初等几何是中学数学的基本内容，它在生产实际中有着重要的应用，也是进一步学习整个几何学以至现代数学的基础．

## §1　几何学的历史简介

几何学的发展大致经历了四个基本阶段．

### 一、实验几何的形成与发展

几何学最早产生于对天空星体形状、排列位置的观察，产生于丈量土地、测量容积、制造器皿与绘制图形等实践活动的需要．人们在观察、实践、实验的基础上积累了丰富的几何经验，形成了一些粗略的概念，反映了某些经验事实之间的联系，形成了实验几何．我国古代、古埃及、古印度、巴比伦所研究的几何，大体上就是实验几何学的内容．

例如，我国古代很早就发现了勾股定理和简易测量知识，《墨经》中载有"圜（圆），一中同长也"，"平（平行），同高也"．古印度人认为"圆面积等于一个底为该圆的半个圆周,高为该圆半径的矩形面积"等等,都属于实验几何学的范畴.

## 二、理论几何的形成与发展

随着古埃及、希腊之间贸易与文化的交流,埃及的几何知识逐渐传入希腊,古希腊数学家泰勒斯(Thales,约公元前625~前547)、毕达哥拉斯(Pythagoras,约公元前580~前500)、柏拉图(Plato,公元前430~前349)、欧几里得(Euclid,约公元前330~前275)等人都对几何学的研究作出了重大贡献.特别是柏拉图把逻辑学的思想方法引入几何学,确立缜密的定义和明晰的公理作为几何学的基础,尔后欧几里得在前人的基础上,按照严密的逻辑系统编写的《几何原本》十三卷,奠定了理论几何(又称推理几何、演绎几何、公理几何、欧氏几何等)的基础,成为历史上久负盛名的巨著.

《几何原本》尽管存在公理不够完整、论证有时求助于直观等缺陷,但它集古代数学之大成,论证严密,影响深远,所运用的公理化方法对以后数学的发展指出了方向,以至成为整个人类文明发展史上的里程碑,全人类文化遗产中的瑰宝.

## 三、解析几何的产生与发展

公元前3世纪,《几何原本》的出现,为理论几何奠定了基础.与此同时,人们对圆锥曲线也作了一定研究,发现了圆锥曲线的许多性质.但在后来较长时间里,封建社会中的神学占有统治地位,科学得不到应有的重视.直到15、16世纪欧洲资本主义开始发展起来,随着生产实际的需要,自然科学才得到迅速发展.法国数学家笛卡儿(R.Descartes,1596~1650)在研究中发现,欧氏几何过分依赖于图形,而传统的代数又完全受公式、法则所约束,他认为传统的研究圆锥曲线的方法,只重视几何方面,而忽略代数方面,竭力主张将几何、代数结合起来取长补短,认为这是促进数学发展的一个新的途径.

在这样的思想指导下,笛卡儿提出了平面坐标系的概念,实现了点与数对的对应,将圆锥曲线用含有两个未知数的方程来表示,并且形成了一系列全新的理论与方法,解析几何就这样产生了.

解析几何学的出现,大大拓广了几何学的研究内容,并且促进了几何学的进一步发展. 18、19 世纪,由于工程、力学和大地测量等方面的需要,又进一步产生了画法几何、射影几何、仿射几何和微分几何等几何学的分支.

### 四、现代几何的产生与发展

在初等几何与解析几何的发展过程中,人们不断发现《几何原本》在逻辑上不够严密之处,并不断地充实一些公理,特别是在尝试用其他公理、公设证明第五公设"一条直线与另外两条直线相交,同侧的内角和小于两直角时,这两条直线就在这一侧相交"的失败,促使人们重新考察几何学的逻辑基础,并取得了两方面的突出研究成果.

一方面,从改变几何的公理系统出发,即用和欧氏几何第五公设相矛盾的命题来代替第五公设,从而导致几何学研究对象的根本突破. 俄国数学家罗巴切夫斯基(Н. И. Лобачевский, 1792~1856)用"在同一平面内,过直线外一点可作两条直线平行于已知直线"代替第五公设,由此导出了一系列新理论,如"三角形内角和小于两直角"、"不存在相似而不全等的三角形"等等,后人称为罗氏几何学(又称双曲几何学). 德国数学家黎曼((G. F.)B. Riemann, 1826~1866)从另一角度,用"在同一平面内,过直线外任一点不存在直线平行于已知直线"代替第五公设,同样导致了一系列新理论,如"三角形内角和大于两直角"、"所成三角形与球面三角形有相同面积公式"等,又得到另一种不同的几何学,后人称为黎氏几何学(又称椭圆几何学). 习惯上,人们将罗氏几何学、黎氏几何学统称为非欧几何学. 将欧氏几何学(又称抛物几何学)、罗氏几何学的公共部分统称为绝对几何学.

另一方面,人们在对欧氏几何公理系统的严格分析中,形成了公理法,并由德国数学家希尔伯特(D. Hilbert, 1862~1943)在他所著《几何基础》中完善地建立起严格的公理体系,通常称为希

尔伯特公理体系,其结构为:

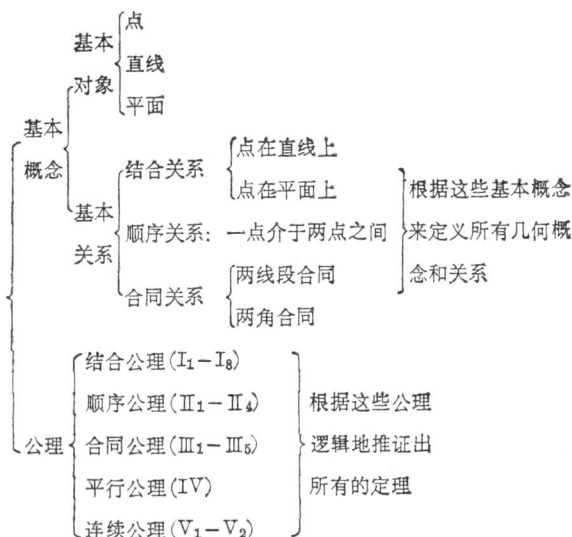

基本概念
- 基本对象
  - 点
  - 直线
  - 平面
- 基本关系
  - 结合关系
    - 点在直线上
    - 点在平面上
  - 顺序关系:一点介于两点之间
  - 合同关系
    - 两线段合同
    - 两角合同

  根据这些基本概念来定义所有几何概念和关系

公理
- 结合公理($I_1$—$I_8$)
- 顺序公理($II_1$—$II_4$)
- 合同公理($III_1$—$III_5$)
- 平行公理($IV$)
- 连续公理($V_1$—$V_2$)

根据这些公理逻辑地推证出所有的定理

　　希尔伯特公理体系是完备的,即用纯逻辑推理的方法,可以推演出系统严密的欧氏几何学. 但如果根据该公理体系,逐步推演出欧氏几何中那些熟知的内容,却是一件相当繁琐的工作,对此,读者可参阅有关的著作.

# §2　初等几何研究的对象和目的

## 一、初等几何研究的对象

　　人们将物体抽象而得到几何体的概念,简称**体**. **体**由面所围成,面与面相交于线,线与线相交于点.

　　点、线、面的集合称为几何图形. 几何学是研究几何图形性质的科学,即研究几何图形形状、大小、位置关系的科学. 所谓图形的大小,就是指图形的度量关系;所谓图形的位置,就是指结合关系、顺序关系、平行关系、合同关系、连续关系等.

　　初等几何的研究对象,就是以最常见的规则图形——直线形、圆、相似形、柱、锥、台、球等为对象,研究它们的度量性质和基本的位置关系. 初等几何又分平面几何与立体几何两部分. 平面几何则是研究由点、线二元素集合而成的平面几何图形的度量性质和基本的位置关系;立体几何则是研究由点、线、面三元素集合而成的空间几何图形的度量性质和基本的位置关系.

初等几何有三方面的涵义:

其一,就研究内容来说,它基本上不超出《几何原本》所涉及的范围,即直线、角、直线形、相似形、圆、空间位置关系、多面体和旋转体. 对这些图形,主要研究它们有关的相等、不等和成比例等度量关系,以及结合、平行和垂直等位置关系.

其二,就研究方法来说,主要借助于逻辑的方法,而尽量避免借助于直观图形. 它们较多侧重于定性地进行研究,而较少地涉及到定量的处理.

其三,就体系安排上,带有运用公理法的倾向,尽可能保证论证的严密性. 然而,它不是严格按照希尔伯特体系建立起来的理论几何. 这就是说,根据教学的需要,考虑学生的可接受性,某些概念是通过直观描述来定义的. 例如"面与面相交于线","线与线相交于点","线段向两方无限延伸形成直线"等;某些概念不加定义,而直接使用. 例如"角"、"始边"、"终边"、"旋转"、"平移"等;扩大公理系统,例如把"两点间距离最短"、"平行线的同位角相等"等等作为公理. 这样,对初学几何的学生,不致于一开始就接触到繁难的证明,而有利于教学,又同样可达到培养逻辑推理能力的目的,这正是中学几何课程逻辑体系的特点所在.

**二、初等几何研究的目的与方法**

在古希腊的普通教育中,《几何原本》成了通用教材,几何教学占有特殊的地位. 后来随着中世纪整个文明的衰落,几何教学的地位也有所降低,直到文艺复兴以后,几何教学的地位和作用才又重新受到重视,并成为普通数学教学的两大支柱之一.

16 世纪末叶以来,传统的几何教育的地位和作用又受到怀疑. 每当教学领域考虑重大改革时, 往往都拿几何课程开刀. 因此, 20 世纪以来中学几何教育的地位几起几落, 至今还没有能形成统一的认识.

今天, 我们来恰当地评价初等几何教育的目的和探讨它的研究方法时, 既不能夸大, 又不能贬低; 既要看到几何教育的历史地位, 又要看到数学发展的新形势, 更要面对当前中学数学教学改革的实际, 这是我们研究问题的出发点.

首先, 初等几何所涉及的几何知识, 无论是对进一步学习, 还是直接参加生产, 或是作为公民的一般素养, 都是完全必要的. 同时, 它在培养和发展逻辑推理能力和空间想象能力, 训练正确使用数学语言, 掌握一定的绘制图形的技能技巧, 初步学会使用现代数学基本研究方法——公理法、演绎法方面都具有重要的意义.

其次, 初等几何传统的研究方法"综合法", 即是一种以图形直观分析和逻辑论证相结合的方法. 目前教学改革中争论较大的问题是: 用综合法研究基本图形是否有意义? 能否用解析几何的方法来研究相应的内容? 诚然, 这些方法都能推导出几何的基本内容, 可以作为教材改革的试点, 但在人们还未能找到这种可能性变成现实性的合理途径, 未能取得足够的教学实践经验之前, 对现行的综合几何的作用和地位, 仍应予以充分的肯定, 给予足够的重视.

再次, 在强调综合几何的作用与地位时, 也不可忽视教材与教法上的改革. 例如, 对传统几何内容删繁就简, 改革理论几何的逻辑体系, 充实几何变换的知识; 重视推理方法, 而不是追求论证格式; 重视一般方法的掌握, 而不是追求特殊技巧; 重视代数的、几何的、三角的等方法的综合运用, 而不是一味追求综合法等等.

本书立足于中学几何教学, 从培养初中师资出发, 把初中几何教材中的一些基本问题, 分别组成几何证明、几何计算、几何变换、轨迹、作图、平面几何教法研究六个专题, 在内容上都适当作了延伸和充实,在理论、观点和方法上都适当予以提高, 并尽可能概括初中几何的全部内容,而又不是初中几何的简单重复,同时根据教学改革的精神,对现行初中几何教材进行分析研究,并提出了一般的教法建议.

# 第十四章 几何题的证明

几何题的证明,方法灵活,富于变化. 总结证题的一般规律,研究证题的思路、方法,积累证题的技能、技巧,历来是高师"初等几何研究"课程教学的重要任务. 本章从几何题证明的基本思想入手,系统研究度量关系和位置关系几何题的常用证明方法.

## §1 几何证明的概述

### 一、几何证明的一般方法

几何题的证明方法,按推理的逻辑结构不同,可分为演绎法和归纳法;按推理序列的方向不同,可分为分析法和综合法;按所选证的命题不同,可分为直接证法和间接证法;其中间接证法又有反证法和同一法. 对于与自然数有关的命题,一般还可用数学归纳法证明. 这些都是几何证题的一般方法,也是综合几何证题的理论基础.

作为具体应用,先来看几个例子.

**例1** 如图 14-1 所示,已知 $\odot O$ 的两直径 $AB$ 与 $CD$ 互相垂直, $E$ 为 $\overset{\frown}{AD}$ 上任意一点,求证: $S_{ACBE}=\dfrac{1}{2}CE^2$ .

**证法一(分析法)** 考虑 $\triangle ACE$ 和 $\triangle BCE$ 的面积,作 $AM\perp CE$ 于 $M$ ,作 $BN\perp CE$ 于 $N$ , 则 $S_{ACBE}=\dfrac{1}{2}(AM+BN)\cdot CE$ .

显然,欲证 $S_{ACBE}=\dfrac{1}{2}CE^2$ ,只要证 $CE=AM+BN$ 即可.

因为 $CD\perp AB$ , $AC=BC$ , 且 $\angle ACB=90°$ , $\angle BCN=90°-\angle NCA=\angle MAC$ ,所以

$$\triangle AOM \cong \triangle OBN,$$
$$OM = BN.$$

故欲证 $OE = AM + BN$, 只要证 $AM = EM$, 即只要证 $\angle AEM = \angle EAM = 45°$ 即可, 而 $AB$、$OD$ 皆为直径, 且 $AB \perp OD$, $\angle AEM = \angle ABC = 45°$. 所以, 命题一定成立.

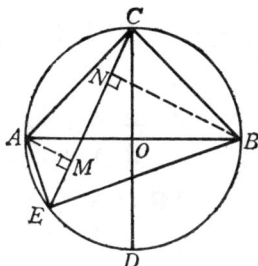

图 14-1

证法二(综合法) 作 $AM \perp OE$ 于 $M$, $BN \perp OE$ 于 $N$, 则在 Rt$\triangle AOM$ 与 Rt$\triangle OBN$ 中, 注意到 $OD \perp AB$, 且 $AB$、$OD$ 均为直径, 有

$$AC = BC, \quad \angle ACB = 90°,$$
$$\angle ACM = 90° - \angle BON = \angle OBN,$$
$$\therefore \text{Rt}\triangle AOM \cong \text{Rt}\triangle OBN, \quad OM = BN.$$

又在 Rt$\triangle AEM$ 中, 有

$$\angle AEM = \angle ABC = 45°, \quad \therefore \quad EM = AM.$$
$$\therefore \quad OE = EM + OM = AM + BN.$$
$$\therefore \quad S_{AOBB} = \frac{1}{2}(AM + BN) \cdot OE = \frac{1}{2}OE^2.$$

**例 2** 单位正方形周界上任意两点之间连一曲线, 如果将其分成面积相等的两部分, 求证这条曲线的长度不小于 1.

证明(归纳法) 如图 14-2 所示, 单位正方形 $ABCD$ 周界上

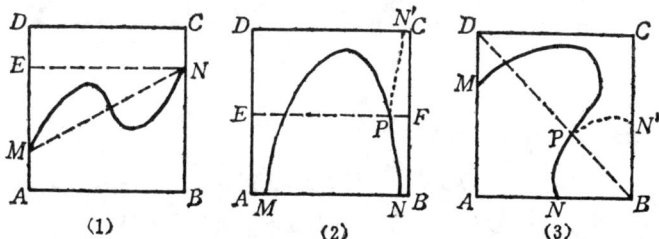

(1)          (2)          (3)

图 14-2

任意两点 $M$、$N$ 的分布有且仅有三种情况：

(1) $M$、$N$ 在一组对边(如 $AD$、$BC$)上；

(2) $M$、$N$ 在同一边(如 $AB$)上；

(3) $M$、$N$ 在相邻两边(如 $AD$、$AB$)上.

如图 14-2(1)，连结 $MN$，并作 $EN \parallel AB$，则曲线 $\overset{\frown}{MN} \geqslant MN \geqslant EN = 1$.

如图 14-2(2)，分别取 $AD$、$BC$ 中点 $E$、$F$，连结 $EF$，注意到曲线将单位正方形分成面积相等的两部分，则曲线与 $EF$ 必相交，设其中的一个交点为 $P$，作曲线 $\overset{\frown}{PN}$ 关于 $EF$ 的对称图形 $\overset{\frown}{PN'}$，则 $\overset{\frown}{PN'} = \overset{\frown}{PN}$. 由上述(1)，显然 $\overset{\frown}{MN} = \overset{\frown}{MN'} \geqslant 1$.

如图 14-2(3)，连 $BD$，依题设曲线与 $BD$ 必相交，设其中的一个交点为 $P$，作曲线 $\overset{\frown}{PN}$ 关于 $BD$ 的对称图形 $\overset{\frown}{PN'}$，则 $\overset{\frown}{PN'} = \overset{\frown}{PN}$. 同样，由上述(1)，有 $\overset{\frown}{MN} = \overset{\frown}{MN'} \geqslant 1$.

这样，综合以上三种情况，原题即得证.

**例 3** 如图 14-3(1)，设 $E$ 是正方形 $ABCD$ 内一点，且 $\angle ECD = \angle EDC = 15°$，求证 $\triangle EAB$ 是正三角形.

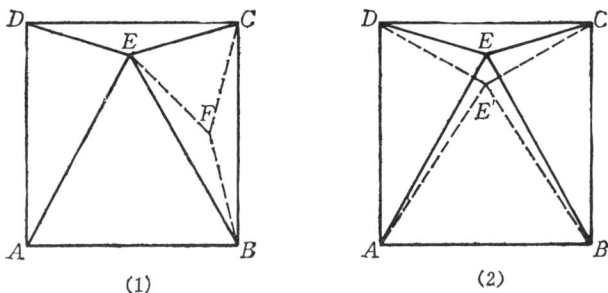

(1)　　　　　　　(2)

图　14-3

证法一(直接证法)

$\because \angle EDC = \angle ECD = 15°$，

$\therefore DE = EC$，$\angle EDA = \angle ECB = 75°$.

$AD = BC$，

∴ △EDA≌△EOB, EA=EB.

如图 14-3(1),在正方形内作 ∠BOF=∠OBF=15°,BF 与 OF 交于 F,连结 EF,显然 ∠BFO=150°,△DEO≌△BFO,EO =FO;又 ∠EOF=∠EOB−∠BOF=75°−15°=60°,所以 △EOF 为正三角形,EO=OF=EF.

在△EFB 和 △OFB 中,有 BF=BF,EF=OF,又 ∠EFB =360°−(∠EFO+∠BFO)=150°,∠EFB=∠OFB.所以, △EFB≌△OFB, BE=BO,即 △EAB 为正三角形.

证法二(反证法) 假设 △EAB 不是正三角形,由已知条件推得 EA=EB,即假设 EA=EB≠AB.不妨先假设 EA>AB,则在 △AED 中∠EDA>∠AED,即 ∠AED<75°.而 ∠BEO =∠AED,所以,∠BEO<75°.又 ∠DEO=180°−(∠EOD+ ∠EDO)=150°,所以 ∠AEB = 360° − (∠AED+∠BEO+ ∠DEO)>60°.

同时,在 △AEB 中,由 AE=EB>AB,∠ABE=∠BAE> ∠AEB,得 ∠AEB<60°,这与∠AEB>60°矛盾,故 EA>AB 不能成立.

同理,EA<AB 也不能成立.

故 EA=AB,即 △EAB 为正三角形.

证法三(同一法) 如图 14-3 (2)所示,以 AB 为边作正 △AE'B,连 AE'、BE'、OE'、DE',则 OE'=DE',∠E'AD=30°, ∠ADE'=∠AE'D=75°,∠E'DO=15°;同理 ∠E'OD=15°. 因此,OE 与 OE' 重合,DE 与 DE' 重合,即 E 与 E' 重合,从而 △EAB 为正三角形.

从上面的例子可以看出,证明几何题,一般包括审题,寻求思路,选择证法,叙述证明四个主要步骤.其中审题,特别是挖掘题设中的隐含条件尤为重要.只有认真审题,才能弄清每一概念的含义,准确理解题意,明确已知与未知所研究的对象,为寻求思路奠定基础.寻求思路,就是寻找已知与未知之间的内在联系,根据已知条件设计并形成证题思路. 选择证法, 就是在审题与寻求思路的基础上, 选择易于表达的证题方法. 叙述证明, 就是用尽可能简洁、精炼、准确的语言, 将证明过程叙述出来.

## 二、几何证明的特殊方法

几何证题, 在掌握以上一般方法的基础上, 还应掌握一些特殊的方法. 这些特殊的方法包括分解法、扩充法、特殊化法、类比法、面积法、转换法、变换法 (详见第十六章) 等. 这些方法都贯穿着"转化"这一基本思想, 都是设法将较难的问题转化为较易的问题, 将未知的问题转化为已知的问题. 在具体证题时, 有时只需单一应用以上的方法, 有时又必须综合应用有关方法.

### 1. 分解法

所谓分解法, 就是将一个图形分成几个简单的图形, 或者分解成几个具有某种特殊关系的图形, 然后借助于分解后图形的性质, 来推导出所求结论的一种证明方法.

**例 4** 设 $ABCD$ 为任意四边形, $E$、$F$ 将 $AB$ 分成三等分, $G$、$H$ 将 $CD$ 分成三等分 (图 14-4), 求证:

$$S_{EFGH} = \frac{1}{3} S_{ABCD}.$$

**分析*** (1) 为寻求四边形 $ABCD$ 与 $EFGH$ 面积之间的关系, 连接 $EG$, 将四边形 $EFGH$ 分解为两个三角形, 同时连结 $DE$、$BG$, 则

$$GH = \frac{1}{2} DG, \quad EF = \frac{1}{2} EB,$$

$$\therefore \quad S_{\triangle EHG} = \frac{1}{2} S_{\triangle EDG}, \quad S_{\triangle GEF} = \frac{1}{2} S_{\triangle GEB},$$

于是

$$S_{EFGH} = S_{\triangle EHG} + S_{\triangle GBF} = \frac{1}{2} S_{\triangle EDG} + \frac{1}{2} S_{\triangle GEB} = \frac{1}{2} S_{\triangle EBGD}.$$

---

\* 为节省篇幅, 本章所举例题, 一般只写出"分析"或"证明".

(2) 为寻求四边形 $EBGD$ 与 $ABCD$ 面积之间的关系，再连接 $BD$，将四边形 $EBGD$ 分解为两个三角形，则

$$S_{EBGD} = S_{\triangle EBD} + S_{\triangle GDB} = \frac{2}{3} S_{\triangle ABD} + \frac{2}{3} S_{\triangle CDB} = \frac{2}{3} S_{ABCD}.$$

综上可见 $\qquad S_{EFGH} = \frac{1}{3} S_{ABCD}.$

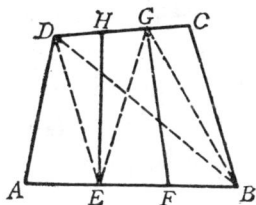

图 14-4

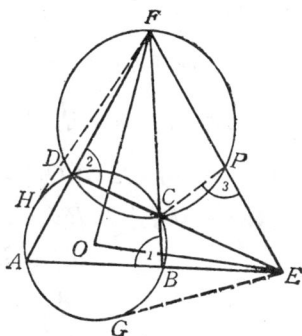

图 14-5

**例 5** 已知 $ABCD$ 是 $\odot O(R)$ 的内接四边形，$AB$、$DC$ 延长相交于 $E$，$BC$、$AD$ 延长相交于 $F$（图 14-5），求证：

$$EF^2 = OE^2 + OF^2 - 2R^2.$$

**分析** 本题结论中含有半径 $R$，可考虑作切线 $EG$、$FH$，则 $EG^2 = OE^2 - R^2$，$FH^2 = OF^2 - R^2$。问题转化为求证 $EF^2 = EG^2 + FH^2$。再由切割线定理，得 $EG^2 = EC \cdot ED$，$FH^2 = FC \cdot FB$，于是问题又转化为求证 $EF^2 = EC \cdot ED + FC \cdot FB$.

如能在 $EF$ 上找一点 $P$，将 $EF$ 分解成 $EP + PF$，使 $EF \cdot EP = EC \cdot ED$，$EF \cdot PF = FC \cdot FB$，则问题就解决了。

为确定满足 $EF \cdot EP = EC \cdot ED$ 的点 $P$，只需作 $\triangle FCD$ 的外接圆，该圆与 $EF$ 的交点 $P$ 即为所求。同时，连结 $OP$，注意到 $\angle 1 = \angle 2 = \angle 3$，$E$、$P$、$C$、$B$ 共圆，故也满足 $EF \cdot PF = FC \cdot FB$，于是问题得证.

**2. 扩充法**

· 13 ·

所谓扩充法,就是将一个图形扩充为另一个图形,然后借助于扩充后的图形性质,来推导出所要证明的结论的一种方法.

**例 6** 已知 $AD$ 为 $\triangle ABC$ 的 $BC$ 边上的中线,$O$ 为 $AD$ 上一点,直线 $BO$、$CO$ 与 $AC$、$AB$ 分别交于 $E$、$F$(图 14-6),求证:$EF /\!\!/ BC$.

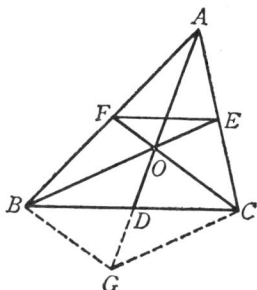

图 14-6

**分析** 欲证 $EF /\!\!/ BC$,只需证 $\dfrac{AF}{FB} = \dfrac{AE}{EC}$. 考虑到 $AD$ 是中线,如果将 $\triangle BOC$ 扩充为 $\square BOCG$(延长 $OD$ 到 $G$,使 $DG = OD$,连结 $BG$、$CG$),则

$$OC /\!\!/ BG, \quad OB /\!\!/ CG,$$

由 $OC /\!\!/ BG$,得 $\quad \dfrac{AF}{FB} = \dfrac{AO}{OG}$;

由 $OB /\!\!/ CG$,得 $\quad \dfrac{AE}{EC} = \dfrac{AO}{OG}$;

$$\therefore \quad \dfrac{AF}{FB} = \dfrac{AE}{EC}.$$

于是命题可证.

3. 特殊化法

所谓特殊化法,就是先考察命题的某些特殊情形,从特例中探索一般规律或从中得到启发,从而解决一般性问题的一种方法.

几何中的不变性问题. 如定值问题、直线的定向问题、动点在定直线上的问题、直线过定点的问题、定圆的切线问题等,一般都可从特殊图形或特殊位置入手,用特殊化法寻求证题思路.

**例 7** 设 $P$ 为定角 $\angle AOB$ 平分线上一定点,以 $OP$ 为弦作一圆分别交 $OA$、$OB$ 于 $C$、$D$(图 14-7(1)),求证:$OC$ 与 $OD$ 的和为定值.

**分析** 如图 14-7(2),设 $OP$ 经过圆心(特殊位置的弦),且 $\angle AOB = 2\alpha$,$OP = l$,则 $\angle OCP = \angle ODP = 90°$,$OC + OD = 2OC$

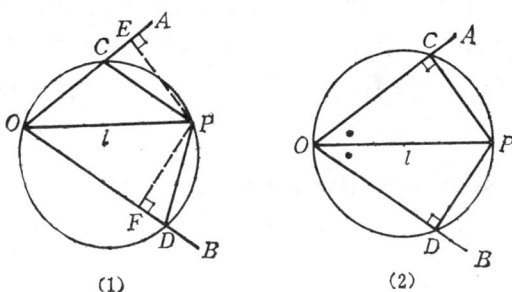

图 14-7

$=2l\cos\alpha$（定值）.

下面就一般情况予以证明.

证明　如图 14-7(1)所示，作 $PE\perp OA$ 于 $E$，$PF\perp OB$ 于 $F$，因为 $OP$ 为 $\angle AOB$ 平分线，所以 $PE=PF$，$OE=OF=l\cos\alpha$.

$$\because \quad \angle POE=\angle PDF,$$

$$\therefore \quad \text{Rt}\triangle POE\cong\text{Rt}\triangle PDF.$$

于是　　　　　　　　　$CE=DF$，

$$\therefore \quad OC+OD=(OE-CE)+(OF+FD)$$

$$=OE+OF=2l\cos\alpha（定值）.$$

4．类比法

所谓类比法，就是将所论证问题与类似问题进行对比而得到启发，从而使求证问题得到解决的一种方法.

常用的类比方法有特殊与一般的类比，题型结构的类比，空间图形与平面图形的类比等．运用类比法既要广泛联想，开拓思路，又要机敏灵活，触类旁通.

例 8　设圆内接四边形 $ABCD$ 的四边之长分别为 $a$、$b$、$c$、$d$，并设 $2p=a+b+c+d$，求证该四边形的面积为

$$S=\sqrt{(p-a)(p-b)(p-c)(p-d)}.$$

分析　本题所证与三角形面积公式

$$S=\sqrt{p(p-a)(p-b)(p-c)}\ (其中\ 2p=a+b+c)$$

有类似之处. 这就启发我们, 联想三角形面积公式的证明方法, 有可能得到成功. 为此可连结 $AC$, 将四边形分解为两个三角形.

证明　连结 $AC$ (图 14-8), 有

$$S = S_{\triangle ABC} + S_{\triangle ADC}$$

$$= \frac{1}{2} ab \sin B + \frac{1}{2} cd \sin D.$$

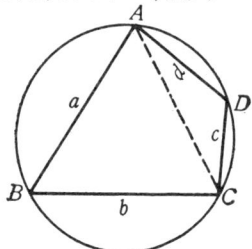

图 14-8

∵　　$\angle B + \angle D = 180°$,

∴　　$2S = (ab + cd) \sin B.$ ①

又　$a^2 + b^2 - 2ab \cos B = AC^2$

$$= c^2 + d^2 - 2cd \cos D = c^2 + d^2 + 2cd \cos B,$$

∴　$2(ab + cd) \cos B = a^2 + b^2 - c^2 - d^2.$ ②

由 ①、② 消去三角函数, 得

$$4S^2 + \frac{1}{4}(a^2 + b^2 - c^2 - d^2)^2 = (ab + cd)^2,$$

∴　$16S^2 = 4(ab + cd)^2 - (a^2 + b^2 - c^2 - d^2)^2$

$$= (a + b + c - d)(a + b - c + d)(c + d + a - b)$$

$$\cdot (c + d - a + b).$$

注意到 $2p = a + b + c + d$, 即得

$$S = \sqrt{(p - a)(p - b)(p - c)(p - d)}.$$

5. 面积法

所谓面积法, 就是运用图形的面积关系, 建立一个或几个关于面积的方程或不等式, 通过推理或演算, 解决问题的一种方法. 这种方法对研究等底、等高或同底、同高图形的性质特别有效.

**例 9**　设直线 $l_1$、$l_2$、$l_3$ 互相平行, 且分别截直线 $a$、$b$ 于 $A$、$B$、$C$ 与 $D$、$E$、$F$, 求证: $\dfrac{AB}{BC} = \dfrac{DE}{EF}$ (图 14-9).

证明　连结 $AE$、$BD$、$CE$、$BF$, 注意到 $\triangle EAB$ 和 $\triangle EBC$ 同高, 有

$$\frac{S_{\triangle EAB}}{S_{\triangle EBC}} = \frac{AB}{BC},$$

同理　$\dfrac{S_{\triangle DBE}}{S_{\triangle EBF}}=\dfrac{DE}{EF}$,

而 $\triangle EAB$ 与 $\triangle DBE$ 同底等高, $\triangle EBC$
与 $\triangle EBF$ 同底等高,有

$$S_{\triangle EAB}=S_{\triangle DBE},\ S_{\triangle EBC}=S_{\triangle EBF},$$

$$\therefore\ \ \dfrac{AB}{BC}=\dfrac{DE}{EF}.$$

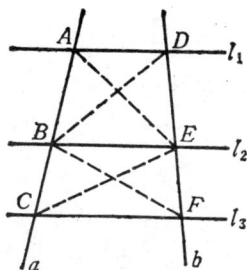

图 14-9

## 6. 转换法

所谓转换法, 就是将所证命题转化为已经解决或容易解决的命题, 从而达到证题目的的一种证明方法. 常用的转化途径有:

(1) 将条件或结论等价变形. 例如, 条件或结论中 "$A$、$B$、$C$、$D$ 四点共圆" 可转化为 "$A$、$B$、$C$、$D$ 到某点 $O$ 等距", 或 "凸四边形 $ABCD$ 对角互补", 或 "$A$、$B$ 两点对 $CD$ 张等角" 等;

(2) 将条件或结论转化为较明确的数量关系或位置关系. 例如, 条件或结论中 "$G$ 是 $\triangle ABC$ 的重心", 可转化为 "连结 $AG$, 延长交 $BC$ 于 $M$, $AM$ 是 $BC$ 上的中线, 且 $G$ 将 $AM$ 分为 $2:1$" 等; 条件或结论中 "点 $P$ 被以 $AB$ 为直径的半圆所覆盖", 转换为 "$\angle APB\geqslant 90°$" 等.

**例 10**　如图 14-10(1)所示, 在 $\square ABCD$ 中, 已知 $AE\perp BC$, $AF\perp CD$, $AK\perp EF$, $FG\perp AE$, $AK$ 与 $FG$ 交于 $H$, 且 $AC=a$, $EF=b$, 求证: $AH=\sqrt{a^2-b^2}$.

**分析**　从条件可知, $H$ 是 $\triangle AEF$ 的垂心, 又 $AE\perp BC$, $AF$

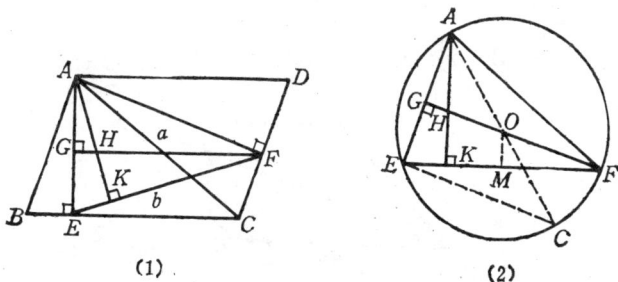

(1)

(2)

图 14-10

$\perp CD$,可见 $A$、$E$、$C$、$F$ 共圆,且该圆为 $\triangle AEF$ 的外接圆,$AC(=a)$ 为外接圆的直径. 因此,原题可转化为:

"已知 $\triangle AEF$ 的外接圆直径等于 $a$, 一边 $EF = b$, 垂心为 $H$,求证: $AH = \sqrt{a^2 - b^2}$(图 14-10(2))."

这样,就将平行四边形的问题转化为三角形的问题,又因为三角形的顶点到垂心的距离等于外心到对边距离的二倍,所以又可以转化为:

"若 $\odot O$ 的直径为 $a$,一弦 $EF = b$,求证圆心 $O$ 到 $EF$ 的距离 $OM = \dfrac{1}{2}\sqrt{a^2 - b^2}$."

显然这是一个较为简单的问题,由此原题便不难得到证明.

以上,我们简要介绍了几何证明的一些特殊方法. 恰当地运用这些方法,有利于拓宽证题思路,寻求合理的证题途径. 对于结构比较复杂的命题,为避免添置辅助线的麻烦,还可以利用其他学科的知识,例如应用代数法、三角法、解析法、复数法、向量法等方法进行论证. 为便于读者运用,下面仅对前三种方法作一简要回顾.

(1) 代数法. 所谓代数法,就是将几何命题中的有关线段、角度、面积等元素间的相互关系表示成相应的代数关系式,然后应用代数恒等变形或解方程等知识来给出几何证明的一种方法.

**例 11** 如图 14-11, 在 $\square ABCD$ 中, $\angle A$ 为锐角, 且 $AC^2 \cdot BD^2 = AB^4 + AD^4$,求证:$\angle A = 45°$.

证明 设 $AB = a$,$AD = b$, $AC = m$, $BD = n$,则

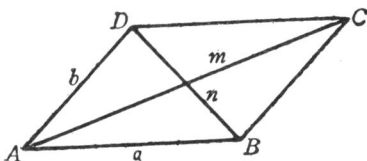

图 14-11

$$m^2 + n^2 = 2(a^2 + b^2).$$

又 $$m^2 \cdot n^2 = a^4 + b^4,$$

由一元二次方程根与系数的关系可知, $m^2$、$n^2$ 分别是方程

$$x^2 - 2(a^2 + b^2)x + (a^4 + b^4) = 0$$

的两根. 解此方程, 得

$$x = a^2 + b^2 \pm \sqrt{2}\, ab.$$

又 $\angle A$ 为锐角, $\angle B$ 为钝角, 有 $n < m$, 所以

$$n^2 = a^2 + b^2 - \sqrt{2}\, ab. \qquad ①$$

在 $\triangle ABD$ 中, 依余弦定理 有

$$n^2 = a^2 + b^2 - 2ab \cos A. \qquad ②$$

比较 ①, ② 式, 并注意到 $A$ 为锐角, 即得

$$\cos A = \frac{\sqrt{2}}{2}, \qquad \angle A = 45°.$$

(2) 三角法. 所谓三角法, 就是将几何命题中的边、角等元素之间的关系, 转换成三角函数关系, 然后应用三角恒等变形或解三角方程等知识来给出几何证明的一种方法.

**例 12** 如图 14-12, 在 $\triangle ABC$ 中, $\angle C = 90°$, $AC = BC$, $AM = MC$ $CD \perp BM$ 于 $D$, 且延长交 $AB$ 于 $E$, 求证: $\angle AME = \angle CMB$

证明 设 $\angle AME = \alpha$ $\angle CMB = \beta$, 则 $\angle AEM = 135° - \alpha$, $\angle ACE = 90° - \beta$, $\angle AEC = 45° + \beta$.

在 $\triangle AME$ 与 $\triangle ACE$ 中, 由正弦定理, 得

$$\frac{AE}{\sin \alpha} = \frac{AM}{\sin(135° - \alpha)}, \qquad ①$$

$$\frac{AE}{\sin(90° - \beta)} = \frac{AC}{\sin(45° + \beta)} \qquad ②$$

②÷①, 并注意到 $AC = 2AM$, 得

$$\frac{\sin \alpha}{\sin(90° - \beta)} = \frac{2\sin(135° - \alpha)}{\sin(45° + \beta)}.$$

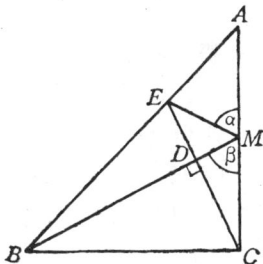

图 14-12

即 $$\frac{\sin\alpha}{\cos\beta}=\frac{2(\sin\alpha+\cos\alpha)}{\sin\beta+\cos\beta}.$$

整理得 $$\operatorname{tg}\alpha=\frac{2}{\operatorname{tg}\beta-1}.$$

又在 $\mathrm{Rt}\triangle BCM$ 中,有

$$\operatorname{tg}\beta=\frac{BC}{CM}=\frac{AC}{CM}=2,$$

代入上式,得 $\operatorname{tg}\alpha=2$,所以 $\operatorname{tg}\alpha=\operatorname{tg}\beta=2$,注意到 $0°<\alpha$, $\beta<90°$,得 $\alpha=\beta$,即

$$\angle AME=\angle CMB.$$

(3) 解析法. 所谓解析法,就是经过建立坐标系,设定所论图形上有关点的坐标和曲线的方程后,将几何问题转化为代数问题,然后应用代数知识进行求解或求证,再赋予几何意义,从而获得几何证明的一种方法。

应用解析法证题主要有三个步骤:

第一步,选取恰当的坐标系,以便于确定关键点的坐标和曲线的方程,并易于计算为原则, 例如,可选取图形的对称轴,相交直线或某一特殊直线为坐标轴,可选定线段的端点、中点、中心对称图形的对称中心或某一特殊点为原点。

第二步,设定点的坐标和曲线的方程. 为尽可能地减少参数,常将所论图形在坐标轴上或沿坐标轴方向上的两条边长取为单位长,或单位长的倍数.

第三步,进行计算与推理. 对此,除明确有关概念,熟知有关公式和方程外,还应注意利用所论图形的几何性质,注意利用置换关系,求出点的坐标和曲线的方程,注意将所论问题中的已知与求证作适当转化,注意所论问题中有关线段、角度等的方向.

**例 13** 在 $\triangle ABC$ 中, $AH\perp BC$ 于 $H$, $P$ 为 $AH$ 上任一点. $BP$、$CP$ 的延长线分别交 $AC$、$AB$ 于 $D$、$E$,求证 $AH$ 平分 $\angle DHE$.

证明 如图 14-13 选取直角坐标系, 设 $B(b,\ 0)$、$C(c,\ 0)$、

$A(0, 1)$、$P(0, h)$, 则直线 $AC$、$BD$
的方程为

  $AC$: $x+cy-c=0$,

  $BD$: $hx+by-bh=0$.

解方程组, 得

$$D\left(\frac{bc(1-h)}{b-ch}, \quad \frac{h(b-c)}{b-ch}\right).$$

点 $E$ 坐标可由 $AB$ 与 $CE$ 的
直线方程解得, 也可利用轮换法则,
将点 $D$ 坐标中 $b \rightarrow c$, $c \rightarrow b$, 便得

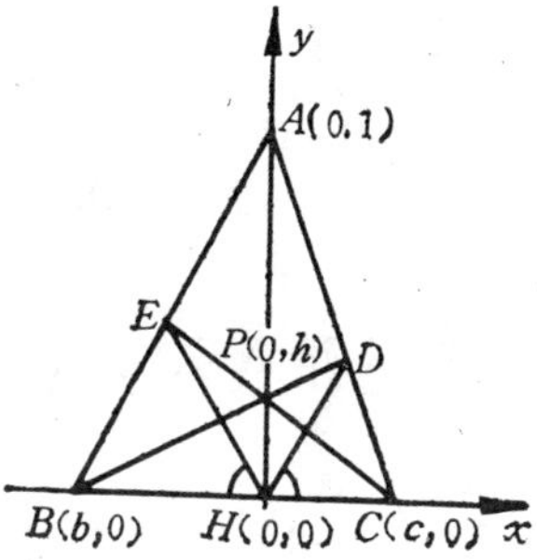

图 14-13

$$E\left(\frac{bc(1-h)}{c-bh}, \quad \frac{h(b-c)}{c-bh}\right).$$

设 $\angle DHC = \alpha$, $\angle EHB = \beta$,

$$\because \quad k_{DH} = \frac{h(b-c)}{bc(1-h)}, \quad k_{EH} = \frac{h(c-b)}{bc(1-h)},$$

而 $k_{DH} = -k_{EH}$, 所以 $\alpha = \beta$, 即 $AH$ 平分 $\angle DHE$.

**例 14** 在四边形 $ABCD$ 中, $\triangle ABD : \triangle BCD : \triangle ABC =$
$3:4:1$, $M$、$N$ 分别在 $AC$、$CD$ 上, 且 $\dfrac{AM}{AC} = \dfrac{CN}{CD}$, $B$、$M$、$N$ 共
线, 求证 $M$、$N$ 分别是 $AC, CD$
的中点.

**证明** 如图 14-14 选取
斜角坐标系, 设 $A(0, a)$ $B(0,$
$0)$、$C(1, 0)$、$D(b, c)$, 则由斜
角坐标系面积公式 (**按正向面
积计算**), 得

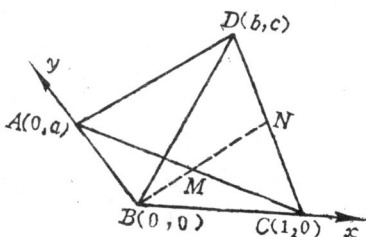

图 14-14

$$\triangle ABD : \triangle BCD : \triangle ABC$$

$$= \begin{vmatrix} 0 & a & 1 \\ 0 & 0 & 1 \\ b & c & 1 \end{vmatrix} : \begin{vmatrix} 0 & 0 & 1 \\ 1 & 0 & 1 \\ b & c & 1 \end{vmatrix} \cdot \begin{vmatrix} 0 & a & 1 \\ 0 & 0 & 1 \\ 1 & 0 & 1 \end{vmatrix} = ab : c : a = 3:4:1,$$

$$\therefore \quad b=3,\ c=4a.$$

设 $\dfrac{AM}{AC}=\dfrac{CN}{CD}=r$，则 $\dfrac{AM}{MC}=\dfrac{CN}{ND}=\dfrac{r}{1-r}$，得

$$M(r,\ a(1-r)),\quad N(1+2r,\ 4ar).$$

又 $B$、$M$、$N$ 共线，其坐标满足 $\begin{vmatrix} 0 & 0 & 1 \\ r & a(1-r) & 1 \\ 1+2r & 4ar & 1 \end{vmatrix}=0$，于

是，$6r^2-r-1=0$，解得 $r=\dfrac{1}{2}$.

故 $M$、$N$ 分别是 $AC$、$CD$ 的中点.

# §2　证度量关系

在上节中，我们对几何证题的方法作了概括性介绍.为进一步提高几何证题的技能技巧，下面我们将对几何证题中证度量关系与证位置关系两大类型，再作些深入研究.其中证度量关系又包括证两线段或两角的相等、和差倍分与不等，证成比例线段的关系，证定值问题等基本类型；证位置关系又包括证线段的平行与垂直，证点共线与线共点，证点共圆与圆共点等基本类型.

在以下介绍这些基本类型时，都尽可能体现综合法为主的证题方法，但同时也辅以其他证题方法.

**一、证两线段相等关系**

证明两线段相等的常用方法有：

(1) 证其为等腰三角形两底角的对边；

(2) 证其为全等三角形的一组对应边；

(3) 证其为平行四边形的一组对边；

(4) 证其同等于第三条线段；

(5) 证其为三角形或梯形中位线所分成的两线段；

(6) 证其为同圆(或等圆)中等弧所对的弦，与圆心等远的两

弦,或证其为从圆外一点向圆所引的两切线等等.

**例1** 如图14-15所示,任意四边形 $ABCD$ 的对角线 $AC$ 与 $BD$ 相交于 $P$,$BD$ 与 $AC$ 的中点分别是 $M$、$N$,$Q$ 是 $P$ 关于直线 $MN$ 的对称点,过点 $P$ 作 $MN$ 的平行线分别

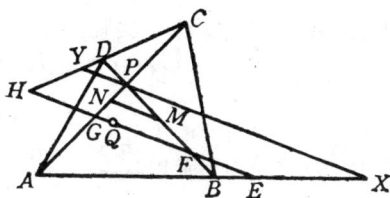

图 14-15

交 $AB$、$CD$ 于 $X$、$Y$,又过点 $Q$ 作 $MN$ 的平行线分别交 $AB$、$BD$、$AC$、$CD$ 于 $E$、$F$、$G$、$H$,求证 $EF=GH$.

**证明** 依题设,$P$、$Q$ 关于 $MN$ 对称,所以 $P$、$Q$ 到 $MN$ 等距离.又因 $GF \parallel MN$,所以 $M$、$N$ 分别是 $PF$ 和 $PG$ 的中点.而 $M$、$N$ 分别是 $BD$、$AC$ 的中点,因此 $BF=PD$,$AG=PC$. 由 $XY \parallel EH$,得 $\dfrac{EF}{XP}=\dfrac{BF}{BP}=\dfrac{PD}{FD}=\dfrac{PY}{FH}$,

$$\therefore \quad EF \cdot FH = PX \cdot PY. \qquad ①$$

同理 $\dfrac{GH}{PY}=\dfrac{CG}{CP}=\dfrac{AP}{AG}=\dfrac{XP}{EG}$,

$$\therefore \quad GH \cdot EG = XP \cdot PY. \qquad ②$$

由①与②得

$$EF \cdot FH = GH \cdot EG,$$

即

$$EF(FG+GH) = GH(EF+FG).$$

两端化简即得 $EF=GH$.

**例2** 如图14-16所示,设 $PC$ 为 $\odot O$ 的切线,$AC$ 为圆的直径,$PEF$ 为圆的割线,$AE$、$AF$ 与直线 $PO$ 相交于 $B$、$D$,求证 $AB=DC$,$BC=AD$.

**证明** 过 $E$ 作 $EH \parallel PD$ 交 $AF$ 于 $H$,交 $AC$ 于 $G$,取 $EF$ 中点 $M$,连结 $OM$、$GM$、$MC$、$EC$,则

$$\angle OMP = \angle OCP = 90°,$$

所以, $O$、$P$、$C$、$M$ 四点共圆, 有

$$\angle OCM = \angle OPM = \angle GEM,$$

从而, $E$、$C$、$M$、$G$ 四点共圆, 有

$$\angle GME = \angle GCE = \angle AFE,$$

$$\therefore \quad MG /\!/ FH, \quad EG = GH.$$

又因 $BD /\!/ EH$, 所以 $\dfrac{BO}{EG} = \dfrac{AO}{AG} = \dfrac{OD}{GH}$, 从而 $BO = OD$, 注意到 $OA = OC$, 则 $ABCD$ 为平行四边形. 即

$$AB = DC, \quad BC = AD.$$

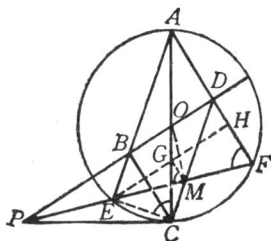

图 14-16

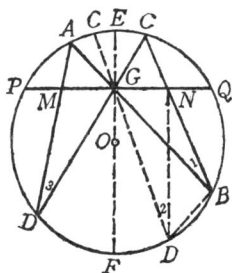

图 14-17

**例3** 过圆 $O$ 内定弦 $PQ$ 之中点 $G$, 任意引两弦 $AB$ 与 $CD$, 连结 $AD$、$CB$ 分别交 $PQ$ 于 $M$、$N$, 求证: $MG = GN$.

**证法一(综合法)** 如图 14-17 所示, 过 $G$ 点作直径 $EF$, 则 $EF \perp PQ$. 作 $D$ 关于 $EF$ 的对称点 $D'$, 连结 $D'G$ 延长线交 $\odot O$ 于 $C'$, 连结 $D'N$、$D'B$, 则在 $\triangle MGD$ 和 $\triangle NGD'$ 中, 有

$$GD' = GD, \quad \angle MGD = \angle NGD',$$

$$\therefore \quad \angle QGD' + \angle D'BC \xlongequal{m} \frac{1}{2}(\overparen{QBD'} + \overparen{PAC'}) + \frac{1}{2}\overparen{D'DPC}$$

$$\xlongequal{m} \frac{1}{2}(\overparen{QBD'} + \overparen{QC} + \overparen{D'DPC}) = 180°,$$

所以, $N$、$G$、$D'$、$B$ 四点共圆, 有

$$\angle 1 = \angle 2 = \angle 3$$

$$\therefore \quad \triangle MGD \cong \triangle NGD', \quad MG = GN.$$

证法二（代数法） 如图 14-18 所示，作 $ME\perp AB$ 于 $E$, $MF\perp CD$ 于 $F$，作 $NT\perp AB$ 于 $T$, $NS\perp CD$ 于 $S$，设 $MG=x$, $GN=y$, $ME=x_1$, $MF=x_2$, $NT=y_1$, $NS=y_2$，并令 $PG=GQ=a$，则由 $\triangle GEM\backsim\triangle GTN$, $\triangle GFM\backsim\triangle GSN$，得

$$\frac{x}{y}=\frac{x_1}{y_1}, \quad \frac{x}{y}=\frac{x_2}{y_2}. \qquad ①$$

又 $\triangle AEM\backsim\triangle CSN$, $\triangle BTN\backsim\triangle DFM$，得

$$\frac{x_1}{y_2}=\frac{AM}{CN}, \quad \frac{x_2}{y_1}=\frac{MD}{NB}. \qquad ②$$

由 ①、②，并利用相交弦定理，得

$$\frac{x^2}{y^2}=\frac{x_1}{y_1}\cdot\frac{x_2}{y_2}=\frac{AM\cdot MD}{CN\cdot NB}=\frac{PM\cdot MQ}{QN\cdot NP}$$

$$=\frac{(a-x)(a+x)}{(a-y)(a+y)}=\frac{a^2-x^2}{a^2-y^2}.$$

从而 $$x=y.$$

即 $$MG=GN.$$

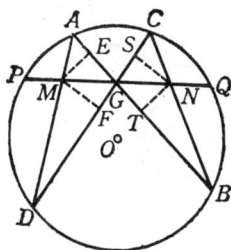

图 14-18

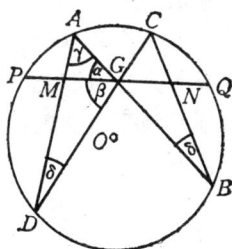

图 14-19

证法三（三角法） 如图 14-19 所示，设 $\angle MGA=\angle NGB=\alpha$, $\angle MGD=\angle NGC=\beta$, $\angle DAB=\angle DCB=\gamma$, $\angle ADC=\angle ABC=\delta$，令 $PG=GQ=a$，则在 $\triangle GMA$ 与 $\triangle GMD$ 中，由正弦定理得

$$AM=\frac{MG\cdot\sin\alpha}{\sin\gamma}, \qquad ①$$

$$MD = \frac{MG \cdot \sin \beta}{\sin \delta}. \qquad ②$$

又由圆内相交弦定理,得

$$PM \cdot MQ = AM \cdot MD. \qquad ③$$

将①、②代入③,得

$$(a - MG)(a + MG) = \frac{MG^2 \cdot \sin \alpha \sin \beta}{\sin \gamma \cdot \sin \delta},$$

即

$$a^2 - MG^2 = \frac{MG^2 \cdot \sin \alpha \sin \beta}{\sin \gamma \sin \delta}; \qquad ④$$

同理

$$a^2 - GN^2 = \frac{GN^2 \cdot \sin \alpha \sin \beta}{\sin \gamma \sin \delta}. \qquad ⑤$$

④÷⑤,得 $\qquad \dfrac{a^2 - MG^2}{a^2 - GN^2} = \dfrac{MG^2}{GN^2},$

解得 $\qquad\qquad MG = GN.$

**二、证两角的相等关系**

证两角相等的常用方法有:

(1) 证其为等腰三角形的两底角;

(2) 证其为全等或相似三角形的一组对应角;

(3) 证其为平行四边形的一组对角;

(4) 证其为平行线的同位角或内(外)错角;

(5) 证其同等于第三角或等角的余角、补角;

(6) 证其为同圆(或等圆)中,同弧(或等弧)上所对的圆心角、圆周角或弦切角等.

**例 4** 设 $AD$、$BE$、$CF$ 是 $\triangle ABC$ 的高线,求证这些高线平分 $\triangle DEF$(垂足三角形)的内角或外角.

**证明** (1)设 $\triangle ABC$ 是锐角三角形(图 14-20),以 $H$ 表示 $\triangle ABC$ 的垂心,则 $H$、$D$、$C$、$E$ 四点共圆,从而

$$\angle HDE = \angle HCE = \angle FCE.$$

又 $B$、$C$、$E$、$F$ 四点共圆,得

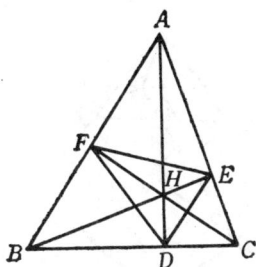

图 14-20

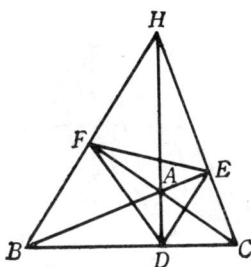

图 14-21

$$\angle HDE = \angle FCE = \angle FBE = \angle FBH.$$

再由 $B$、$D$、$H$、$F$ 四点共圆, 得

$$\angle HDE = \angle FBH = \angle FDH,$$

即 $AD$ 平分 $\angle EDF$.

同理可证 $BE$ 平分 $\angle DEF$, $CF$ 平分 $\angle EFD$.

(2) 设 $\triangle ABC$ 是钝角三角形 (图 14-21), 仍以 $H$ 表示 $\triangle ABC$ 垂心, 显然 $A$ 是锐角三角形 $HBC$ 的垂心, 则由以上 (1), $AD$、$AE$、$AF$ 是 $\triangle DEF$ 的内角平分线, 从而 $\triangle ABC$ 的三高线平分 $\triangle DEF$ (垂足三角形) 的内角或外角.

**例 5** 如图 14-22, 已知 $PA$ 与 $PB$ 分别为两相交圆 $\odot O_1$ 与 $\odot O_2$ 的切线, $A$、$B$ 为切点, 且 $PA = PB$, $PO_1$ 交 $\odot O_1$ 于 $C$、$D$, $PO_2$ 交 $\odot O_2$ 于 $E$、$F$, 求证 $\angle D = \angle F$.

证明 依题设, $PA$ 切 $\odot O_1$ 于 $A$, $PB$ 切 $\odot O_2$ 于 $B$, 所以

$$PA^2 = PC \cdot PD, \quad PB^2 = PE \cdot PF.$$

$\because PA = PB$, $\therefore \dfrac{PC}{PF} = \dfrac{PE}{PD}$.

再由 $\angle CPF = \angle EPD$, 得 $\triangle CPF \backsim \triangle EPD$, 故 $\angle D = \angle F$.

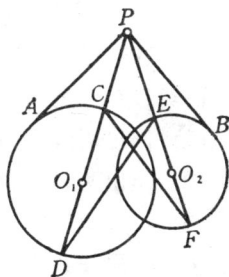

图 14-22

**例 6** 从 $\odot O$ 外一点 $P$ 作切线 $PC$ 和 $PD$, 过弦 $CD$ 中点 $M$ 任作一弦 $AB$, 求证 $\angle APO = \angle BPO$.

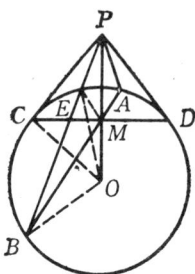
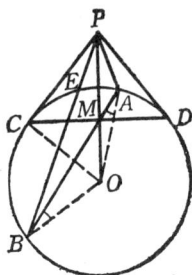

图 14-23                    图 14-24

**证法一**  如图 14-23 所示, 设 $PB$ 交 $\odot O$ 于另一点 $E$, 连结 $EM$、$EO$、$BO$、$CO$. 在 $\mathrm{Rt}\triangle OCP$ 中, $PO \cdot PM = PC^2$, 又 $PC^2 = PB \cdot PE$, 所以

$$PO \cdot PM = PB \cdot PE,$$

即 $B$、$O$、$M$、$E$ 四点共圆. 于是 $\angle AMP = \angle OMB = \angle OEB = \angle OBE = \angle EMP$.

注意到 $PM \perp CD$, 则点 $A$ 和点 $E$ 关于 $PO$ 对称, 所以 $\angle APO = \angle BPO$.

**证法二**  如图 14-24 所示, 在 $\mathrm{Rt}\triangle OCP$ 中, $MO \cdot MP = MC^2$, 又 $MA \cdot MB = MC \cdot MD = MC^2$, 所以 $MO \cdot MP = MA \cdot MB$, 可见 $P$、$A$、$O$、$B$ 四点共圆, 故 $\angle APO = \angle ABO$, $\angle BPO = \angle BAO$. 而 $\angle ABO = \angle BAO$, 所以 $\angle APO = \angle BPO$.

### 三、证线段与角的和差倍分关系

证线段与角的和、差、倍、分关系, 常用的方法有:

(1) 作出两线段(角)之和, 证其与第三线段(角)相等;

(2) 作出两线段(角)之差, 证其与第三线段(角)相等;

(3) 扩大短线段(小角) $n$ 倍, 证其与长线段(大角)相等;

(4) 截取长线段(等分大角) $1/n$, 证其与短线段(小角)相等;

(5) 利用特殊定理, 例如三角形、梯形中位线定理, 平行四边形对角线互相平分定理, 菱形对角线互相垂直平分且平分内角定理, 三角形内(外)角和定理, 三角形内、外角平分线性质定理等.

**例 7** 在 $\triangle ABC$ 中, $CD$ 为 $AB$ 边上中线, $CE$ 是 $\triangle CAD$ 的 $AD$ 边上中线, 且 $AD=AC$, 求证 $BC=2CE$.

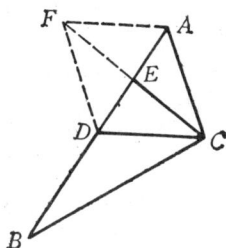

图 14-25

证明 如图 14-25 所示, 延长 $CE$ 至 $F$, 使 $EF=CE$, 连结 $AF$、$DF$, 则 $AFDC$ 为平行四边形. 于是 $FD=AC=AD=BD$.

又
$$\angle FDC=\angle FAC$$
$$=\angle FAD+\angle DAC,$$
$$\angle BDC=\angle ACD+\angle DAC=\angle ADC+\angle DAC$$
$$=\angle FAD+\angle DAC,$$
$$\therefore \quad \angle FDC=\angle BDC.$$

而 $CD$ 公用, 所以 $\triangle FDC\cong\triangle BDC$. 从而, $FC=BC$, 所以 $BC=2CE$.

本例也可以用下列方法添设辅助线, 具体证明留给读者完成.

(1) 取 $BC$ 中点 $F$, 连结 $DF$;

(2) 取 $AC$ 中点 $F$, 连结 $DF$;

(3) 延长 $AC$ 至 $F$, 使 $CF=AC$, 连结 $DF$;

(4) 延长 $DC$ 至 $F$, 使 $CF=DC$, 连结 $AF$.

**例 8** 如图 14-26 所示, 已知 $\triangle ABC$ 内接于 $\odot O$, $\angle A$ 的内、外角平分线分别交 $\odot O$ 于 $X$、$Y$, 过 $X$ 作 $XE\perp AB$, $XF\perp AC$, 过 $Y$ 作 $YM\perp AB$, $YN\perp AC$, 求证:

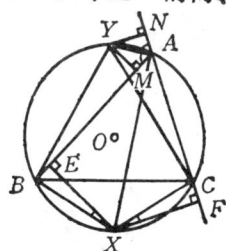

图 14-26

(1) $\angle BXE=\angle CXF=\dfrac{1}{2}|\angle B-\angle C|$;

(2) $\angle YBC=\angle YCB=\dfrac{1}{2}(\angle B+\angle C)$.

证明 (1) 依题设, $AX$ 平分 $\angle BAC$, 且 $XE\perp AB$, $XF\perp AC$, 有 $XE=XF$, $XB=XC$, $\triangle XEB\cong\triangle XFC$, $\angle BXE=\angle CXF$. 为简便, 记 $\triangle ABC$ 三内角分

别为 $\angle A$、$\angle B$、$\angle C$, 则

$$\angle BXE = \angle BXA - \angle EXA = \angle C - \left(90° - \frac{1}{2}\angle A\right)$$

$$= \angle C - \left[\frac{1}{2}(\angle A + \angle B + \angle C) - \frac{1}{2}\angle A\right]$$

$$= \frac{1}{2}(\angle C - \angle B),$$

$$\therefore \quad \angle BXE = \angle CXF = \frac{1}{2}|\angle B - \angle C|.$$

(2) 显然, $YM = YN$, $\angle YBM = \angle YCN$, 有
$\triangle BYM \cong \triangle CYN$, $YB = YC$, $\angle YBC = \angle YCB$, 且

$$\angle YBC = \frac{1}{2}(180° - \angle BYC)$$

$$= \frac{1}{2}[(\angle A + \angle B + \angle C) - \angle A]$$

$$= \frac{1}{2}(\angle B + \angle C),$$

$$\therefore \quad \angle YBC = \angle YCB = \frac{1}{2}(\angle B + \angle C).$$

**例 9** 三角形的垂心到顶点的距离, 等于其外心到对边中点距离之二倍.

**证法一** 如图 14-27 所示, 设 $H$、$O$ 分别为 $\triangle ABC$ 的垂心和外心, $M$、$N$ 分别为 $AB$、$BC$ 之中点, 取 $BH$ 中点 $E$, 连结 $ME$、$NE$. 在四边形 $OMEN$ 中, 注意到 $N$、$E$ 分别为 $AB$、$BH$ 中点, 有

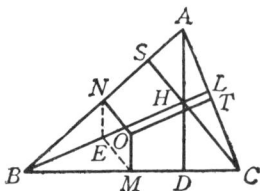

图 14-27

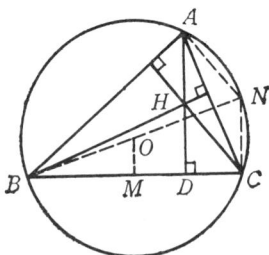

图 14-28

$$NE /\!\!/ AH /\!\!/ OM;$$

又 $$ON /\!\!/ CH, \ EM /\!\!/ CH,$$

所以 $ON /\!\!/ EM$，$OMEN$ 为平行四边形，$AH=2NE$，于是，$AH=2OM$．

证法二　如图 14-28，作 $\triangle ABC$ 外接 $\odot O$，作直径 $BN$，连结 $NA$，$NC$，则在四边形 $AHCN$ 中，有

$$\angle BAN=90°, \ CH \perp AB,$$

$$\therefore \ AN /\!\!/ HC;$$

又 $$\because \ \angle BCN=90°, \ AD \perp BC,$$

$$\therefore \ AH /\!\!/ NC,$$

即 $AHCN$ 为平行四边形，$AH=CN$；而 $CN=2OM$．所以

$$AH=2OM.$$

同理，$B$、$C$ 点到垂心的距离等于 $O$ 到 $AC$、$AB$ 边距离的二倍．

证法三　如图 14-29 所示，设 $H$、$O$ 分别为 $\triangle ABC$ 的垂心与外心，$M$、$N$ 分别为 $AC$、$BC$ 的中点，$P$，$Q$ 分别为 $AH$、$BH$ 的中点，则

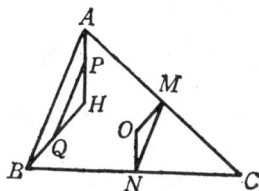

图　14-29

$$MN \underline{\underline{/\!\!/}} \frac{1}{2} AB, \ PQ \underline{\underline{/\!\!/}} \frac{1}{2} AB,$$

$$\therefore \ MN \underline{\underline{/\!\!/}} PQ,$$

而 $$ON /\!\!/ PH, \ OM /\!\!/ QH,$$

$$\therefore \ \triangle PQH \cong \triangle NMO,$$

即 $$AH=2ON, \ BH=2OM.$$

**四、证线段、角的不等关系**

证线段、角的不等关系，常用的方法有：

（1）在同一三角形中，证其大边对大角，大角对大边，一边小于其他两边之和，大于其他两边之差；

（2）在有两双边对应相等的三角形中，证其夹角大者对边较

大, 第三边大者所对角也较大;

(3) 在同圆或等圆中, 直径是最大弦, 证其弦大者弦心距较小;

(4) 从直线外一点向直线引垂线与斜线, 垂线最短, 证其斜线足距垂足较远者斜线较长等.

**例 10** 如图 14-30 所示, 在 $\triangle ABC$ 中, $AB>AC$, $BD$、$CE$ 分别是 $\angle B$、$\angle C$ 的平分线, 求证: $BD>CE$.

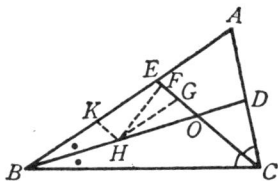

**证明** 设 $BD$、$CE$ 交于 $O$, 由 $AB>AC$, 得 $\angle C>\angle B$, $\angle OCB>\angle OBC$, $OB>OC$. 如果 $OD\geqslant OE$, 显然 $BD>CE$; 如果 $OD<OE$, 在 $OE$ 上截取 $OF=OD$, 在 $OB$ 上截取 $OH=OC$, 连结 $HF$, 则 $\triangle OCD\cong\triangle OHF$. 过点 $H$ 作 $HK\parallel CE$ 交 $AB$ 于 $K$, 过点 $H$ 作 $HG\parallel BA$ 交 $CE$ 于 $G$, 注意到 $\angle GHO=\frac{1}{2}\angle B<\frac{1}{2}\angle C=\angle FHO$, 点 $G$ 必在线段 $OF$ 上. 因为

$$\angle BKH=\angle BEC=\angle A+\frac{1}{2}\angle C>\angle A+\frac{1}{2}\angle B>\frac{1}{2}\angle B,$$

$$\therefore \quad BH>HK, \quad HK=GE>FE,$$

$$\therefore \quad BH+HO+OD>EF+OF+OC,$$

即 $$BD>CE.$$

图 14-30

**例 11** 如图 14-31 所示, 在 $\triangle ABC$ 中, 已知 $AB>AC$, $AD$ 为 $\angle A$ 的平分线, $M$ 为 $AD$ 上任一点, 求证: $AB-AC>MB-MC$.

**证明** 在 $AB$ 上截取 $AE=AC$, 连结 $ME$, 则由题设可知, $\triangle AEM\cong\triangle ACM$. 得

$$EM=MC.$$

又在 $MB$ 上截取 $MF=MC$, 连结 $EF$, 则

$$AB-AC=AB-AE=BE,$$
$$MB-MC=MB-MF=BF.$$

而在 △BEF 中，有

$$\angle 1=\angle 3+\angle 4=\angle 5+\angle 4=\angle 6+\angle 2+\angle 4,$$

$$\therefore \quad \angle 1>\angle 2, \quad BE>BF.$$

即

$$AB-AC>MB-MC.$$

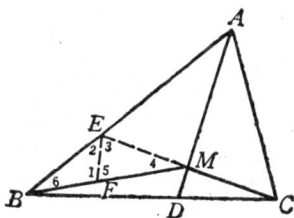

图 14-31

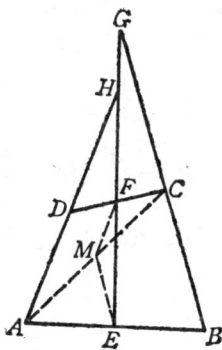

图 14-32

**例 12** 在四边形 $ABCD$ 中，$E$、$F$ 分别是 $AB$、$CD$ 的中点，直线 $EF$ 与 $BC$、$AD$ 的延长线分别交于 $G$、$H$，且 $AD<BC$. 求证：$\angle AHE>\angle BGE$.

**分析一** 如图 14-32，$\angle AHE$ 和 $\angle BGE$ 所处的位置很难判别其大小，能否设法将其转化到同一个三角形中去呢？由于 $E$、$F$ 分别为中点，促使我们联想到三角形中位线的性质. 为此，连结 $AC$，并取其中点 $M$，再连结 $ME$、$MF$. 有

$$ME /\!/ BC, \quad MF /\!/ AD,$$

$$\therefore \quad \angle AHE=\angle MFE, \quad \angle BGE=\angle FEM.$$

在 △MEF 中，$ME=\dfrac{1}{2}BC$，$MF=\dfrac{1}{2}AD$，由已知 $AD<BC$，得 $MF<ME$，由此就不难得出证明了.

**分析二** 如图 14-33，由于 $AD$、$BC$ 位置分散，难以利用条

· 33 ·

件 $AD < BC$，能否将 $AD$、$BC$ 平移到同一个三角形中且便于使 $\angle AHE$ 与 $\angle BGE$ 发生关系呢？为此，作 $FM \perp AD$，$FN \perp BC$，则 $AM \perp BN$，$\triangle AME \cong \triangle BNE$，$ME = NE$，且 $\angle MFE = \angle AHE$，$\angle NFE = \angle BGE$，这样，已知条件与结论就集中到 $\triangle MFN$ 中来了．

如果过点 $E$ 再作 $EP \parallel MF$ 交 $FN$ 于 $P$，则由 $\triangle AME \cong \triangle BNE$ 可知，$\angle AEM = \angle BEN$，从而 $M$、$E$、$N$ 三点共线，得

$$PE = \frac{1}{2} MF = \frac{1}{2} AD,$$

$$PF = \frac{1}{2} FN = \frac{1}{2} BC.$$

$\because$ $AD < BC$，$\therefore$ $\angle 2 < \angle 3$，

而 $\angle 3 = \angle 1$，$\therefore$ $\angle 2 < \angle 1$，

即 $\angle BGE < \angle AHE$．

由此也不难得到证明．

**五、证成比例线段的关系**

证成比例线段的关系，常用方法有：

(1) 在同一三角形中，应用内(外)角平分线定理、射影定理等；

(2) 在同圆(等圆)中，应用切割线定理、相交弦定理等；

(3) 在两个三角形中，证其为相似三角形的两组对应边；

(4) 证其为平行线所截的两束直线中的相应线段；

(5) 证其两两线段之比等于另一定值等．

**例 13** 由四边形外接圆上任一点，向一组对边所作两垂线之积等于向两对角线所作两垂线之积．

**分析** 如图 14-34，欲证 $PE \cdot PG = PF \cdot PH$，即

$$\frac{PE}{PH} = \frac{PF}{PG},$$

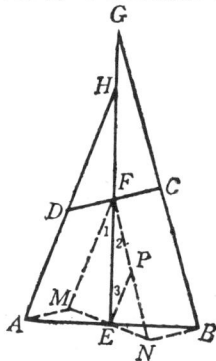

只需证 $\triangle PEF \backsim \triangle PHG$, 即需证$\angle 1$ $=\angle 3$, $\angle 2 = \angle 4$.

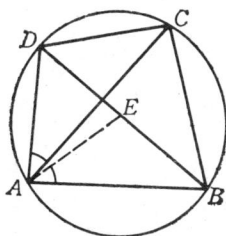

图 14-34

$\because$ $P$、$E$、$A$、$F$ 四点共圆,

$\therefore$ $\angle 1 = \angle PAE$,

$\qquad \angle 2 = \angle PAF$,

$\because$ $P$、$G$、$D$、$H$ 四点共圆,

$\therefore$ $\angle 3 = \angle PDH$, $\angle 4 = \angle PDG$,

而 $P$、$A$、$B$、$D$ 共圆, $P$、$A$、$C$、$D$ 共圆,

有 $\angle PAE = \angle PDH$, $\angle PAF = \angle PDG$,

$\qquad \therefore \quad \angle 1 = \angle 3$, $\angle 2 = \angle 4$.

显然, 由以上逆推, 不难得出证明.

**例 14** (托勒密定理) 求证圆内接四边形两对角线之积等于两组对边乘积之和.

**分析** 如图 14-35, 欲证 $AC \cdot BD = AB \cdot CD + AD \cdot BC$, 如果在 $BD$ 上取一点 $E$, 使 $BD = BE + ED$, 这样即转化为 $AC(BE + ED) = AB \cdot CD + AD \cdot BC$, 即 $AC \cdot BE + AC \cdot ED = AB \cdot CD + AD \cdot BC$ 的问题, 只要证 $AC \cdot BE = AB \cdot CD$, $AC \cdot ED = AD \cdot BC$ (或 $AC \cdot BE = AD \cdot BC$, $AC \cdot ED = AB \cdot CD$), 即只要证 $\triangle ABE$ $\backsim \triangle ACD$, $\triangle ABC \backsim \triangle AED$.

由图中条件, 不难看出, 只要作 $\angle BAE = \angle DAC$, 设 $AE$ 与 $BD$ 交于 $E$, 就可以达到上述目的, 从而得到证明.

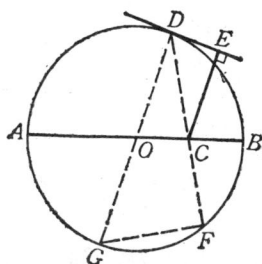

图 14-35

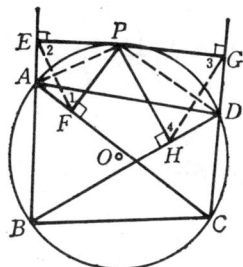

图 14-36

**例 15** 如图 14-36, 过以 $AB$ 为直径的圆上一点 $D$ 作圆的切线, 再从 $AB$ 上一点 $C$ 作该切线的垂线, $E$ 为垂足, 求证:

$$CE \cdot AB = AC \cdot BC + CD^2.$$

**分析** $AC \cdot BC$ 与相交弦定理的条件相近, 只是 $CD$ 是所在弦的一部分, 为此, 延长 $DC$ 与圆交于 $F$, 于是

$$AC \cdot CB = DC \cdot CF,$$
$$AC \cdot BC + CD^2 = DC \cdot CF + CD^2$$
$$= CD(CF + CD) = CD \cdot DF.$$

这样, 只需证明 $CE \cdot AB = CD \cdot DF$. 连接 $DO$ 延长交圆 $O$ 于 $G$, 连结 $GF$, 显然, 如果能证明 $\triangle CDE \backsim \triangle DGF$ 就可以了, 而这是不难证明的.

**六、证定值问题**

在给定的条件下, 图形的变化往往具有一定的规律. 研究图形在变化过程中, 它的某些性质或数量关系不因图形的变化而变化的问题, 这就是几何图形的所谓定值问题.

证明定值问题的常用方法有:

(1) 证明某一(或某些)线段(角)在变化过程中始终是不变的;

(2) 证明某一(或某些)线段(角)具有固定值或固定的运算关系;

(3) 当给出定值时, 这就是单纯的证明问题; 当未给出具体定值时, 还需要找出这个定值, 或用特殊化法猜测出这个定值后, 再予以证明.

**例 16** 如图 14-37, 已知两个同心圆 $O(R)$ 与 $O(r)$ $(R > r)$, 一直线交两圆于 $P$、$Q$、$M$、$N$, 过 $Q$ 作 $QK \perp PN$ 交 $\odot O(r)$ 于 $K$, 求证 $QP^2 + QN^2 + QK^2$ 为定值.

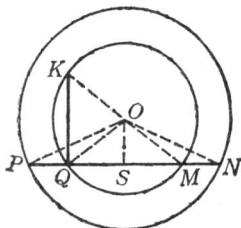

图 14-37

**证明** 连结 $OK$、$OM$, 显然 $K$、$O$、$M$ 共线; 连结 $OP$、$OQ$、$ON$, 作 $OS \perp PN$ 交于 $S$, 令 $OS = d$, 则

$$QP^2+QN^2+QK^2$$
$$=(PS-QS)^2+(QS+SN)^2+(KM^2-QM^2)$$
$$=(PS-QS)^2+(QS+PS)^2+(KM^2-4QS^2)$$
$$=2PS^2+KM^2-2QS^2$$
$$=2(R^2-d^2)+4r^2-2(r^2-d^2)$$
$$=2(R^2+r^2)(定值).$$

**例 17** 在等腰三角形 $ABC$ 中,作内切半圆,直径在底边 $BC$ 上,向半圆引切线 $MN$ 交 $AB$ 于 $M$,交 $AC$ 于 $N$,求证: $BM \cdot CN$ 为定值.

**证明** 如图 14-38,设 $P$、$Q$、$T$ 为切点, 连结 $OP$、$OQ$、$OT$、$OM$、$ON$,则
$$\angle 1=\angle 2, \quad \angle 3=\angle 4.$$

注意到 $OT \perp AB$, $OQ \perp AC$, $A$、$T$、$O$、$Q$ 共圆,有
$$\angle TOQ = 180° - \angle A = \angle B + \angle C = 2\angle B,$$
$$\angle MON = \angle 2 + \angle 3 = \frac{1}{2}\angle TOQ = \angle B.$$

在 $\triangle BMO$ 和 $\triangle CON$ 中,$\angle B = \angle C$, 又 $\angle 5 = \angle 6$, $\angle MON = \angle B$,所以
$$\angle BOM = \angle 7 = \angle 8.$$
$$\therefore \quad \triangle BMO \backsim \triangle CON, \frac{BM}{CO} = \frac{BO}{CN}.$$
$$BM \cdot CN = BO \cdot CO = \frac{1}{4}BC^2(定值).$$

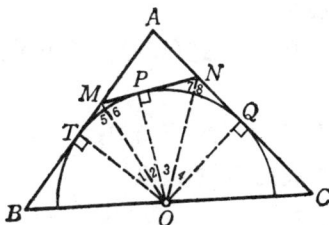

图 14-38

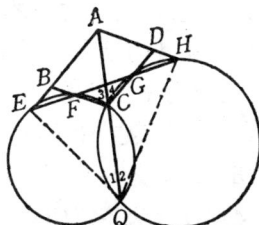

图 14-39

例18 如图14-39,任一直线截 □$ABCD$, 分别交 $AB$、$BC$、$CD$、$DA$ 所在直线于 $E$、$F$、$G$、$H$, 试证 ⊙$EFC$ 与 ⊙$GHC$ 的另一交点必在定直线上.

分析 首先考察特殊情况,以确定定直线的位置.

若截线经过 $B$、$D$, 这时 $E$、$F$ 与 $B$ 重合, ⊙$EFC$ 变为过 $B$、$C$ 且与 $BD$ 相切的圆, 又 $G$、$H$ 与 $D$ 重合, ⊙$GHC$ 为过 $C$、$D$ 且与 $BD$ 相切的圆, 这两圆的一个交点就是 $C$.

若截线经过 $A$, 这时 $E$、$H$ 和 $A$ 重合, ⊙$EFC$ 和 ⊙$GHC$ 都过 $A$, $A$ 成为两圆的另一交点.

由此, 定直线可能就是 $AC$.

证明 设两圆的另一个交点为 $Q$, 连结 $QE$、$QC$、$QH$, 因为 $E$、$Q$、$C$、$F$ 共圆, $H$、$Q$、$C$、$G$ 共圆, 所以 $\angle 1 = \angle 3$, $\angle 2 = \angle 4$. 又

$$\angle A = \angle FCG,$$

$$\angle A + \angle EQH = \angle FCG + \angle 3 + \angle 4 = 180°,$$

所以 $A$、$E$、$Q$、$H$ 共圆. 连结 $AQ$, 则 $\angle EQA = \angle EHA$, 又 $\angle EQC = \angle 3$, $\angle 3 = \angle EHA$, 从而 $\angle EQC = \angle EHA$, $\angle EQC = \angle EQA$.

故 $A$、$Q$、$C$ 在一直线上, 点 $Q$ 在直线 $AC$ 上.

# §3 证位置关系

## 一、证两直线的平行关系

证两直线平行, 常用的方法有:

(1) 证其满足两直线平行的判定定理(如同位角相等、内错角相等、同旁内角互补等);

(2) 证其为三角形(或梯形)的中位线与底边;

(3) 证其为"分三角形两边成比例"的线段;

(4) 证其为平行四边形的对边;

(5) 证其同为平行于第三直线的两直线;

(6) 在同圆中,证其为等弧所夹的两条弦等.

**例 1** 如图14-40,由圆外一点 $P$ 作切线 $PA$,由 $PA$ 的中点 $B$ 作割线 $BCD$ 交圆于 $C$、$D$,连结 $PC$、$PD$ 交圆于 $E$、$F$,求证 $FE /\!/ PA$.

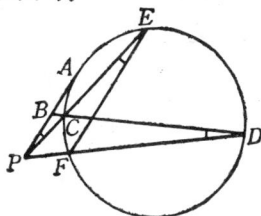

图 14-40

**分析** 欲证 $FE /\!/ PA$,只需证

$$\angle BPC = \angle E = \angle D,$$

或

$$\triangle BPC \backsim \triangle BDP.$$

由于这两个三角形有公共角,且

$$BP^2 = BA^2 = BC \cdot BD,$$

即 $BC : BP = BP : BD$,所以确有 $\triangle BPC \backsim \triangle BDP$,从而可证.

**例 2** 如图14-41所示,在 $\triangle ABC$ 中,$DAE$ 为 $\angle A$ 的外角平分线,$BD \perp DE$ 于 $D$,$CE \perp DE$ 于 $E$,$BE$ 和 $CD$ 交于 $F$,求证:$AF /\!/ BD /\!/ CE$.

**分析** 由已知,$BD /\!/ CE$,可截得比例线段,因而试用比例线段来判定两直线平行.

欲证 $AF /\!/ BD$,只需证 $EA : AD = EF : FB$.

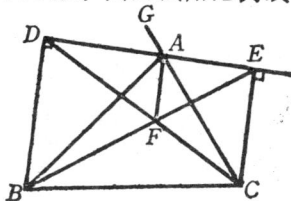

图 14-41

在 $\mathrm{Rt}\triangle ABD$ 与 $\mathrm{Rt}\triangle ACE$ 中,

$\because$ $\angle BAD = \angle DAG = \angle CAE$,

$\therefore$ $\triangle ABD \backsim \triangle ACE$,

则

$$EA : AD = EC : DB.$$

又 $\triangle BDF \backsim \triangle ECF$,有 $EF : FB = EC : DB$,所以 $EA : AD = EF : FB$,故 $AF /\!/ BD /\!/ CE$ 成立.

**例 3** 以 $\triangle ABC$ 的两边 $AB$、$AC$ 为底边向外侧作等腰 $\triangle EAB$、$\triangle FAC$,又以 $BC$ 为底向内侧作等腰 $\triangle DBC$,且 $\triangle DBC \backsim \triangle EAB \backsim \triangle FAC$,求证:$A$、$E$、$D$、$F$ 是平行四边形的顶点或在同一直线上.

**分析** 先讨论一般情况(图14-42).

欲证 $AEDF$ 为平行四边形, 只要证 $AE/\!/FD$, $AF/\!/ED$, 只要证 $\angle AED+\angle EDF=180°$, $\angle AFD+\angle EDF=180°$.

$\because$ $\triangle EAB\backsim\triangle FAC\backsim\triangle DBC$,

$\therefore$ $\dfrac{BE}{BA}=\dfrac{BD}{BC}=\dfrac{DC}{BC}=\dfrac{FC}{AC}$,

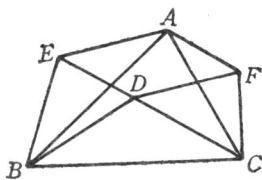

图 14-42

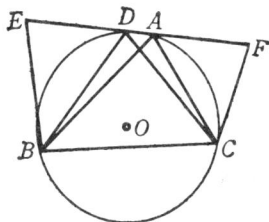

图 14-43

$\therefore$ $\triangle BED\backsim\triangle BAC\backsim\triangle DFC$, $\angle EBD=\angle ABC=\angle FDC$,

$\angle EDF=360°-\angle EDB-\angle BDC-\angle CDF$

$\qquad=360°-\angle EDB-\angle BEA-\angle DBE$

$\qquad=180°+(180°-\angle EDB-\angle DBE)-\angle BEA$

$\qquad=180°+\angle BED-\angle BEA$

$\qquad=180°+\angle BED-(\angle BED+\angle DEA)$.

所以, $\angle EDF+\angle DEA=180°$, 得 $AE/\!/FD$; 同理 $\angle EDF+\angle DFA=180°$, 得 $AF/\!/ED$. 故 $AEDF$ 为平行四边形.

进一步讨论, 当所作等腰三角形的顶角和 $\angle BAC$ 相等时的情形(图 14-43).

当 $\angle BDC=\angle BAC$ 时, 则 $B$、$C$、$A$、$D$ 共圆, $\angle ADB+\angle ACB=180°$.

由以上分析知 $\triangle BED\backsim\triangle BAC$, 故 $\angle EDB=\angle ACB$, $\angle EDB+\angle ADB=180°$, 从而 $E$、$D$、$A$ 共线, 同理可得 $F$、$A$、$D$ 共线, 所以, $E$、$D$、$F$、$A$ 四点共线.

**二、证两直线的垂直关系**

证两直线垂直, 常用的方法有:

(1) 证两直线构成一个直角;

(2) 证其分别为等腰三角形底边上的中线、高线或顶角的平分线与底边;

(3) 证其为矩形的一组邻边,菱形或正方形的两条对角线;

(4) 证其构成直径上的圆周角或所夹弧为 $180°$ 的圆内相交弦;

(5) 证其为某一直角三角形的两条直角边. 这时, 常应用勾股定理的逆定理或射影定理的逆定理等.

**例4** 如图 14-44, $\odot O_1$ 与 $\odot O_2$ 外切于 $P$, 过 $P$ 任作一直线分别交两圆于 $A$、$B$, 一条外公切线分别切两圆于 $C$、$D$, 求证 $AC \perp BD$.

**分析** 连结 $PC$、$PD$, 延长 $AC$、$BD$ 交于 $H$. 这时 $AC \perp BD \Leftrightarrow \angle H = 90° \Leftrightarrow$

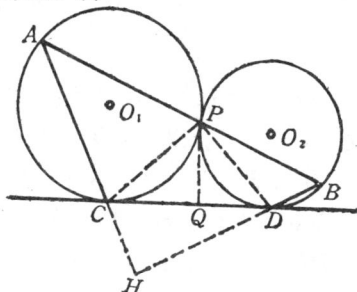

图 14-44

$\angle A + \angle B = 90°$. 已知直线 $CD$ 分别切 $\odot O_1$、$\odot O_2$ 于点 $C$、$D \Rightarrow$ $\angle A = \angle PCD$, $\angle B = \angle PDC$, 故 $\angle A + \angle B = 90° \Leftrightarrow \angle PCD + \angle PDC = 90° \Leftrightarrow \angle CPD = 90°$; 过点 $P$ 作 $\odot O_1$ 与 $\odot O_2$ 的内公切线交 $CD$ 于 $Q$, 因为 $PQ$、$QC$、$QD$ 为切线, 则 $PQ = QC = QD$, 可得 $\angle CPD = 90°$ 同时, 当点 $A \in \overset{\frown}{PC}$ 或 $A$ 与 $C$ 重合时, 结论仍成立, 故命题得证.

**例5** 如图 14-45, 圆内接凸四边形 $ABCD$ 的两组对边的延长线分别交于 $E$、$F$, 求证: $\angle E$、$\angle F$ 的平分线互相垂直.

**分析** 设 $\angle E$、$\angle F$ 的平分线交于 $K$, $KF$ 分别交 $AB$、$CD$ 于 $M$、$N$, 由于 $EK$ 是 $\angle MEN$ 的平分线, 这时 $EK \perp MN \Leftrightarrow EM = EN \Leftrightarrow \angle EMN = \angle ENM \Leftrightarrow \angle B + \frac{1}{2} \angle F = \angle CDF + \frac{1}{2} \angle F$.

由 $A$、$B$、$C$、$D$ 共圆, $\angle B = \angle CDF$, 故得证.

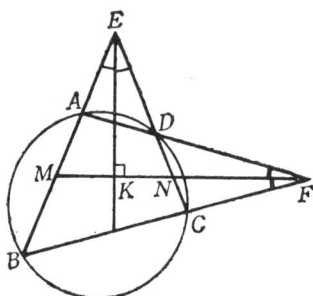

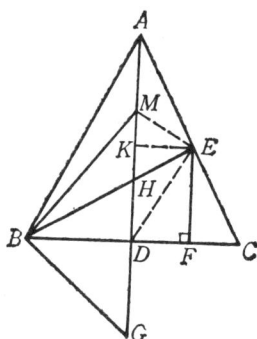

图 14-45　　　　　　　图 14-46

**例6** 如图14-46,在 $\triangle ABC$ 中,已知 $AB=AC$, $AD \perp BC$, $BE \perp AC$, $EF \perp BC$, $AD$ 与 $BE$ 交于 $H$, $AM=MH$, 延长 $AD$ 到 $G$,使 $DG=EF$,求证 $BM \perp BG$.

**分析** 欲证 $BM \perp BG$ 由已知 可应用射影定理的逆定理,只需证 $BD^2=GD \cdot DM$.

在 $\mathrm{Rt}\triangle BCE$ 中,有 $BD=DE$,又 $DG=EF$,故

$$BD^2=GD \cdot DM \Leftrightarrow DE^2=EF \cdot DM$$

$$\Leftrightarrow \frac{DE}{DM}=\frac{EF}{DE}$$

$$\Leftrightarrow \triangle DEF \backsim \triangle MDE$$

$$\Leftrightarrow \angle DEM=90°$$

$$\Leftrightarrow \angle DEH+\angle BEM=90°.$$

而

$$\angle DEH=\angle DBH, \quad \angle BEM=\angle EHM=\angle DHB,$$

$$\angle DBH+\angle DHB=90°,$$

由可逆,故得证.

证法一(综合法)　略.

证法二(三角法)　设 $\triangle ABC$ 的外接圆半径为 $R$,则

$$BC=2R\sin A, \quad CA=2R\sin B, \quad AB=2R\sin C.$$

在 $\triangle MBG$ 中，$BD = \dfrac{1}{2} BC = R \sin A$，$GD = EF = EC \cdot \sin C$

$= BC \cdot \cos C \cdot \sin C = R \sin A \cdot \sin 2C = R \sin A \cdot \sin(180° - A)$

$= R \sin^2 A$；

$$DM = AD - AM = AD - \dfrac{1}{2} AH$$

$$= AD - \dfrac{1}{2} AE \cdot \sec \dfrac{A}{2}$$

$$= AD - \dfrac{1}{2} AB \cos A \sec \dfrac{A}{2}$$

$$= AC \cdot \sin C - R \sin C \cdot \cos A \cdot \sec \dfrac{A}{2}$$

$$= 2R \sin^2 C + R \cos 2C = R.$$

这样，由 $BD^2 = GD \cdot DM$，得 $BM \perp BG$。

证法三（代数法） 设 $BD = a$，$AD = h$，则

$$AC = \sqrt{a^2 + h^2}, \quad BE = \dfrac{AD \cdot BC}{AC} = \dfrac{2ah}{\sqrt{a^2 + h^2}},$$

$$BF = \dfrac{BE^2}{BC} = \dfrac{2ah^2}{a^2 + h^2}, \quad FC = BC - BF = \dfrac{2a^3}{a^2 + h^2},$$

$$EF = \sqrt{BF \cdot FC} = \dfrac{2a^2 h}{a^2 + h^2}, \quad DH = \dfrac{EF \cdot BD}{BF} = \dfrac{a^2}{h},$$

$$DM = DH + \dfrac{1}{2}(DA - DH) = \dfrac{a^2 + h^2}{2h},$$

$$\because \quad DG \cdot DM = EF \cdot DM = \dfrac{2a^2 h}{a^2 + h^2} \cdot \dfrac{a^2 + h^2}{2h} = a^2,$$

且 $\qquad\qquad\qquad\qquad BD^2 = a^2,$

所以，$DG \cdot DM = BD^2$，即 $BG \perp BM$。

证法四（解析法） 如图 14-47 所示选取直角坐标系，设 $DA$ 为单位长，则 $A(0, 1) B(-a, 0)$，$C(a, 0)$。

由 $\begin{cases} AC: y = -\dfrac{1}{a}(x - a), \\ BE: y = a(x + a), \end{cases}$

解得 $\qquad\qquad E\left( \dfrac{a - a^3}{1 + a^2}, \ \dfrac{2a^2}{1 + a^2} \right).$

由 $\begin{cases} BE: & y = a(x+a), \\ AD: & x = 0, \end{cases}$

解得 $H(0, a^2)$. 从而可得

$$M\left(0, \frac{1+a^2}{2}\right), G\left(0, -\frac{2a^2}{1+a^2}\right).$$

$$K_{BM} \cdot K_{BG} = \frac{1+a^2}{2a}\left(-\frac{2a}{1+a^2}\right)$$

$$= -1,$$

$\therefore \quad BM \perp BG.$

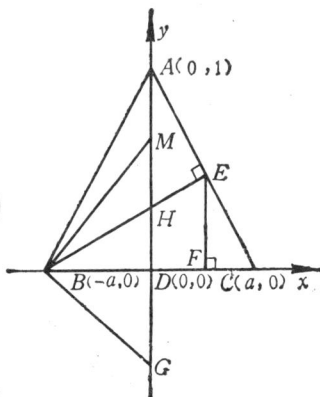

图 14-47

**三、证点的共线关系**

证 $A$、$B$、$C$ 三点共线的关系，常
用的方法有：

(1) 可过 $A$ 点任作一直线 $PQ$，并连结 $AB$、$AC$. 当 $B$、$C$ 在
$PQ$ 同侧时，证明 $\angle PAB = \angle PAC$；当 $B$、$C$ 在 $PQ$ 异侧时，证明
$\angle PAC = \angle QAB$ 或 $\angle PAB + \angle PAC = 180°$；

(2) 过其中任意两点作一直线，证明第三点在该直线上，或
$A$、$B$、$C$ 三点在同一直线上；

(3) 证明 $AB$ 和 $AC$ 都平行或都垂直于同一直线；

(4) 证明两点的连线 $AB$ 和某一定线的交点就是第三点 $C$；

(5) 应用梅尼劳斯定理（见例8）.

**例 7** 如图 14-48，在 $\triangle ABC$ 中，
$AD$、$AE$ 分别为 $\angle A$ 内、外角平分线，
$BF$、$BG$ 分别为 $\angle B$ 内、外角平分线. 且
$D$、$E$、$F$、$G$ 分别为点 $C$ 在 $AD$、$AE$、
$BF$、$BG$ 上的射影，求证 $E$、$F$、$D$、$G$ 四
点共线.

**分析** 连结 $DE$、$DF$. 设 $M$、$N$ 分别
为 $BC$、$AC$ 中点，欲证 $E$、$F$、$D$、$G$ 共线，不
妨先证 $E$、$F$、$D$ 共线，即证 $DE$、$DF$ 重合或同平行于某一直线.

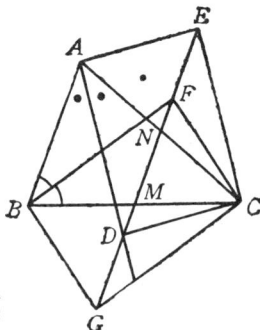

图 14-48

由已知，显然 $AECD$ 为矩形，$DE$ 通过 $AC$ 中点 $N$，且

$$\angle EDA = \angle CAD = \angle BAD.$$

可见 $DE /\!/ BA$，$DE$ 与 $MN$ 重合.

同理，$GF /\!/ BA$ 且 $GF$ 与 $MN$ 重合，因此 $E$、$F$、$D$ 共线.

仿此可得 $E$、$F$、$D$、$G$ 共线，且都在直线 $MN$ 上.

**例 8** （梅尼劳斯定理）设 $D$、$E$、$F$ 分别是 $\triangle ABC$ 的三边 $BC$、$CA$、$AB$ 或其延长线上的点，则它们共线的必要充分条件为

$$\frac{\overline{DB}}{\overline{DC}} \cdot \frac{\overline{EC}}{\overline{EA}} \cdot \frac{\overline{FA}}{\overline{FB}} = 1 \quad \text{（式中表示有向线段）.}$$

证明 （1）必要性.

如图 14-49 所示，设 $D$、$E$、$F$ 三点共线，过 $C$ 点作 $CG$ $/\!/ DEF$ 交 $AB$ 于 $G$，则

$$\frac{\overline{DB}}{\overline{DC}} = \frac{\overline{FB}}{\overline{FG}}, \quad \frac{\overline{EC}}{\overline{EA}} = \frac{\overline{FG}}{\overline{FA}},$$

$$\therefore \frac{\overline{DB}}{\overline{DC}} \cdot \frac{\overline{EC}}{\overline{EA}} \cdot \frac{\overline{FA}}{\overline{FB}}$$

$$= \frac{\overline{FB}}{\overline{FG}} \cdot \frac{\overline{FG}}{\overline{FA}} \cdot \frac{\overline{FA}}{\overline{FB}} = 1.$$

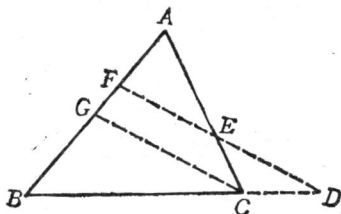

图 14-49

（2）充分性.

$$\because \frac{\overline{DB}}{\overline{DC}} \neq 1, \quad \therefore \frac{\overline{FA}}{\overline{FB}} \neq \frac{\overline{EA}}{\overline{EC}},$$

故 $EF$ 必与 $BC$ 相交，设交点为 $D'$，则由以上必要性，有

$$\frac{\overline{D'B}}{\overline{D'C}} \cdot \frac{\overline{EC}}{\overline{EA}} \cdot \frac{\overline{FA}}{\overline{FB}} = 1,$$

$$\therefore \frac{\overline{D'B}}{\overline{D'C}} = \frac{\overline{DB}}{\overline{DC}},$$

即

$$\frac{\overline{D'B} - \overline{D'C}}{\overline{D'C}} = \frac{\overline{DB} - \overline{DC}}{\overline{DC}},$$

$$\frac{\overline{OB}}{\overline{D'C}} = \frac{\overline{OB}}{\overline{DC}}, \quad \overline{D'C} = \overline{DC},$$

从而 $D$ 与 $D'$ 点重合. 故 $D$、$E$、$F$ 三点共线.

**例9** 如图 14-50,延长四边形 $ABCD$ 的两组对边 $BA$、$CD$ 相交于 $E$,$AD$、$BC$ 相交于 $F$,且 $L$、$M$、$N$ 分别为 $AC$、$BD$、$EF$ 的中点,求证 $L$、$M$、$N$ 三点共线(牛顿线).

**证法一** 设 $EB$、$BC$、$EC$ 的中点分别是 $P$、$Q$、$R$,因 $R$、$L$、$Q$ 分别是 $EC$、$AC$、$BC$ 的中点,故 $R$、$L$、$Q$ 共线. 由 $RQ$ $\parallel EB$,得

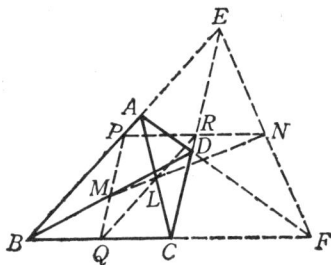

图 14-50

$$\frac{RL}{LQ} = \frac{EA}{AB}. \qquad ①$$

同理,得 $Q$、$M$、$P$ 共线,$PQ \parallel EC$,则有

$$\frac{QM}{MP} = \frac{CD}{DE}, \qquad ②$$

以及 $P$、$R$、$N$ 共线,$PN \parallel BF$,有

$$\frac{PN}{NR} = \frac{BF}{FC}. \qquad ③$$

将 ①×②×③ 得:

$$\frac{RL}{LQ} \cdot \frac{QM}{MP} \cdot \frac{PN}{NR} = \frac{EA}{AB} \cdot \frac{CD}{DE} \cdot \frac{BF}{FC}.$$

而 $\triangle EBC$ 被直线 $ADF$ 所截,由梅尼劳斯定理,有

$$\frac{EA}{AB} \cdot \frac{BF}{FC} \cdot \frac{CD}{DE} = 1,$$

$$\therefore \frac{RL}{LQ} \cdot \frac{QM}{MP} \cdot \frac{PN}{NR} = 1.$$

故得 $L$、$M$、$N$ 三点共线.

**证法二** 如图 14-51 所示,为简便起见,建立斜坐标系. 设

$AB$ 为单位长, 则 $A(0,1)$、$B(0,0)$、$C(a,0)$、$D(b,c)$, 有

$$L\left(\frac{1}{2}a, \frac{1}{2}\right)、M\left(\frac{1}{2}b, \frac{1}{2}c\right).$$

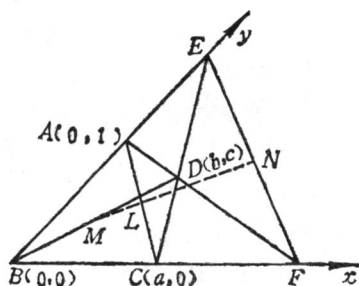

图 14-51

由 $\begin{cases} CD: y=\dfrac{c}{b-a}(x-a), \\ BA: x=0, \end{cases}$ 得 $E\left(0, \dfrac{ac}{a-b}\right);$

由 $\begin{cases} AD: y-1=\dfrac{c-1}{b}x, \\ BC: y=0, \end{cases}$ 得 $F\left(\dfrac{b}{1-c}, 0\right).$

$$\therefore \quad N\left(\frac{b}{2(1-c)}, \frac{ac}{2(a-b)}\right).$$

而 $L$、$M$、$N$ 为顶点的三角形面积为

$$\begin{vmatrix} \dfrac{a}{2} & \dfrac{1}{2} & 1 \\[2mm] \dfrac{b}{2} & \dfrac{c}{2} & 1 \\[2mm] \dfrac{b}{2(1-c)} & \dfrac{ac}{2(a-b)} & 1 \end{vmatrix} = 0,$$

所以 $L$、$M$、$N$ 共线.

**四、证线的共点关系**

证明线的共点关系, 常用的方法有:

(1) 证两直线的交点在第三直线上;

(2) 证两两直线的交点合一;

(3) 证诸线皆过同一点;

(4) 证其满足共点线的定理,例如三角形的内心、外心、重心、垂心定理、塞瓦定理(见例 11)等.

**例 10** 若在 △$ABC$ 的形外作正 △$BCA'$、△$CAB'$、△$ABC'$,则 $AA'$、$BB'$、$CC'$ 三线共点.

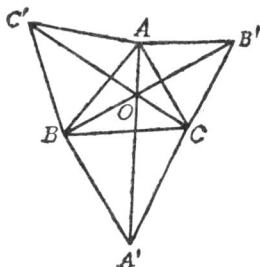

图 14-52

**分析** 如图 14-52 所示,假设在 $AA'$、$BB'$、$CC'$ 中,其中有两线的交点是 △$ABC$ 的顶点之一时(当 △$ABC$ 有一角等于 $120°$),则结论显然成立.

在一般情况下,假设 $BB'$ 和 $CC'$ 相交于点 $O$,连结 $OA$、$OA'$. 欲证 $AA'$ 过 $O$ 点,只需证 $O$、$A$、$A'$ 三点共线.

由 △$ABB'$≌△$AC'C$,得 $BB'=C'C$,且点 $A$ 到 $BB'$ 和 $CC'$ 的距离相等,从而 $OA$ 是 ∠$BOC$ 或 ∠$B'OC'$ 的平分线.

进一步分析,由于 ∠$AB'B$=∠$ACC'$⇒$A$、$O$、$C$、$B'$ 共圆 ⇒∠$AOC$=$180°$-∠$B'$=$120°$;同理 ∠$AOB$=$120°$,那么 ∠$BOC$ =$360°$-$120°$-$120°$=$120°$, 又已知 △$BCA'$ 为正三角形 ⇒∠$BA'C$=$60°$,所以, ∠$BOC$+∠$BA'C$=$180°$⇒$B$、$O$、$C$、$A'$ 共圆 ⇒∠$BOA'$=∠$BCA'$=$60°$, ∠$COA'$=∠$CBA'$=$60°$. 故 $OA'$ 平分 ∠$BOC$,即 $OA$、$OA'$ 必在同一直线上.

**例 11** (塞瓦定理)设 $D$、$E$、$F$ 是 △$ABC$ 三边 $BC$、$CA$、$AB$ 或其延长线上的点,则 $AD$、$BE$、$CF$ 三线共点或互相平行的必要且充分条件为:

$$\frac{\overline{DB}}{\overline{DC}} \cdot \frac{\overline{EC}}{\overline{EA}} \cdot \frac{\overline{FA}}{\overline{FB}} = -1 \quad (式中表示有向线段).$$

**证明** (1) 必要性.

如图 14-53(1),设 $AD$、$BE$、$CF$ 交于点 $O$,因为 $BOE$ 是 △$AOD$ 的截线,$COF$ 是 △$ABD$ 截线,由梅尼劳斯定理,有

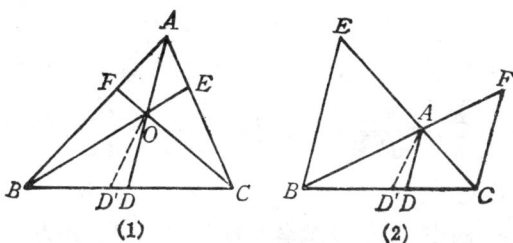

图 14-53

$$\frac{\overline{BD}}{\overline{BC}} \cdot \frac{\overline{CE}}{\overline{EA}} \cdot \frac{\overline{AO}}{\overline{OD}} = 1, \qquad \qquad ①$$

$$\frac{\overline{CB}}{\overline{CD}} \cdot \frac{\overline{DO}}{\overline{OA}} \cdot \frac{\overline{AF}}{\overline{FB}} = 1. \qquad \qquad ②$$

① × ② 得

$$\frac{\overline{BD}}{\overline{BC}} \cdot \frac{\overline{CE}}{\overline{EA}} \cdot \frac{\overline{CB}}{\overline{CD}} \cdot \frac{\overline{AF}}{\overline{FB}} = 1.$$

而 $\qquad \overline{BC} = -\overline{CB}, \qquad \dfrac{\overline{BD}}{\overline{CD}} = \dfrac{\overline{DB}}{\overline{DC}},$

$$\therefore \quad \frac{\overline{DB}}{\overline{DC}} \cdot \frac{\overline{EC}}{\overline{EA}} \cdot \frac{\overline{FA}}{\overline{FB}} = -1.$$

假设 $AD \parallel BE \parallel CF$(图 14-53(2)),这时显然有

$$\frac{\overline{EC}}{\overline{EA}} = \frac{\overline{BC}}{\overline{BD}}, \qquad \frac{\overline{FA}}{\overline{FB}} = \frac{\overline{CD}}{\overline{CB}},$$

$$\therefore \quad \frac{\overline{DB}}{\overline{DC}} \cdot \frac{\overline{EC}}{\overline{EA}} \cdot \frac{\overline{FA}}{\overline{FB}} = \frac{\overline{DB}}{\overline{DC}} \cdot \frac{\overline{BC}}{\overline{BD}} \cdot \frac{\overline{CD}}{\overline{CB}} = -1.$$

(2) 充分性.

如果 $BE$、$CF$ 交于 $O$ 点,过 $AO$ 作直线与 $BC$ 必有交点,设交点为 $D'$,由必要性有

$$\frac{\overline{D'B}}{\overline{D'C}} \cdot \frac{\overline{EC}}{\overline{EA}} \cdot \frac{\overline{FA}}{\overline{FB}} = -1,$$

$$\therefore \quad \frac{\overline{D'B}}{\overline{D'C}} = \frac{\overline{DB}}{\overline{DC}},$$

即 $D'$ 与 $D$ 重合,故 $AD$、$BE$、$CF$ 交于一点.

如果 $BE\,/\!/\,CF$,作 $AD'\,/\!/\,CF$,设 $AD'$ 与 $BC$ 交于 $D'$,由必要性得 $\dfrac{\overline{D'B}}{\overline{D'C}}\cdot\dfrac{\overline{EC}}{\overline{EA}}\cdot\dfrac{\overline{FA}}{\overline{FB}}=-1$,所以,$\dfrac{\overline{D'B}}{\overline{D'C}}=\dfrac{\overline{DB}}{\overline{DC}}$,$D'$ 与 $D$ 重合,$AD\,/\!/\,BE\,/\!/\,CF$.

**例 12** 一圆交 $\triangle ABC$ 的各边或其延长线于两点,假设直线 $BC$、$CA$、$AB$ 上的交点各是 $D$ 与 $D'$,$E$ 与 $E'$,$F$ 与 $F'$,若 $AD$、$BE$、$CF$ 三线共点,则 $AD'$、$BE'$、$CF'$ 三线共点或互相平行.

**分析** 如图 14-54,已知 $AD$、$BE$、$CF$ 三线共点,且 $D$、$E$、$F$ 分别在 $\triangle ABC$ 的三边或其延长线上,由塞瓦定理,得

$$\frac{\overline{DB}}{\overline{DC}}\cdot\frac{\overline{EC}}{\overline{EA}}\cdot\frac{\overline{FA}}{\overline{FB}}=-1.$$

欲证 $AD'$、$BE'$、$CF'$ 三线共点或互相平行,只需证

$$\frac{\overline{D'B}}{\overline{D'C}}\cdot\frac{\overline{E'C}}{\overline{E'A}}\cdot\frac{\overline{F'A}}{\overline{F'B}}=-1.$$

而由圆幂定理 $\overline{AE}\cdot\overline{AE'}=\overline{AF}\cdot\overline{AF'}$,
$\overline{BF}\cdot\overline{BF'}=\overline{BD}\cdot\overline{BD'}$,$\overline{CD}\cdot\overline{CD'}=\overline{CE}$
$\cdot\overline{CE'}$. 即 $\dfrac{\overline{E'A}}{\overline{F'A}}=\dfrac{\overline{FA}}{\overline{EA}}$,$\dfrac{\overline{F'B}}{\overline{D'B}}=\dfrac{\overline{DB}}{\overline{FB}}$,

$\dfrac{\overline{D'C}}{\overline{E'C}}=\dfrac{\overline{EC}}{\overline{DC}}$,

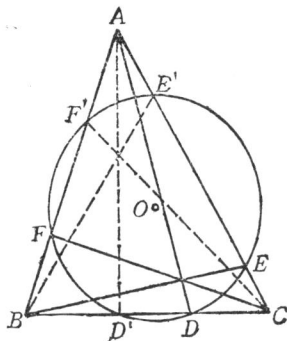

图 14-54

$\therefore\ \dfrac{\overline{E'A}}{\overline{F'A}}\cdot\dfrac{\overline{F'B}}{\overline{D'B}}\cdot\dfrac{\overline{D'C}}{\overline{E'C}}=\dfrac{\overline{FA}}{\overline{EA}}\cdot\dfrac{\overline{DB}}{\overline{FB}}\cdot\dfrac{\overline{EC}}{\overline{DC}}=-1.$

取上式两端的倒数,可得

$$\frac{\overline{D'B}}{\overline{D'C}}\cdot\frac{\overline{E'C}}{\overline{E'A}}\cdot\frac{\overline{F'A}}{\overline{F'B}}=-1.$$

由塞瓦定理,所以 $AD'$、$BE'$、$CF'$ 三线共点或互相平行.

**五、证点的共圆关系**

在同一圆上的点叫做共圆点,不共线的三点必为共圆点. 证明 $A$、$B$、$C$、$D$ 四点共圆,常用的方法有:

(1) 证各点距一定点等远;

(2) 证四边形 $ABCD$ 的对角互补或外角等于内对角;

(3) 证 $A$、$B$ 的连线和同侧另外两点 $C$、$D$ 间张等角;

(4) 设 $AB$、$CD$ 相交于 $P$,若 $AP \cdot BP = CP \cdot DP$,则由相交弦定理,知 $A$、$B$、$C$、$D$ 四点共圆.

证明四点以上各点共圆,常用的方法有:

(1) 证各点距一定点等远;

(2) 先证其中四点共圆,然后证其余各点均在该圆上;

(3) 先证其中某些点各各共圆,然后判断这些圆为同一个圆.

**例 13** 如图 14-55,设 $A$ 是圆 $O$ 的 $\overset{\frown}{BAC}$ 的中点,过 $A$ 任作两弦 $AD$、$AE$,并与 $BC$ 分别交于 $F$、$G$,求证 $D$、$E$、$G$、$F$ 四点共圆.

**分析** 欲证 $D$、$E$、$G$、$F$ 共圆,可考虑四边形的外角与所对内角的关系.

例如, $\angle AFG \overset{m}{=} \dfrac{1}{2}(\overset{\frown}{BD} + \overset{\frown}{AC})$,

而 $\overset{\frown}{AB} = \overset{\frown}{AC}$,

$\therefore \angle AFG \overset{m}{=} \dfrac{1}{2}(\overset{\frown}{BD} + \overset{\frown}{BA}) = \dfrac{1}{2}\overset{\frown}{AD}$.

又 $\angle E \overset{m}{=} \dfrac{1}{2}\overset{\frown}{AD}$,

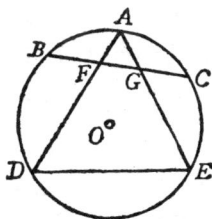

图 14-55

所以, $\angle AFG = \angle E$,故 $D$、$E$、$G$、$F$ 共圆.

**例 14** 在 $\odot O$ 中,弦 $AB$ 分别穿过另外两弦 $CD$、$EF$ 的中点 $M$、$N$,过 $A$、$B$ 两点的切线交于 $X$,过 $C$、$D$ 两点的切线交于 $Y$,过 $E$、$F$ 两点的切线交于 $Z$,求证 $O$、$A$、$B$、$X$、$Y$、$Z$ 六点共圆.

分析　如图 14-56, 欲证
$O$、$A$、$B$、$X$、$Y$、$Z$ 六点共圆, 可
先证 $O$、$A$、$B$、$X$ 四点共圆, 再
证 $Y$、$Z$ 也在该圆上.

连结 $OA$、$OB$, 因为 $AX$、
$BX$ 是 $\odot O$ 切线, $OA \perp AX$,
$OB \perp BX$, 所以 $O$、$A$、$B$、$X$ 共
圆.

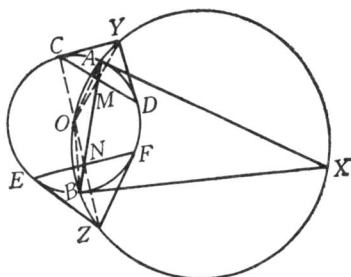

图　14-56

连结 $OY$, 则 $OY$ 垂直平分 $CD$, 而 $AB$ 平分 $CD$ 于 $M$, 所以
$OY \perp CD$ 于 $M$. 因此, 欲证 $Y$ 也在以上圆上, 只需证 $OM \cdot MY =$
$AM \cdot MB$, 但 $AM \cdot MB = CM \cdot MD = CM^2$, 于是又转化为只需证
$OM \cdot MY = CM^2$.

连结 $OC$, 因 $\triangle OCY$ 为直角三角形, 显然有 $OM \cdot MY = CM^2$,
故 $Y$ 在过 $O$、$A$、$B$、$X$ 的圆上.

同理可证, $Z$ 也在过 $O$、$A$、$B$、$X$ 的圆上. 从而本题得证.

**例 15**　求证三角形三边的中点, 三高线的垂足, 垂心与顶点
连线的中点九点共圆.

分析　如图 14-57 所示,
欲证 $A'$、$B'$、$C'$、$D$、$E$、$F$、$P$、$Q$、
$R$ 九点共圆, 可先过三边中点
$A'$、$B'$、$C'$ 作一"基圆", 然后再
证其余六点都在这个基圆上.

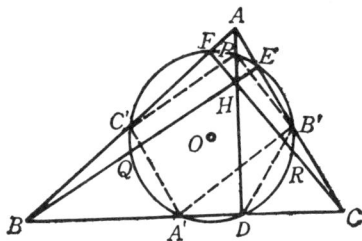

图　14-57

连结 $A'B'$、$B'P$, 因 $A'$、$B'$、
$P$ 分别是 $BC$、$CA$、$AH$ 的中点, 所以 $A'B' \parallel AB$, $B'P \parallel CF$,
$\angle A'B'P = 90°$.

同理, $\angle A'C'P = \angle A'QP = \angle A'RP = 90°$. 这样, $A'$、$B'$、$C'$
与 $P$、$Q$、$R$ 六点共圆了.

又 $\angle A'DP = \angle B'EQ = \angle C'FR = 90°$, $D$、$E$、$F$ 也在该圆
上, 故 $A'$、$B'$、$C'$、$D$、$E$、$F$、$P$、$Q$、$R$ 九点共圆.

证法一(综合法) 略.

证法二　如图 14-58 选取直角坐标系, 设 $A(0,2)$, $B(2b,0)$, $C(2c,0)$, 则 $A'(b+c,0)$, $B'(c,1)$, $C'(b,1)$, $H(0,-2bc)$, $P(0,1-bc)$, $Q(b,-bc)$, $R(c,-bc)$.

由 $\begin{cases} AC: y=-\dfrac{1}{c}(x-2c), \\ BE: y=c(x-2b), \end{cases}$

得 $\qquad E\left(\dfrac{2c(1+bc)}{1+c^2},\ \dfrac{2c(c-b)}{1+c^2}\right)$.

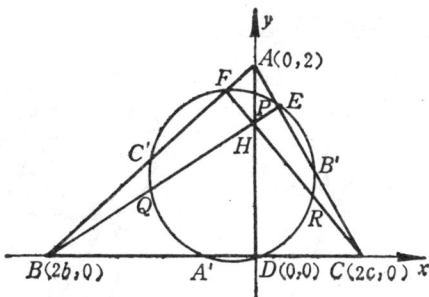

图　14-58

由对称性, 得 $F\left(\dfrac{2b(1+bc)}{1+b^2},\ \dfrac{2b(b-c)}{1+b^2}\right)$. 又设过 $A'$、$B'$、$C'$ 的圆方程为:

$$x^2+y^2+dx+ey+f=0.$$

则由 $\begin{cases} (b+c)^2+0^2+d(b+c)+e\cdot 0+f=0, \\ c^2+1+d\cdot c+e+f=0, \\ b^2+1+d\cdot b+e+f=0, \end{cases}$

解得 $\qquad d=-(b+c),\ e=bc-1,\ f=0$.

因此, 过 $A'$、$B'$、$C'$ 的圆方程为

$$x^2+y^2-(b+c)x+(bc-1)y=0.$$

显然, $D(0,0)$, $P(0,1-bc)$ 在该圆上.

同理, 由对称性, $E$、$F$、$R$、$S$ 也在该圆上, 故 $A'$、$B'$、$C'$、$D$、$E$、

$F$、$P$、$Q$、$R$ 九点共圆.

**六、证圆的共点关系**

许多圆相交于同一点,叫做圆共点. 要证诸圆共点,可证其中两圆的某一交点在其它各圆上,或证诸圆通过同一定点.

**例 16** 在 $\triangle ABC$ 的三边或其延长线上,各任取一点 $D$、$E$、$F$,求证 $\odot ADF$、$\odot BDE$、$\odot CEF$ 三圆共点(密克定理).

**分析** 如图 14-59,欲证三圆共点,首先 $\odot ADF$ 与 $\odot BDE$ 必相交于另一点 $O$,连结 $OD$、$OE$、$OF$,因为 $\angle ADO = \angle BEO$,$\angle ADO = \angle CFO$,所以 $\angle BEO = \angle CFO$,即 $O$、$E$、$C$、$F$ 共圆,故 $\odot ADF$,$\odot BDE$,$\odot CEF$ 必交于点 $O$.

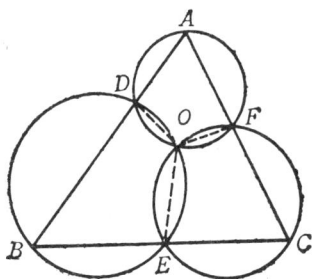
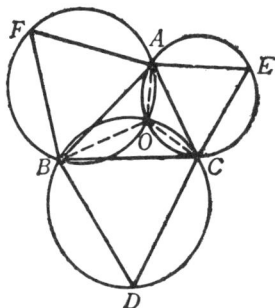

图 14-59          图 14-60

**例 17** 在三角形的各边上向外各作一个正三角形,求证这三个正三角形的外接圆共点.

**分析** 如图 14-60,设 $\triangle AEC$ 与 $\triangle AFB$ 的外接圆交于另一点 $O$,连结 $AO$、$BO$、$CO$,则欲证三圆共点,只需证 $\odot BCD$ 也通过点 $O$,即 $B$、$D$、$C$、$O$ 共圆.

$\because$ $\angle AOC = \angle AOB = 120°$,$\therefore$ $\angle BOC = 120°$.

又 $\angle BDC = 60°$,得 $\angle BOC + \angle BDC = 180°$,所以,$B$、$D$、$C$、$O$ 共圆.

**例 18** 四边形 $ABCD$ 的对边 $AB$、$DC$ 延长交于 $E$,$AD$、$BC$ 延长交于 $F$,求证 $\odot ABF$、$\odot ADE$、$\odot BCE$、$\odot DCF$ 共点.

**分析** 如图 14-61，欲证四圆共点，可先找出其中两圆的交点之一，再证明该交点在另两圆上。

设 $\odot BCE$ 与 $\odot CDF$ 有公共点 $C$ 及 $O$，显然，$\odot ABF$ 不过点 $C$，故只须证 $\odot ABF$ 过点 $O$，$\odot ADE$ 过点 $O$；即 $A$、$B$、$O$、$F$ 四点共圆，$A$、$D$、$O$、$E$ 四点共圆。

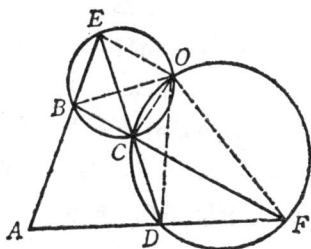

图 14-61

连结 $BO$、$CO$、$DO$、$EO$、$FO$，欲证 $A$、$B$、$O$、$F$ 共圆，只需证 $\angle EBO = \angle AFO$。

而由假设 $\angle EBO = \angle ECO = \angle DFO$，所以 $\angle EBO = \angle AFO$，即 $A$、$B$、$O$、$F$ 共圆。

同理，$A$、$E$、$O$、$D$ 共圆。故 $\odot ABF$、$\odot ADE$、$\odot BCE$、$\odot DCF$ 共点。

# 习 题 十 四

1. 圆内三弦 $AB$、$CD$、$EF$ 两两相交于 $P$、$Q$、$R$，且 $PC = QE = RA$，$PB = QD = RF$，求证 $\triangle PQR$ 是正三角形。

2. 在梯形 $ABCD$ 中，$\angle A = \angle B = 90°$，以 $AB$ 为直径的圆切 $CD$ 于 $E$，过 $E$ 作 $EF \parallel BC$ 交 $AB$ 于 $F$，求证：$AC$ 平分 $EF$。

3. 过 $AB$ 为直径的半圆上任一点 $C$，作 $CD \perp AB$ 于 $D$，$\odot H$ 与 $CD$、$\overset{\frown}{BC}$ 分别相切于 $E$、$F$，又与 $AB$ 相切于 $G$，求证：$AC = AG$。

4. 在正方形 $ABCD$ 中，$F$ 为 $CD$ 的中点，过 $D$ 作 $DE \perp AF$ 于 $G$，且交 $AC$ 于 $E$，求证：$\angle EFC = \angle AFD$。

5. 在正方形 $ABCD$ 中，作 $DE \parallel AC$，在 $DE$ 上取一点 $F$，使 $AF = AC$，又作 $CE \parallel AF$ 交 $DE$ 于 $E$，连结 $AE$，求证：$\angle DAF = \angle FAE = \angle EAC$。

6. 已知 $AC \perp AB$，$BD \perp AB$，$AD$ 与 $BC$ 交于 $E$，过 $E$ 作 $EF \perp AB$ 于 $F$，求证：$\angle AFC = \angle BFD$。

7. 在锐角 $\triangle ABC$ 中，作 $BD \perp AC$ 于 $D$，$CE \perp AB$ 于 $E$，取 $BC$ 中点 $F$，求证：$\angle FED = \angle EDF = \angle A$。

8. 在正六边形外接圆上任取一点，求证该点至各顶点的连线中，两长者之和必等于其余四者之和。

9. 在 $\triangle ABC$ 中，$AB = AC$，$AG \perp BC$，$CD$ 平分 $\angle ACB$，$DE \perp BC$，在 $CB$ 延长线上取一点 $F$，使 $\angle CDF = 90°$，求证：$CF = 4EG$。

10. 在 $\triangle ABC$ 中，已知 $AB = AC$，$AD \perp BC$，以 $AD$ 为直径作 $\odot O$，由 $B$、$C$ 分别作该圆的切线 $BE$、$CF$（不同于 $BC$），$E$、$F$ 为切点，求证 $EF$ 在 $\triangle ABC$ 内部一段长等于它在外部两段长之和。

11. 已知 $\odot O_1$ 与 $\odot O_2$ 交于 $P$、$Q$ 两点，一外公切线切两圆于 $A$、$B$，其中点 $P$ 与 $AB$ 在 $O_1O_2$ 的两旁，求证：

(1) $\angle O_1PO_2 = 2\angle APB$；

(2) $\angle AQB = 180° - \dfrac{1}{2} \angle O_1PO_2$。

12. 在平行四边形 $ABCD$ 中，$BC = 2AB$，$M$ 为 $AD$ 的中点，作 $CE \perp AB$ 于 $E$，求证：$\angle DME = 3\angle AEM$。

13. 在 $\triangle ABC$ 中，已知 $AB \leqslant \dfrac{1}{2} AC$，求证：$\angle ACB < \dfrac{1}{2} \angle ABC$。

14. 在 $\triangle ABC$ 中，已知 $AB > AC$，$E$ 是 $BC$ 边中线 $AD$ 上一点，求证：$\angle ECD > \angle EBD$。

15. 在 $\triangle ABC$ 中，已知 $\angle C = 90°$，$\angle A$ 平分线交 $BC$ 于 $D$，且 $BC = 2AC$，求证：$\angle CAD > \angle ABC$。

16. 在 $\triangle ABC$ 中，已知 $\angle A = 90°$，$AD \perp BC$，$DE \perp AB$，$DF \perp AC$，求证：$AD^3 = BC \cdot BE \cdot CF$。

17. 已知 $AM$ 是 $\triangle ABC$ 中 $BC$ 边上中线，任作一直线交 $AB$、$AC$、$AM$ 于 $P$、$Q$、$N$，求证：$\dfrac{AB}{AP}$、$\dfrac{AM}{AN}$、$\dfrac{AC}{AQ}$ 成等差数列。

18. 在 $\odot O$ 上取一点 $P$，作弦 $PA$、$PB$、$PC$，作直线平行于切

线 $PQ$，且与 $PA$、$PB$、$PC$ 分别交于 $H$、$K$、$L$，求证：$PA \cdot PH = PB \cdot PK = PC \cdot PL$.

19. $M$、$N$ 是以 $AB$ 为直径的半圆上的两点，设 $AN$ 与 $BM$ 交于 $P$，求证：$AP \cdot AN + BP \cdot BM = AB^2$.

20. 已知 $P$ 为正方形 $ABCD$ 内一点，且 $PA : PB : PC = 1 : 2 : 3$，求证：$\angle APB$ 为定值.

21. $\odot O'$ 内切 $\odot O$ 于点 $A$，自 $\odot O$ 上任一点 $P$ 作 $\odot O'$ 的切线 $PT$，求证：$PA : PT$ 为定值.

22. 已知半径为 $R$、$r(R > r)$ 的两圆内切于点 $A$，直径 $AE$ 的垂线分别交两圆于 $B$、$C$，且 $B$、$C$ 在 $AE$ 的同侧，求证 $\triangle ABC$ 的外接圆半径为定值.

23. 已知 $\triangle ABC$ 为正三角形，$Q$ 为其外接圆 $\overset{\frown}{BC}$ 上任一点，$P$ 为内切圆上任一点，求证：

(1) $QA^2 + QB^2 + QC^2$ 为定值；

(2) $PA^2 + PB^2 + PC^2$ 为定值.

24. 设 $A$、$B$、$C$ 是直线 $l$ 上三点，$A'$、$B'$、$C'$ 是直线 $l'$ 上三点，且 $AB' \parallel A'B$，$AC' \parallel A'C$，求证：$BC' \parallel B'C$.

25. 在 $\triangle ABC$ 中，$AB = AC$，$\angle A = 90°$，$\angle B$ 的三等分线交 $BC$ 上的高 $AD$ 于 $M$、$N$，又 $CN$ 的延长线交 $AB$ 于 $E$，求证：$EM \parallel BN$.

26. 在 $\triangle ABC$ 外接圆上取一点 $P$，作 $PA' \parallel BC$，$PB' \parallel CA$，$PC' \parallel AB$，求证：$AA' \parallel BB' \parallel CC'$.

27. 以四边形 $ABCD$ 的各边为直径作四个圆，求证相邻两个圆的公共弦与另外两个圆的公共弦平行.

28. 已知正 $\triangle ABC$，在 $AC$、$BC$ 上各取一点 $E$、$D$，使 $AE = 2CE$，$CD = 2BD$，设 $AD$、$BE$ 交于 $P$，求证：$AP \perp CP$.

29. 设 $AD$ 是 $\mathrm{Rt}\triangle ABC$ 斜边 $BC$ 上的高，过 $C$、$D$ 但不过 $A$ 作一圆与 $AC$ 交于 $E$，连结 $BE$ 交圆于 $F$，求证：$AF \perp BE$.

30. 设 $BE$、$CF$ 是 $\triangle ABC$ 的两条高，在射线 $BE$ 上截取 $BP$

$=AC$, 在射线 $CF$ 上截取 $CQ=AB$, 求证: $AP=AQ$, $AP \perp AQ$.

31. 在 $\triangle ABC$ 中, 以 $AB$、$AC$ 为边向形外作正方形 $ABEF$、$ACGH$, $P$、$Q$ 各是这两个正方形的中心, $M$、$N$ 各是 $BC$、$FH$ 的中点, 求证:

　　(1) $BH \perp CF$;

　　(2) $BH=CF$;

　　(3) $MQNP$ 是正方形.

32. 已知 $\odot O_1$ 与 $\odot O_2$ 相切于点 $P$, $AB$、$CD$ 各是这两个圆的平行弦, 求证: 若 $A$、$P$、$D$ 三点共线, 则 $B$、$P$、$C$ 三点也共线.

33. 在梯形 $ABCD$ 中, 设两底 $AB$、$CD$ 的中点为 $E$、$F$, 对角线的交点为 $G$, 两腰延长线的交点为 $H$, 求证: $E$、$F$、$G$、$H$ 四点共线.

34. 在 $\triangle ABC$ 中, $AD$、$BE$、$CF$ 是三边上的高, 过 $D$ 作 $DM \perp BE$ 于 $M$, $DN \perp CF$ 于 $N$, $DK \perp AB$ 于 $K$, $DL \perp AC$ 于 $L$, 求证: $K$、$M$、$N$、$L$ 四点共线.

35. 已知 $\odot O$ 是 $\triangle ABC$ 的内切圆, $E$、$F$ 各是 $AB$、$AC$ 上的切点, 作 $BG \perp CO$ 于 $G$, $CH \perp BO$ 于 $H$, 求证: $E$、$F$、$G$、$H$ 四点共线.

36. 在 $\triangle ABC$ 中, $AL$、$BM$ 是 $\angle A$ 与 $\angle B$ 的平分线, 且与对边 $BC$、$CA$ 相交于 $L$、$M$, $\angle C$ 的外角平分线 $CN$ 与 $BA$ 的延长线相交于 $N$, 求证: $L$、$M$、$N$ 三点共线.

37. 在 $\triangle ABC$ 中, 已知 $AD$、$BE$、$CF$ 分别是 $BC$、$CA$、$AB$ 三边上的高, 求证: $AD$、$BE$、$CF$ 三线共点.

38. 已知 $\square EFGH$ 的各顶点分别在 $\square ABCD$ 的各边上, 求证: 对角线 $AC$、$BD$、$EG$、$FH$ 四线共点.

39. 在 $\triangle ABC$ 中, $AD \perp BC$ 于 $D$, 过 $D$ 作 $DE \perp AC$ 于 $E$, 过 $D$ 作 $DF \perp AB$ 于 $F$. 求证: $B$、$C$、$E$、$F$ 四点共圆.

40. 已知四边形的两条对角线互相垂直, 从交点向各边作垂线, 求证: 四个垂足共圆.

41. 在 $\triangle ABC$ 中, 已知 $O$ 为外心, $AB$ 边中垂线 $ME$ 交 $AC$ 于 $E$, $AC$ 边中垂线 $NF$ 交 $AB$ 于 $F$. 求证: $O$、$B$、$C$、$E$、$F$ 五点共圆.

42. 圆的内接四边形的两条对角线互相垂直, 从交点向各边作垂线, 求证: 这四个垂足与各边的中点, 八点共圆.

43. 在正方形 $ABCD$ 内, 作等边 $\triangle ABE$、$\triangle BCF$、$\triangle CDG$、$\triangle DAH$, 求证: 线段 $EF$、$FG$、$GH$、$HE$ 的中点和线段 $AE$、$BE$、$BF$、$CF$、$CG$、$DG$、$AH$、$DH$ 的中点, 组成一个正十二边形.

44. 以 $\triangle ABC$ 的 $AB$、$AC$ 为边向形外各作正方形 $ABDE$、$ACFG$, 又以 $BC$ 为对角线作正方形, 求证: 这三个正方形的外接圆共点.

45. 给定 $\triangle ABC$, $\odot O_1$ 过点 $C$ 切 $AB$ 于 $A$, $\odot O_2$ 过点 $A$ 切 $BC$ 于 $B$, $\odot O_3$ 过点 $B$ 切 $CA$ 于 $C$, 求证: 这三个圆共点.

46. 已知 $O$ 为 $\triangle ABC$ 的内心, 过 $B$ 且切直线 $CO$ 于 $O$ 作圆, 又过 $C$ 且切直线 $BO$ 于 $O$ 作圆, 求证: 以上所作两圆与 $\triangle ABC$ 的外接圆共点.

47. 设 $D$ 为正 $\triangle ABC$ 边 $BC$ 上一点, 分别以线段 $BD$、$DC$ 为边向形外作正 $\triangle BDE$、正 $\triangle CDF$, $O_1$、$O_2$、$O_3$ 分别是以上三个正三角形的中心, 求证:

(1) $\odot ABC$、$\odot BDE$、$\odot CDF$ 共点;

(2) $\triangle O_1 O_2 O_3$ 是正三角形.

48. 已知四边形 $ABCD$ 内接于 $\odot O$, $P$ 是 $AC$ 与 $BD$ 的交点, 求证:

(1) 四圆 $\odot OAB$、$\odot PBC$、$\odot OCD$、$\odot PDA$ 共点;

(2) 四圆 $\odot PAB$、$\odot OBC$、$\odot PCD$、$\odot ODA$ 共点.

# 第十五章  几何量的计算

要确定几何图形的大小, 必须通过几何量的度量和计算. 几何量的计算, 又是应用几何知识解决实际问题的重要手段. 本章介绍初中平面几何教材中涉及的几何量的计算方法, 阐明有关度量的基本理论.

## §1  线段的度量

### 一、线段的长度

为了度量线段, 总要选定一个长度单位. 例如, 要度量线段 $AB$, 我们选取线段 $a$ 作为长度单位, 以 $a$ 去截取 $AB$:

(1) 若刚好可截取 3 次, 即 $AB=3a$, 则称 $AB$ 的量数为 3, 或 $AB$ 的长度为 $3a$;

(2) 若截取 3 次后, 还剩下比 $a$ 短的一段, 即

$$3a<AB<4a,$$

我们就说, 准确到单位, $AB$ 的不足近似值为 3, 过剩近似值为 4.

为了进一步度量 $AB$, 可先将 $a$ 分为 10 等份, 以其一份再来度量所剩余的部分, 若它恰巧含这一份的 4 倍, 则 $AB$ 的量数为 3.4, 或说 $AB$ 的长度为 $3.4a$; 若这剩余部分截取一份的 4 倍后还剩下小于一份的一部分, 即

$$3.4a<AB<3.5a.$$

这时我们就说: 准确到单位的十分之一, $AB$ 的不足近似值为 3.4, 过剩近似值为 3.5.

如果想更精确地度量 $AB$, 可将 $a$ 分为 100 等份, 以其一份再来度量第二次剩余的部分, 以下类推.

## 二、度量线段的基本理论

关于度量线段的问题，需要应用关于线段长度的两条基本性质以及阿基米德公理和康托公理．

### 1．线段长度的性质

**性质 1**　相等的线段，具有相同的长度（长度的运动不变性）．

**性质 2**　一条线段的长度，等于它的各部分长度的和（长度的可加性）

### 2．阿基米德公理

设 $AB$ 和 $CD(AB>CD)$ 是任意给定的两条线段，则必存在正整数 $n$，使得 $n \cdot CD \leqslant AB<(n+1) \cdot CD$．

**定理 1**　用长度单位线段 $e$ 去度量任一线段 $AB$，总可以得到一个唯一确定的量数（正实数）．

证明　(1) $AB=e$ 这时线段 $AB$ 的量数为 1．

(2) $AB>e$，如图 15-1 所示．用 $e$ 去度量线段 $AB$，依阿基米德公理，经过 $p_0$ 次后得到点 $M_0$，$M_0B<e$，且

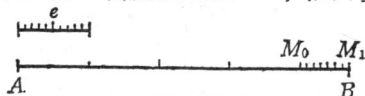

$$p_0 e \leqslant AB<(p_0+1)e.$$

图　15-1

如果上式中等号成立，则线段 $AB$ 的量数即为正整数 $p_0$；

如果上式中等号不成立，则将 $e$ 10 等分，取其中 1 份来度量线段 $M_0B$，经过 $p_1$ 次后得到点 $M_1$，$M_1B<\dfrac{1}{10}e$，且

$$\left(p_0+\frac{p_1}{10}\right)e \leqslant AB<\left(p_0+\frac{p_1+1}{10}\right)e.$$

如果上式中等号成立 则线段 $AB$ 的量数即为正数 $p_0+\dfrac{p_1}{10}$；

如果上式中等号不成立，则将 $e$ 100 等分 同样得到

$$\left(p_0+\frac{p_1}{10}+\frac{p_2}{10^2}\right)e \leqslant AB<\left(p_0+\frac{p_1}{10}+\frac{p_2+1}{10^2}\right)e.$$

仿此下去，十进度量的过程或者在某一步终止，这时线段 $AB$ 的量数是一个正的有限小数；或者无限地继续下去，这时依退缩有

理闭区间原理，必存在唯一正实数 $\xi = p_0 + \dfrac{p_1}{10} + \dfrac{p_2}{10^2} + \cdots + \dfrac{p_k}{10^k}$ $+ \cdots$，其中 $p_0$ 为正整数；$p_1, p_2, \cdots, p_k, \cdots$ 均为不大于9的非负整数. 这个正实数 $\xi$，就是线段 $AB$ 的量数.

(3) $AB < e$，依阿基米德公理，必存在正整数 $n$，使 $10^n \cdot AB \geqslant e$，于是由(1)、(2)可知，线段 $10^n \cdot AB$ 有唯一确定的量数，把这个量数除以 $10^n$，即得线段 $AB$ 的量数.

由(1)、(2)、(3)，定理得证.

定理 1 表明，如果选定了单位线段(长度的量数为1)，那么任何一条线段的长度(量数)都是唯一确定的.

3. 康托公理

设在直线 $AB$ 上给出了线段的无穷序列 $M_0 N_0$，$M_1 N_1$，$\cdots$，$M_k N_k$，$\cdots$，其中每一个后面的线段连端点在内完全落在前面一个线段的内部，且对任意给定的线段 $CD$，总可以找到一个自然数 $n$，使得 $M_n N_n < CD$，那么在直线 $AB$ 上有且仅有一个点，为该线段序列中每一线段的内点或端点.

通常，我们把满足康托公理条件的无穷线段序列 $\{M_k N_k\}$ 称为直线 $AB$ 上的一个内含无限递减线段序列.

定理 2 如果预先选定长度单位线段 $e$，那么对于任一正实数 $x$，总对应着一条线段，它的长度的量数为 $x$.

证明 如图15-2，在射线 $AB$ 上，取两个点列 $M_k$ 和 $N_k$，使它们适合

$AM_k = x_k$，$AN_k = \xi_k$，

$x_k$、$\xi_k (k = 0, 1, 2, \cdots)$ 均为正有理数，且

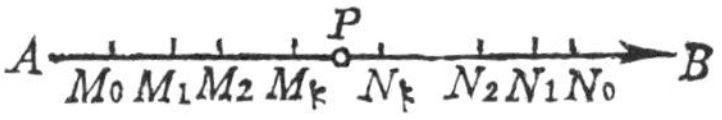

图 15-2

$$x_0 \leqslant x_1 \leqslant \cdots \leqslant x_k \leqslant \cdots \leqslant x,$$
$$\xi_0 \geqslant \xi_1 \geqslant \cdots \geqslant \xi_k \geqslant \cdots \geqslant x,$$

及
$$\lim_{k \to \infty} x_k = \lim_{k \to \infty} \xi_k = x.$$

无穷线段序列 $M_0 N_0$，$M_1 N_1$，$\cdots$，$M_k N_k$，$\cdots$ 组成一个内含无

限递减线段序列. 依康托公理, 必存在唯一点 $P$, 它是该线段序列中每一线段的内点或端点. 对这样的一点 $P$, 应当有

$$AP - x_k \leqslant \xi_k - x_k,$$

这里, 等号当 $P$ 点落在端点 $N_k$ 时成立, $AP$ 表示线段 $AP$ 长度的量数. 于是

$$\lim_{k \to \infty}(AP - x_k) = \lim_{k \to \infty}(\xi_k - x_k) = 0,$$

$$AP = \lim_{k \to \infty} x_k = x.$$

定理得证.

定理 1、2 说明, 一旦选定了长度单位线段之后, 线段与正实数之间就可以建立一一对应的关系. 于是, 我们可以用数来表示线段这个几何量, 从而使几何问题代数化.

### 三、线段的公度与不可公度

选定同一个长度单位, 分别去度量两条线段 $AB$ 与 $CD$, 所得两个量数 $a$ 与 $b$, 如果 $a:b$ 为有理数, 则称 $AB$ 与 $CD$ 为可公度线段; 如果 $a:b$ 为无理数, 则称 $AB$ 与 $CD$ 为不可公度线段. 例如, 正方形的边与其对角线是不可公度线段, 正三角形的边与其高也是不可公度线段.

### 四、三角形中重要线段的计算

三角形中的中线、高线和内外角平分线是极其重要的线段, 在讨论这些线段的计算公式以前, 先介绍两个定理.

**广勾股定理** 在 $\triangle ABC$ 中, 设 $AD \perp BC$ 于 $D$, 则

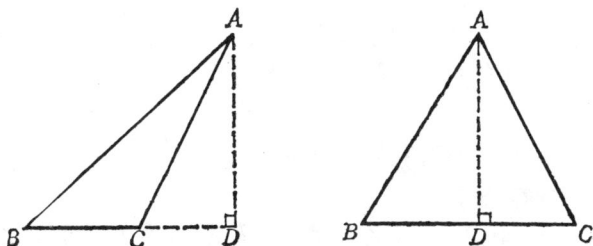

图 15-3

(1) 当 $\angle AOB > 90°$ 时, $AB^2 = BO^2 + AO^2 + 2BO \cdot DO$;

(2) 当 $\angle AOB < 90°$ 时, $AB^2 = BO^2 + AO^2 - 2BO \cdot DO$.

证明 如图 15-3 所示.

(1) 当 $\angle AOB > 90°$ 时, $D$ 点在 $BO$ 延长线上, 由勾股定理, 得

$$AB^2 = AD^2 + BD^2 = (AO^2 - OD^2) + (BO + OD)^2$$
$$= AO^2 + BO^2 + 2BO \cdot OD;$$

(2) 当 $\angle AOB < 90°$ 时, 同理可得

$$AB^2 = AO^2 + BO^2 - 2BO \cdot OD.$$

**斯蒂瓦特(Stewart)定理** 在 $\triangle PAB$ 中, 设 $O$ 是 $AB$ 边上任意一点, 则

$$PA^2 \cdot BO + PB^2 \cdot OA = PO^2 \cdot AB + BO \cdot OA \cdot AB$$

证明 如图 15-4 所示, 在 $\triangle PAB$ 中, 作 $PD \perp AB$ 于 $D$, 若点 $D$ 与点 $O$ 不重合 则 $\angle POA$ 与 $\angle POB$ 必有一个为钝角, 一个为锐角. 不妨设 $\angle POA$ 为钝角, $\angle POB$ 为锐角, 则由广勾股定理, 得

$$PA^2 = PO^2 + AO^2 + 2AO \cdot OD, \qquad ①$$
$$PB^2 = PO^2 + OB^2 - 2OB \cdot OD. \qquad ②$$

$① \times BO + ② \times AO$, 得

$$PA^2 \cdot BO + PB^2 \cdot OA$$
$$= PO^2 \cdot BO + AO^2 \cdot BO$$
$$\quad + PO^2 \cdot OA + OB^2 \cdot OA$$
$$= PO^2 \cdot AB + BO \cdot OA \cdot AB$$

若点 $D$ 与点 $O$ 重合, 则结论显然成立.

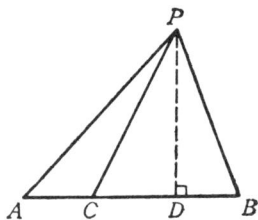

图 15-4

根据斯蒂瓦特定理, 我们可以推导三角形的中线、高线, 内外角平分线的计算公式.

在 $\triangle ABC$ 中, 设三边长分别为 $a$、$b$、$c$, 过顶角 $A$ 的中线、高线、内外角平分线分别为 $m_a$、$h_a$、$t_a$、$t'_a$, 令 $\triangle ABC$ 的半周长

$s = \frac{1}{2}(a+b+c)$，则

$$m_a = \frac{1}{2}\sqrt{2(b^2+c^2)-a^2},$$

$$h_a = \frac{2}{a}\sqrt{s(s-a)(s-b)(s-c)},$$

$$t_a = \frac{2}{b+c}\sqrt{bcs(s-a)},$$

$$t'_a = \frac{2}{|b-c|}\sqrt{bc(s-b)(s-c)} \quad (b \neq c).$$

对于 $\triangle ABC$ 的其它两顶点所对应的线段，也有类似的公式.
如图 15-5 所示，现先推导中线公式.

因为 $D$ 为 $BC$ 中点，所以 $BD = DC = \frac{1}{2}a$.

根据斯蒂瓦特定理，得

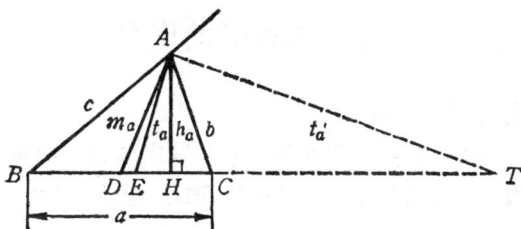

图 15-5

$$b^2 \cdot \frac{a}{2} + c^2 \cdot \frac{a}{2} = m_a^2 \cdot a + \frac{1}{2}a \cdot \frac{1}{2}a \cdot a,$$

$$\therefore \quad m_a^2 = \frac{1}{2}b^2 + \frac{1}{2}c^2 - \frac{1}{4}a^2,$$

即

$$m_a = \frac{1}{2}\sqrt{2(b^2+c^2)-a^2}.$$

再推导内角平分线公式.

因为 $AE$ 平分 $\angle A$，根据内角平分线性质有

$$\frac{BE}{EC} = \frac{AB}{AC} = \frac{c}{b},$$

$$\therefore \quad BE = \frac{ca}{b+c}, \quad CE = \frac{ba}{b+c}.$$

根据斯蒂瓦特定理,得

$$b^2 \cdot \frac{ca}{b+c} + c^2 \cdot \frac{ba}{b+c} = t_a^2 \cdot a + \frac{ca}{b+c} \cdot \frac{ba}{b+c} \cdot a,$$

$$\therefore \quad t_a^2 = \frac{b^2 c(b+c) + c^2 b(b+c) - a^2 cb}{(b+c)^2}$$

$$= \frac{bc[(b+c)^2 - a^2]}{(b+c)^2} = \frac{bc(b+c+a)(b+c-a)}{(b+c)^2}$$

$$= \frac{4bcs(s-a)}{(b+c)^2},$$

即

$$t_a = \frac{2}{b+c} \sqrt{bcs(s-a)}.$$

其余两个公式,留给读者进行推导.

# §2 角与弧的度量

## 一、角与弧的度量

在几何学里,角度、弧度是与长度紧密联系的另两个几何量.同度量线段的长度类似,要度量一个角或一段弧的大小,也要各自取定一个单位.

通常,我们取周角的 360 分之一作为角度的单位,其中 1 周角 = 360°, 1° = 60′, 1′ = 60″(角度制);或取弧长等于半径的弧所对的圆心角作为角度的单位,叫做 1 弧度的角.

弧是圆的一部分,1 度的弧是圆周的 360 分之一,1 度的弧的长度就是圆周长的 360 分之一. 若圆周长为 $c$,则在这个圆周上 1 度的弧的长度就等于 $\frac{c}{360}$,$n°$ 的弧的长度就等于 $\frac{nc}{360}$. 由于圆周是一条曲线, 它的长度不能像线段那样用长度单位的线段来度量,为此,只能另想办法,这将在下面予以介绍.

角与弧的度量也具有下列两条性质.

(1) 不变性：相等的两个角有相同的角度，相等的两条弧有相同的弧长；

(2) 可加性：一个角等于另两角之和，则这个角的角度等于另两个角的角度之和；一条弧等于另两条弧之和，则这条弧的弧长等于另两条弧的弧长之和.

这两条性质，是关于角与弧的度量和计算的基础.

## 二、圆周长、圆周率

度量圆周或一段圆弧的长度，需要利用极限的方法. 我国魏末晋初时的数学家刘徽，创造了"割圆术"，他把圆周分成六等分，从已知的圆半径，求得圆内接正六边形的周长；再平分各弧，求内接正十二边形的周长；这样，令圆内接正多边形的边数逐次倍增，一直算到正192边形，得到圆周长的近似值. 刘徽这种方法的实质，就是用有限来逼近无穷. 这种思想，在近代数学里起着极重要的作用.

**定理 3** 设半径为 $R$ 的圆的内接与外切正 $n$ 边形的一边分别为 $a_n$ 与 $b_n$，则

$$\frac{b_n}{a_n} = \frac{R}{\sqrt{R^2 - \dfrac{a_n^2}{4}}}.$$

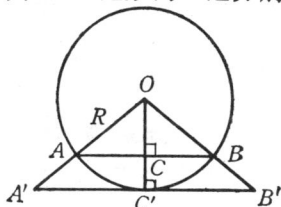

**证明** 如图 15-6 所示，设 $AB = a_n$，自 $O$ 向 $AB$ 作垂直于 $AB$ 的半

图 15-6

径 $OC'$ 交 $AB$ 于 $C$. 过 $C'$ 作圆 $O$ 的切线，与 $OA$、$OB$ 的延长线交于点 $A'$、$B'$，则 $A'B' = b_n$. 有

$$\triangle OAB \backsim \triangle OA'B' \Rightarrow \frac{A'B'}{AB} = \frac{OC'}{OC} \Rightarrow \frac{b_n}{a_n} = \frac{R}{OC},$$

其中 $OC = \sqrt{\overline{OA^2} - \overline{AC^2}} = \sqrt{R^2 - \left(\frac{a_n}{2}\right)^2} = \sqrt{R^2 - \frac{a_n^2}{4}}.$

$$\therefore \quad \frac{b_n}{a_n} = \frac{R}{\sqrt{R^2 - \dfrac{a_n^2}{4}}}.$$

**定理4** 圆的内接或外切正多边形,当其边数无限倍增时,其周长序列有相同的极限.

**证明** 当边数无限倍增时,圆内接正 $n$ 边形周长 $P_n = na_n$ 的序列 $\{P_n\}$ 是一个递增有界序列,必有极限存在.同样,当边数无限倍增时,圆外切正 $n$ 边形的周长 $P'_n = nb_n$ 的序列 $\{P'_n\}$ 是一个递减有界序列,也必有极限存在.

由定理3,得

$$\frac{nb_n}{na_n} = \frac{P'_n}{P_n} = \frac{R}{\sqrt{R^2 - \dfrac{a_n^2}{4}}} \Rightarrow P'_n - P_n = P_n \left( \frac{R}{\sqrt{R^2 - \dfrac{a_n^2}{4}}} - 1 \right).$$

因为 $\lim\limits_{n \to \infty} a_n = 0$, $\lim\limits_{n \to \infty} P_n$ 与 $\lim\limits_{n \to \infty} P'_n$ 都存在,所以 $\lim\limits_{n \to \infty} (P'_n - P_n) = 0$,从而 $\lim\limits_{n \to \infty} P'_n = \lim\limits_{n \to \infty} P_n$,定理得证.

**定义1** 圆的内接或外切正多边形,当边数无限倍增时,其周长的极限值,叫做圆的周长.

**定理5** 两个圆的周长之比等于它们的半径之比.

**证明** 如图15-7所示,已知两个半径分别为 $R$ 和 $r$ 的同心圆,作它们的内接正 $n$ 边形 $A_1 A_2 \cdots A_n$ 与 $A'_1 A'_2 \cdots A'_n$,因为同边数的两个正多边形相似,且它们的周长之比等于相似比,即

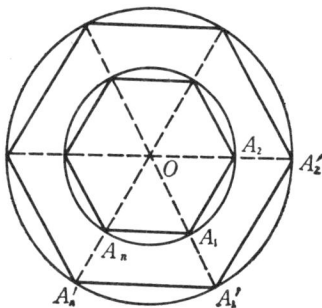

图 15-7

$$\frac{P_n}{P'_n} = \frac{OA_1}{OA'_1} = \frac{R}{r},$$

$$\therefore \quad c : c' = \lim_{n \to \infty} P_n : \lim_{n \to \infty} P'_n = R : r.$$

由定理5可以推知,$\dfrac{c}{2R}$ 是一个常数.

**定义2** 圆的周长 $c$ 和它的直径 $2R$ 之比为常数,该常数用 $\pi$ 表示,叫做圆周率.

由定义 2, $\dfrac{c}{2R}=\pi$, 从而 $c=2\pi R$, 此即为圆周长公式.

$\pi$ 是一个超越数, 我国古代数学家对 $\pi$ 的计算曾作出过杰出的贡献.

《周髀算经》上载有"径一周三", 即 $\pi=3$, 这是我国最古的圆周率.

西汉刘歆算得 $\pi=3.1547$, 后人称为歆率.

东汉张衡算得 $\pi=3.1623$, 后人称为衡率.

三国刘徽算得 $\pi=3.141024$, 后人称为徽率.

南北朝祖冲之算得 $3.1415926<\pi<3.1415927$, 并定 $\pi=\dfrac{22}{7}$ 为约率, $\pi=\dfrac{355}{113}$ 为密率, 后人称为祖率.

现在利用电子计算机, 已有人把 $\pi$ 的值算到小数点后几十万位, 计算 $\pi$ 近似值的方法很多, 请见有关书籍的介绍.

**推论** 设圆的半径为 $R$, 则

$n°$ 的弧长 $l=\dfrac{n\pi R}{180}$ (角度制);

$\alpha$ 弧度的弧长 $l=\alpha R$ (弧度制).

# §3 面积的计算

## 一、面积的概念

所谓面积, 就是指平面上一个封闭图形所包围的平面部分(区域)的大小. 和线段与角的度量类似, 我们取定一个平面图形 $e$(一般取边长等于长度单位的正方形)作为计算面积的单位, 叫做面积单位, 将平面封闭图形包围的区域所含有面积单位的数量, 叫做该图形的面积.

同样, 面积也具有不变性与可加性两个基本性质, 即: 两个全等的平面封闭图形, 其面积相等; 一个平面封闭图形的面积等于它的各部分面积之和.

两个面积相等的图形,叫做等积形. 利用面积等积变形的概念和基本性质,可建立一系列直线形的面积公式,其中最重要的是矩形面积公式.

**二、直线形面积的计算**

**定理6** 底相等的两个矩形面积之比,等于它们的高之比.

证明 如图 15-8 所示,在矩形 $ABCD$ 与 $A'B'C'D'$ 中,已知 $AB=A'B'$,$AD>A'D'$,并设它们的面积为 $S$ 与 $S'$.

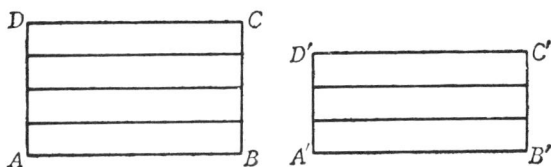

图 15-8

现分两种情况讨论.

(1) 如果高 $AD$ 和 $A'D'$ 有公度,即存在一个单位长度 $l$,使 $AD=nl$,$A'D'=n'l$,则 $\dfrac{AD}{A'D'}=\dfrac{n}{n'}$ $(n, n'\in \boldsymbol{N})$.

以平行于底边的一组平行线将两个矩形各分为 $n$ 个和 $n'$ 个全等的小矩形,则根据面积的不变性,这些小矩形是等积的. 记每个小矩形的面积为 $S_0$,再由面积的可加性,有

$$\frac{S}{S'}=\frac{nS_0}{n'S_0}=\frac{n}{n'},$$

$$\therefore \quad \frac{S}{S'}=\frac{AD}{A'D'}.$$

(2) 如果高 $AD$ 和 $A'D'$ 无公度,任取一整数 $m$,将 $A'D'$ 进行 $m$ 等分,令其中一等分为长度单位 $l$(即 $A'D'=ml$),以 $l$ 去度量 $AD$,则必有非负整数 $p$,使得

$$pl<AD<(p+1)l.$$

$$\therefore \quad \frac{pl}{ml}<\frac{AD}{A'D'}<\frac{(p+1)l}{ml},$$

即

$$\frac{p}{m} < \frac{AD}{A'D'} < \frac{p+1}{m}. \qquad \text{①}$$

另一方面,在两个矩形中,通过每一分点,作底边的平行线,则分别将两个矩形等分成若干个小矩形, 并将每一个全等的小矩形面积记为 $S_0$,根据面积的可加性,得

$$S' = mS_0, \qquad pS_0 < S < (p+1)S_0,$$

$$\therefore \quad \frac{p}{m} < \frac{S}{S'} < \frac{p+1}{m}. \qquad \text{②}$$

由 ①、② 表明,不论 $m$ 为任何正整数,比值 $\dfrac{AD}{A'D'}$ 和 $\dfrac{S}{S'}$ 精确到 $\dfrac{1}{m}$ 的不足(过剩)近似值永远是相等的. 当 $m = 10^n (n = 0, 1, 2, \cdots)$ 时,可见高的比值和面积的比值为十进小数时,逐次的不足(过剩)近似值相等,从而这两个比值相等,显然,在这种情况下也有

$$\frac{S}{S'} = \frac{AD}{A'D'}.$$

于是,定理得证.

**定理 7** 矩形的面积等于底与高的乘积.

证明 设底为 $x$,高为 $y$ 的矩形面积为 $S(x, y)$,底为 $x'$,高为 $y'$ 的矩形面积为 $S(x', y')$. 显然,$S(x, y) = S(y, x)$,$S(x', y') = S(y', x')$,由定理 6 得

$$\frac{S(x, y)}{S(x, y')} = \frac{y}{y'}, \qquad \frac{S(y', x)}{S(y', x')} = \frac{x}{x'},$$

$$\therefore \quad \frac{S(x, y)}{S(x', y')} = \frac{S(x, y)}{S(x, y')} \cdot \frac{S(y', x)}{S(y', x')} = \frac{y}{y'} \cdot \frac{x}{x'}.$$

即

$$\frac{S(x, y)}{S(x', y')} = \frac{xy}{x'y'}.$$

上式对任意正实数 $x$、$y$、$x'$、$y'$ 都成立,现取 $x' = y' = 1$,则根据面积单位的规定,$S(x', y') = 1$,所以 $S(x, y) = xy$.

**推论** 正方形的面积等于其边长的平方.

此外,如图 15-9 所示,由割补法,我们不难得到平行四边形的

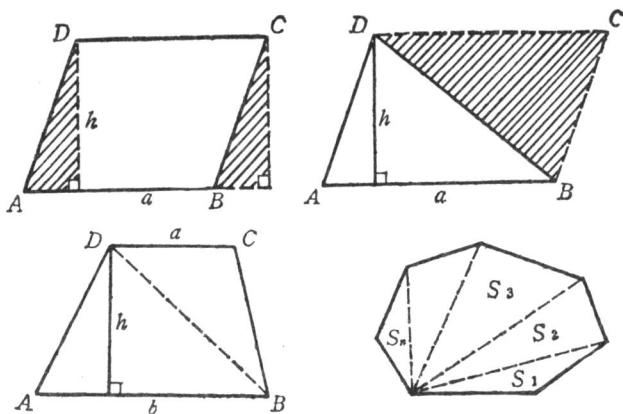

图 15-9

面积 $S = ah$；由拼补法，不难得到三角形的面积 $S = \dfrac{1}{2}ah$；由分解法，不难得到梯形的面积 $S = \dfrac{1}{2}(a+)bh$；多边形的面积 $S = S_1 + S_2 + \cdots + S_n$；等等.

### 三、圆的面积

**定义 3**　圆的内接或外切正多边形，当边数无限递增时，其面积的极限，叫做圆的面积.

**定理 8**　设圆 $O(R)$ 的面积为 $S$，则 $S = \pi R^2$.

**证明**　如图 15-10 所示，设圆 $O(R)$ 内接正 $n$ 边形 $A_1A_2 \cdots A_n$ 的面积为 $S_n$，圆 $O(R)$ 的面积为 $S$，则 $S_n < S$.

在 $\triangle A_1OA_2$ 中，$OA_1 = OA_2 = R$，$\angle A_1OA_2 = \dfrac{2\pi}{n}$，

$$\because\ S_n = n\left(\dfrac{1}{2}R^2 \sin \dfrac{2\pi}{n}\right),$$

$$\therefore\ S = \lim_{n\to\infty} S_n = \lim_{n\to\infty}\left(n \cdot \dfrac{1}{2}R^2 \sin \dfrac{2\pi}{n}\right)$$

$$= \pi R^2 \lim_{n\to\infty}\left(\dfrac{n}{2\pi}\sin\dfrac{2\pi}{n}\right) = \pi R^2.$$

同样，由圆外切正多边形面积的极限，我们也不难得到相同的

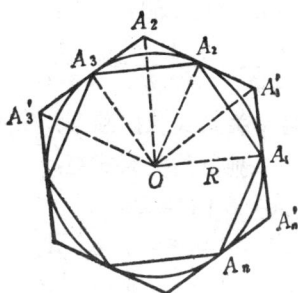

图 15-10

面积公式, 证明略.

**推论1** 圆的面积等于圆周长与半径乘积的一半.

**推论2** 圆心角为 $\alpha$, 半径为 $R$ 的扇形与弓形面积分别为

$$S_{扇形} = \frac{\alpha}{360} \cdot \pi R^2,$$

$$S_{弓形} = \frac{1}{2} lR - \frac{1}{2} R^2 \sin\alpha \left(其中, l = \frac{\alpha\pi R}{180}\right).$$

# §4 解 三 角 形

三角形有三条边和三个角六个元素. 由三角形的几何性质知道, 要确定一个三角形, 必须给定一条边和其它另两个元素, 这种由三角形的一边及其他两个元素, 去计算或确定未知的边、角的过程, 叫做解三角形.

解直角三角形, 只要利用锐角三角函数的定义和勾股定理, 即可求出其他元素. 但解斜三角形需要应用三角函数的定义, 并且要利用揭示三角形边角关系的两个重要定理——正弦定理和余弦定理.

其中正弦定理与三角形内角和定理彼此独立, 共同构成一个独立的关系式组:

$$\begin{cases} A+B+C=180°, \\ \dfrac{a}{\sin A}=\dfrac{b}{\sin B}=\dfrac{c}{\sin C}. \end{cases}$$

余弦定理中任何两个关系式彼此独立，它们连同三角形的内角和定理共同构成另一个独立的关系式组：

$$\begin{cases} A+B+C=180°, \\ a^2=b^2+c^2-2bc\cos A, \\ b^2=c^2+a^2-2ca\cos B. \end{cases}$$

利用这些关系式组中的任何一个，可以推导出其他一些重要的定理. 例如，可从正弦定理推导出余弦定理，可从余弦定理推导出正弦定理，但无论是正弦定理还是余弦定理都不能推导出三角形内角和定理.

解任意三角形，有下列四种类型，其解法可表示如下：

| 已知条件 | 解 法 | | | |
|---|---|---|---|---|
| 两边及夹角<br>(如 $a$, $b$, $C$) | (1) 应用余弦定理求 $c$;<br>(2) 应用正弦定理求小边所对的角;<br>(3) 应用 $A+B+C=180°$，求另一角. | | | |
| 两角及一边<br>(如 $A$, $B$, $c$) | (1) 应用 $A+B+C=180°$，求角 $C$;<br>(2) 应用正弦定理求另两边 $a$, $b$. | | | |
| 三 边<br>(如 $a$, $b$, $c$) | (1) 应用余弦定理求两角;<br>(2) 应用 $A+B+C=180°$，求第三角. | | | |
| 两边及其中<br>一边的对角<br>(如 $a$, $b$, $A$) | (1) 应用正弦定理求角 $B$;<br>(2) 应用 $A+B+C=180°$，求角 $C$;<br>(3) 应用正弦定理求第三边 $c$.<br>讨论: | | | |
| | | $a>b$ | $a=b$ | $a<b$ |
| | $A\geqslant 90°$ | 一解 | 无解 | 无解 |
| | $A<90°$ | 一解 | 一解 | $a>b\sin A$，两解<br>$a=b\sin A$，一解<br>$a<b\sin A$，无解 |

**例1** 在 Rt△ABC 中, 已知 ∠C=90°, CD⊥AB 于 D, 且 △ACD、△CBD、△ABC 的面积成等比数列, 求 ∠B 的值(图 15-11).

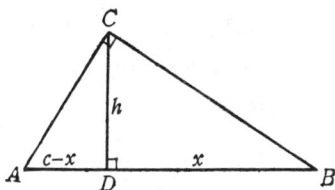

图 15-11

**解** 设 $CD=h$, $AB=c$, $DB=x$, 则 $AD=c-x$, 由题意
$$(S_{\triangle CBD})^2 = S_{\triangle ACD} \cdot S_{\triangle ABC},$$

即
$$\left(\frac{1}{2}xh\right)^2 = \frac{1}{2}h(c-x) \cdot \frac{1}{2}ch,$$

$x^2=c(c-x)$, $x^2+cx-c^2=0$, $x=\dfrac{-1\pm\sqrt{5}}{2}c$(负号不合).

又 因 $AC^2=AD \cdot AB=c(c-x)$, 由上式得
$$AC^2=x^2, \quad AC=x=\frac{-1+\sqrt{5}}{2}c,$$

$$\therefore \quad \sin\angle B=\frac{AC}{AB}=\frac{x}{c}=\frac{\sqrt{5}-1}{2},$$

故
$$\angle B=\arcsin\left(\frac{\sqrt{5}-1}{2}\right).$$

**例2** 某人在海岸上望见海中两浮标 A、B 在一直线上, 并与海岸线成一角度 θ, 当沿海岸向前走一距离 a, 以及再向前走一距离 b 时, 对两浮标所张之视角都为 θ. 设海岸为一直线, 海水高度不变, 试求两浮标间的距离.

**解** 依题设, A、B、D、C 四点共圆(图 15-12).

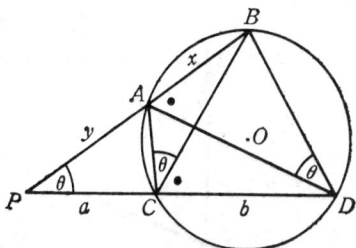

图 15-12

设 $AB=x$, $PA=y$, 则由割线定理, 得

$$y(y+x)=a(a+b).\qquad ①$$

$\because \quad \angle BCD=\angle BAD=\angle BPD+\angle PDA$

$$=\theta+\angle PDA=\angle BDC,$$

$\therefore \quad BC=BD, \ BC^2=BD^2.\qquad ②$

在 $\triangle PBC$ 中, 由余弦定理, 得

$$BC^2=(x+y)^2+a^2-2a(x+y)\cos\theta.\qquad ③$$

在 $\triangle PBD$ 中, 由余弦定理, 得

$$BD^2=(x+y)^2+(a+b)^2-2(x+y)(a+b)\cos\theta.\qquad ④$$

把 ③ 与 ④ 同时代入 ②, 整理得

$$x+y=\frac{2a+b}{2\cos\theta}.\qquad ⑤$$

⑤ 代入 ①, 得

$$y=\frac{2a(a+b)\cos\theta}{2a+b},\qquad ⑥$$

⑥ 代入 ⑤, 可得两浮标间距离

$$x=\left(a+\frac{b}{2}\right)\sec\theta-\frac{2a(a+b)}{2a+b}\cos\theta.$$

**例 3** 如图 15-13 所示, 在 $\odot O(R)$ 的直径 $AB$ 的延长线 $BX$ 上取三点 $C$、$D$、$E$, 使 $BC=CD=DE=\dfrac{1}{5}R$, 在 $A$ 点的切线 $AY$ 上取两点 $L$、$M$, 使 $AL=R$, $AM=CL$, 过点 $M$ 作 $MN\parallel LE$, 交 $AX$ 于 $N$, 求证 $AN$ 近似于该圆周长.

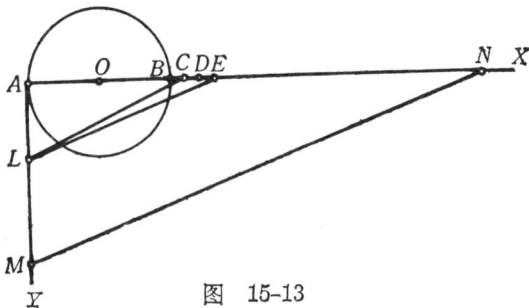

图 15-13

解 ∵ $LE\,/\!/\,MN$, ∴ $AM:AN=AL:AE$.

由 $AM=CL$, $AL=R$, $AC=2R+\dfrac{1}{5}R=\dfrac{11}{5}R$,

$$CL^2=AL^2+AC^2=R^2+\frac{121}{25}R^2,$$

$$\therefore\quad CL=\frac{\sqrt{146}}{5}R.$$

又 $\quad AE=2R+\dfrac{3}{5}R=\dfrac{13}{5}R$,

故 $\quad AN=\dfrac{AM\cdot AE}{AL}=\left(\dfrac{\sqrt{146}}{5}R\cdot\dfrac{13}{5}R\right)\div R$

$$=\frac{13\sqrt{146}}{50}\cdot 2R\approx 2R\times 3.1415919\approx 2\pi R.$$

**例 4**  如图 15-14 所示,正方形边长为 $a$,以各顶点为中心,以 $R=\sqrt{\dfrac{5+\sqrt{5}}{10}}\,a$ 为半径分别作四个圆,试求这四个圆公共部分的面积.

**解**  设所求公共部分 $PQHN$ 的面积为 $S$, $EBGF$ 的面积为 $x$, $GFHJL$ 的面积为 $y$, $HJN$ 的面积为 $z$,作 $HK\perp AD$ 于 $K$,令 $\angle HAD=\angle HDA=\theta$,则

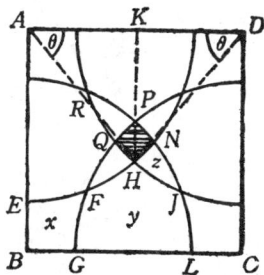

$$\cos\theta=\frac{AK}{AH}=\frac{a}{2R}=\frac{a}{2}\cdot\sqrt{\frac{10}{5+\sqrt{5}}}\cdot\frac{1}{a}$$

$$=\frac{\sqrt{10-2\sqrt{5}}}{4}.$$

∵ $\cos 54°=\sin 36°=2\sin 18°\cos 18°$

$$=2\cdot\frac{\sqrt{5}-1}{4}\cdot\frac{\sqrt{10+2\sqrt{5}}}{4}=\frac{\sqrt{10-2\sqrt{5}}}{4},$$

∴ $\theta=54°$,从而 $\angle EAH=36°$.

进而得到

$$S_{\text{扇形}EAH} = \pi R^2 \cdot \frac{36}{360} = \frac{1}{10}\pi R^2,$$

$$S_{\triangle AHD} = \frac{1}{2} a \cdot HK = \frac{a}{2}\sqrt{\overline{AH^2 - AK^2}}$$

$$= \frac{a}{2}\sqrt{R^2 - \left(\frac{a}{2}\right)^2} = \frac{a^2}{20}\sqrt{25 + 10\sqrt{5}},$$

以及方程组

$$\begin{cases} S + x + 2y + 3z = \frac{1}{4}\pi R^2, & \text{①} \\ 3x + 2y + z = a^2 - \frac{1}{4}\pi R^2, & \text{②} \\ 2x + y = a^2 - S_{\triangle AHD} - 2S_{\text{扇形}EAH}. & \text{③} \end{cases}$$

①－②×3, 得

$$S - 8x - 4y = \pi R^2 - 3a^2,$$

即

$$S = \pi R^2 - 3a^2 + 4(2x + y). \qquad \text{④}$$

以 ③ 代入 ④, 得

$$S = \pi R^2 - 3a^2 + 4(a^2 - S_{\triangle AHD} - 2S_{\text{扇形}EAH})$$

$$= a^2 - 4S_{\triangle AHD} - 8S_{\text{扇形}EAH} + \pi R^2$$

$$= a^2 - 4 \cdot \frac{a^2}{20}\sqrt{25 + 10\sqrt{5}} - 8 \cdot \frac{1}{10}\pi R^2 + \pi R^2$$

$$= \frac{a^2}{50}[50 - 10\sqrt{25 + 10\sqrt{5}} + (5 + \sqrt{5})\pi].$$

## 习 题 十 五

1. 设 $G$ 是 $\triangle ABC$ 的重心, 求证:

(1) $BC^2 + 3GA^2 = CA^2 + 3GB^2 = AB^2 + 3GC^2$;

(2) $BC^2 + CA^2 + AB^2 = 3(GA^2 + GB^2 + GC^2)$.

2. 设 $\triangle ABC$ 的三边为 $a$、$b$、$c$, 三中线为 $m_a$、$m_b$、$m_c$, 求证:

(1) $4(m_a^2 + m_b^2 + m_c^2) = 3(a^2 + b^2 + c^2)$;

(2) $16(m_a^4 + m_b^4 + m_c^4) = 9(a^4 + b^4 + c^4)$.

3. 设 $\triangle ABC$ 的三边为 $a$、$b$、$c$, 半周长为 $p$, 面积为 $S$, 内切圆

及旁切圆半径为 $r$ 与 $r_a$、$r_b$、$r_c$, 求证:

(1) $S=r_a(p-a)=r_b(p-b)=r_c(p-c)$;

(2) $r_br_c+r_cr_a+r_ar_b=\dfrac{r_ar_br_c}{r}=p^2$;

(3) $S=\sqrt{rr_ar_br_c}$;

(4) $r_a=\sqrt{\dfrac{p(p-b)(p-c)}{p-a}}$.

4. 已知圆内接四边形 $ABCD$ 的边长为 $AB=a$, $BC=b$, $CD=c$, $DA=d$, 求对角线 $AC$ 的长.

5. 设 $\triangle ABC$ 的三边为 $a$、$b$、$c$, 试计算:

(1) $BC$ 边上的高线长;

(2) $\angle A$ 的内外角平分线的长.

6. 已知圆半径为 10cm, 其内接等腰三角形的顶角为 30°, 求平行于底且被腰三等分的弦长.

7. 在 $\triangle ABC$ 中, $AD$ 和 $CE$ 为两边上的高, 设 $BC=a$, $AB=c$, $DE=k\cdot AC$, 求 $AC$ 的长.

8. 设 $\odot O_1$ 半径为 $R$, $\odot O_2$ 半径为 $r(r<R)$, 两圆内切于 $A$, $AT$ 为公切线, 直线 $BC /\!/ AT$ 交两圆于 $B$、$C(B$、$C$ 在连心线同侧), 求 $\triangle ABC$ 外接圆的周长.

9. 已知直角三角形外接圆与内切圆半径之比为 5:2, 求这个三角形的两个锐角.

10. 在等腰 $\triangle ABC$ 的底边 $AB$ 上取一点 $D$, 已知 $AD=a$, $BD=b(a<b)$, $\triangle ACD$ 和 $\triangle BCD$ 的内切圆与直线 $CD$ 分别相切于点 $M$ 和 $N$, 求 $MN$ 的长.

11. 已知 $\odot O_1(R)$ 与 $\odot O_2(r)$ 内切 $(R>r)$, $\odot O_3$ 与 $\odot O_1$ 内切, 与 $\odot O_2$ 外切, 且与 $O_1O_2$ 的延长线相切, 试求 $\odot O_3$ 的半径长.

12. 在两条平行直线 $AB$ 和 $CD$ 上分别有定点 $M$ 和 $N$, 在 $AB$ 上取一定线段 $ME=a$, 在线段 $MN$ 上取一点 $K$, 连结 $EK$ 并延长交 $CD$ 于 $F$, 试问 $K$ 在何处时, $\triangle EMK$ 和 $\triangle FNK$ 的面积之和为最小, 其最小值是多少?

13. 已知半圆的直径为 2, $A$ 为直径延长线上的一点, 且 $OA=2$, $B$ 为半圆上任一点, 以 $AB$ 为边向形外作正 $\triangle ABC$, 问 $B$ 在何处时, 四边形 $OACB$ 的面积最大, 其最大值是多少?

14. 设 $\triangle ABC$ 的三边长为 $a$、$b$、$c$, 又方程 $a(1-x^2)+2bx+c(1+x^2)=0$ 有等根, 且 $\lg\dfrac{2b}{a}=\lg\left(1+\dfrac{c}{a}\right)$, $a\neq c$. 试求:

(1) $a:b:c$;

(2) 当内切圆半径为 2 时外接圆半径的值.

15. $M$ 为 $\odot O(R)$ 内一点, $OM=d$, 过 $M$ 作直径和两条互相垂直的弦, 已知其中一弦与直径的夹角为 $\theta$, 试求以这两条弦为对角线的圆内接四边形的面积.

16. 已知三角形的一内角为 $\theta$, 并且该三角形某两边长是方程 $x^2-2\sqrt[4]{2}\,x+(2\sqrt{2}-\sin\theta-\cos\theta)=0$ 的两根, 试求该三角形的面积.

17. 三个半径均为 $R$ 的圆两两相切, 半径为 $r(r<R)$ 的小圆与这三个圆外切, 计算由两个大圆的弧与一个小圆的弧所组成的三个曲边三角形的面积之和.

18. 在 $\triangle ABC$ 中, $AB=AC$, $BD$ 为 $\angle B$ 的平分线, 且 $AD+BD=BC$, 求三角形的各个内角.

# 第十六章　初等几何变换

从德国数学家克莱因（F·Klein，1849～1925）的变换观点看，初等几何学是在运动变换群下几何图形不变性质和不变量的科学体系.

初中平面几何主要研究全等形和相似形，全等形和相似形的性质和有关的量，分别是在合同变换群和相似变换群下图形的不变性质和不变量.

本章先介绍初等几何变换和变换群的一般概念，再分别研究合同变换和相似变换，并举例说明这些变换及其在证题方面的应用. 这些变换在解轨迹题和作图题中的应用，将在第十七章和第十八章中予以介绍.

## §1　变换群与几何学

**一、基本概念**

在近代数学里，用"映射"来定义变换.

**定义1**　从一个集合 $A$ 到其自身 $A$ 的映射 $f$，即 $f: A \rightarrow A$，叫做变换.

如果映射 $f: A \rightarrow A$ 是一一映射，则 $f$ 叫做一一变换.

所谓几何变换，就是图形（即点集）到图形的一一变换.

**定义2**　给出一一变换 $f: A \rightarrow A$，如果对于任意一点 $a \in A$，都有 $f(a) = a$，则 $f$ 叫做恒等变换（也可称为单位变换或幺变换）. 用字母 $I$ 表示恒等变换.

**定义3**　如果两个变换 $f_1: A \rightarrow A$ 和变换 $f_2: A \rightarrow A$，对于 $a \in A$ 和 $a' \in A$，都有 $f_1(a) = a'$ 和 $f_2(a) = a'$，则称 $f_1$ 和 $f_2$ 是相

等变换.

**定义4** 给出两个一一变换 $f_1: A \to A$ 和 $f_2: A \to A$, 如果对于任意点 $a \in A$, $a_1 \in A$ 和 $a' \in A$, 都有 $f_1(a) = a_1$, $f_2(a_1) = a'$, 那么把 $A$ 的任意一点 $a$ 变换成点 $a'$ 的一一变换 $f$, 叫做变换 $f_1$ 与 $f_2$ 的乘积, 记作 $f_2 \cdot f_1$ (图 16-1).

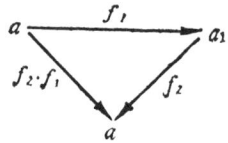

容易证明, 变换的乘积满足结合律. 事实上, 设任意三个变换: $S_1$、$S_2$、$S_3$, 且 $S_1(a) = b$, $S_2(b) = c$, $S_3(c) = d$, 则有

$$S_2 S_1(a) = S_2(b) = c, \quad S_3 S_2(b) = S_3(c) = d,$$

$$S_3[(S_2 S_1)(a)] = S_3(c) = d,$$

$$(S_3 S_2)[S_1(a)] = S_3 S_2(b) = d,$$

于是

$$S_3(S_2 S_1) = (S_3 S_2) S_1.$$

图 16-1

必须注意, 变换的乘积不一定满足交换律.

**定义5** 对于一一变换 $f: A \to A$, 如果存在一个变换 $g$, 使得 $f \cdot g = g \cdot f = I$ ($I$ 是恒等变换), 那么变换 $g$ 叫做变换 $f$ 的逆变换, 记作 $f^{-1}$.

显然, 一一变换的逆变换也是一一变换.

**定义6** 经过一个变换, 没有改变位置的点, 叫做二重点, 或称不变点. 经过一个变换, 没有改变位置的直线, 叫做二重线, 或称不变线.

**定义7** 由某些一一变换 $f: A \to A$ 组成的集合 $G$, 如果满足以下条件:

(1) 若 $f_1 \in G$, $f_2 \in G$, 则 $f_1 \cdot f_2 \in G$,

(2) 若 $f \in G$, 则 $f^{-1} \in G$,

那么这个集合 $G$ 就叫做变换群.

显然, 若集合 $G$ 构成一个变换群, 则必包含恒等变换 $I$.

综上所述, 变换的乘积已满足结合律, 可见, 这里关于变换群的定义,虽然只提出满足两个条件,而实质上,它已符合近世代数中关于群的定义(应满足四个条件:即条件(3),这里的 $G$ 中包含 $I$;条件(4),这里的 $G$ 满足结合律).

**定义 8** 如果 $G'$ 是变换群 $G$ 的一个子集,并且 $G'$ 自身也构成一个变换群,那么 $G'$ 叫做 $G$ 的子群.

## 二、变换群与几何学

克莱因认为,有一个变换群,就有相应的一门几何学. 这就是说,每一种几何学都可以看做是在某种变换群下几何图形不变性质和不变量的科学体系.

就初等几何学来说,它既然是研究不同地点同一图形的性质,而这些不同地点的同一图形是由一个图形运动而产生的,那么,当然也可以用运动使在不同地点的同一图形"叠合"在一起.

"叠合"是一个原始概念, 它的本质属性是通过公理化方法来阐明的. "叠合"必须满足下面的公理:

① 图形 $F$ 与其自身可叠合,即 $F \cong F$(反身性);

② $F \cong F' \Rightarrow F' \cong F$(对称性);

③ $F \cong F_1$ 及 $F_1 \cong F_2 \Rightarrow F \cong F_2$(传递性).

那么,为了叠合目的而施行的图形运动,就必须满足下列三个条件:

(1) 恒等变换是一种运动;

(2) 运动之逆变换还是运动;

(3) 运动施行两次,所得的变换,还是运动.

根据变换群的意义, 运动所成的集合(即可满足上述三个条件),形成一个"群",称为运动变换群. 因此,可以说初等几何学是研究图形在运动变换群下不变性质的科学.其他的几何学,也就是研究在相应的变换群下不变性质的科学. 这就是克莱因把几何学与变换群联系起来,给几何学所下的一种普遍性的定义.

从变换群观点来看,与初中平面几何内容最为密切的变换是合同变换与相似变换,它们各自形成一个"群". 它们的定义、性质与应用分别在下面两节里予以介绍.

# §2 合同变换

## 一、合同变换的概念与性质

### 1. 合同变换的概念

**定义 9** 如果平面上一个图形(即点集)$F$ 和另一个图形 $F'$,它们的点之间能建立这样的一一变换:$F$ 中任意两点 $A$ 和 $B$ 的距离 $d(A, B)$ 总等于 $F'$ 中与之对应的两点 $A'$ 和 $B'$ 的距离 $d(A', B')$,那么由 $F$ 变换为 $F'$,就叫做合同变换. 通俗地说: 一个图形通过运动, 能够变成和它自己完全叠合的图形, 这种运动的变换, 叫做合同变换,或称为正交变换.

**定义 10** 两个能够完全叠合的图形, 叫做全等形, 或叫做合同图形.

### 2. 合同变换的性质

图形经过合同变换,仍得合同图形. 合同的图形具有反身性、对称性和传递性. 又由合同变换的定义知道,两个不同点 $A$、$B$ 的像 $A'$、$B'$ 也是不同点(这由 $d(A', B') = d(A, B) \neq 0$ 而获知),故可推得合同变换具有如下性质:

**性质 1** 合同变换是一一变换.

**性质 2** 合同变换的逆变换也是合同变换.

**性质 3** 两个合同变换的乘积也是合同变换.

**性质 4** 合同变换把共线点变成共线点.

**证明** 设 $F$ 的共线点 $A$、$B$、$C$,对应于 $F'$ 的点 $A'$、$B'$、$C'$,并设 $B$ 介于 $A$、$C$ 之间,则由合同变换的定义有

$$AB = A'B', \quad BC = B'C', \quad AC = A'C',$$
$$\therefore \quad A'C' = AC = AB + BC = A'B' + B'C'.$$

这就表明, 三点 $A'$、$B'$、$C'$ 共线且 $B'$ 介于 $A'$、$C'$ 之间.

**性质 5** 合同变换把直线变成直线,把射线变成射线,把线段变成线段,把角变成角.

**性质 6** 两条相交直线的交角, 经过合同变换, 等于这两条对应直线的交角.

证明 设 $F$ 中两直线 $a$ 和 $b$ 相交于点 $O$, 则由性质 5, $a$ 和 $b$ 对应于 $F'$ 中两直线 $a'$ 和 $b'$, 并且 $O$ 的对应点 $O'$ 既在 $a'$ 上又在 $b'$ 上, 故 $O'$ 是 $a'$ 和 $b'$ 的交点.

在 $a$ 和 $b$ 上各取一点 $A$ 和 $B$, 它们的对应点 $A'$、$B'$ 分别在 $a'$、$b'$ 上. 由定义知道对应线段的距离相等, 即有

$$OA = O'A', \quad OB = O'B', \quad AB = A'B',$$

$$\therefore \quad \triangle OAB \cong \triangle O'A'B',$$

从而 $$\angle AOB = \angle A'O'B'.$$

由上述定义和性质可知, 合同变换有两个基本不变量: 即两点间的距离和两直线的交角. 它有如下基本不变性: 点的共线性、直线的共点性、平行性, 以及点与直线的结合性.

3. 合同变换群

在同一个平面上, 两个合同的图形 $F$ 和 $F'$, $F$ 中三点 $A$、$B$、$C$ 对应于 $F'$ 中的三点 $A'$、$B'$、$C'$, 若 $ABCA$ 的环绕方向与 $A'B'C'A'$ 的环绕方向相同, 则称 $F$ 和 $F'$ 为定向相同, 若两者环绕方向相反(一个为顺时针方向, 另一个为逆时针方向), 则称 $F$ 和 $F'$ 为定向相反.

平面上的合同变换, 如得定向相同者, 叫做第一类合同变换; 如得定向相反者, 叫做第二类合同变换.

由于两个合同变换的乘积仍为合同变换, 且合同变换的逆变换仍为合同变换, 所以平面上所有合同变换所组成的集合, 构成一个群, 叫做平面上的合同变换群.

第一类合同变换所组成的集合, 也构成一个群, 叫做运动群, 它是合同变换群的的子群.

由于两个第二类合同变换的乘积不是第二类合同变换, 所以第二类合同变换不构成群.

合同变换有第一、第二类之分, 相应地合同图形也可分为两

类. 若两个合同图形的对应三角形是定向相同的, 则叫做真正合同(或本质相等);若两个合同图形的对应三角形是定向相反的,则叫做镜像合同(或镜照相等).

**二、几种特殊的合同变换**

1. 平移

(1) 平移的概念

**定义 11** 如果平面上图形 $F$ 经过变换得图形 $F'$, $F$ 中每一点 $P$ 在 $F'$ 中的对应点为 $P'$,向量 $\overrightarrow{PP'}$ 总等于已知向量 $\vec{a}$, 那么这个变换叫做平面上的平行移动, 简称为平移,记作 $T(\vec{a})$. $\vec{a}$ 的长度 $|\vec{a}|$ 叫做平移距离,$\vec{a}$ 的方向叫做平移方向(图 16-2).

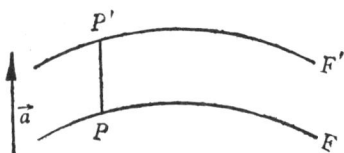 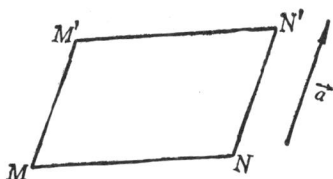

图 16-2 图 16-3

一个向量决定一个平移,相等的向量决定相同的平移,长度为零的向量(零向量)决定的平移是幺变换.

因此, 要平移一条直线 $MN$, 只要在直线 $MN$ 上任取两点 $M$、$N$,分别过 $M$、$N$ 作直线段 $MM'$、$NN'$ 平行于向量 $\vec{a}$, 并且取 $MM' = |\vec{a}|$, $NN' = |\vec{a}|$,则直线 $M'N'$ 即为平移直线 $MN$ 所得的直线(图 16-3).

要平移一个圆,只要先平移圆心,然后作等圆.

(2) 平移的性质

**性质 1** 平移是合同变换,平移把任意图形变成与它真正合同的图形.

证明 设 $M$ 与 $M'$, $N$ 与 $N'$ 是任意两对对应点,则 $MNN'M'$ 是平行四边形(图 16-3),所以 $M'N' = MN$(保距),且

图形的定向相同.

**性质 2**　两个平移的乘积是一个平移.

证明　不妨设两个平移 $T(\overrightarrow{PQ})$ 和 $T(\overrightarrow{QR})$ 有公共端点 $Q$,(图 16-4),图形 $F$ 上的一点 $M$ 经过平移 $T(\overrightarrow{PQ})$,到达图形 $F'$ 上点 $M'$,点 $M'$ 经过平移 $T(\overrightarrow{QR})$ 到达图形 $F''$ 上点 $M''$,显然有 $\triangle MM'M'' \cong \triangle PQR$,所以 $MM''=PR$,故知 $M''$ 可由点 $M$ 直接经过平移 $T(\overrightarrow{PR})$ 得到.

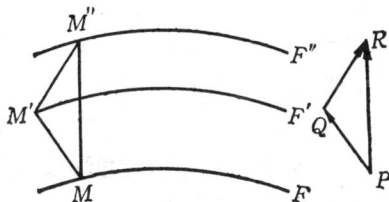

图　16-4

这里,我们同时证明了平移的乘积合于力的平行四边形法则,亦即向量的加法法则.

**性质 3**　平移的逆变换是一个平移.

**性质 4**　非恒等变换的平移没有二重点,但有无穷多条二重线(这些直线上的点都变了,但直线的位置没有变),它们都平行于平移方向.

由性质 2 与 3 可知,所有平移组成的集合构成一个群,这个群叫做平移群,它是合同变换群的子群.

由于平移的乘法运算适合交换律,所以平移群是一个交换群.

(3) 平移的应用

平移变换可以改变图形的位置,而不改变图形的形状和大小. 对于需要集中图形中某些分散元素以考察其关系的几何题,用平移变换常常能收到良好的效果.施行平移变换时,要注意平行的元素、平移的方向和平移的距离.

**例 1**　设 $AT$ 为 $\triangle ABC$ 的角平分线,$M$ 为 $BC$ 中点,$ME$

$/\!/\, TA$ 交 $CA$(或其延长线)于 $E$, 交 $AB$(或其延长线)于 $D$, 则 $BD = CE$.

证明　如图 16-5, 把 $DB$ 沿 $DE$ 平移到 $EF$, 连结 $CF$, 设 $CF$ 交 $ME$ 于 $N$. 因为 $DB \underline{\|} EF$, 所以四边形 $BDEF$ 为 $\square$. 从而 $BF /\!/ DE$, 即 $BF /\!/ ME$, 注意到 $M$ 为 $BC$ 中点, 则 $N$ 为 $CF$ 中点. 又因

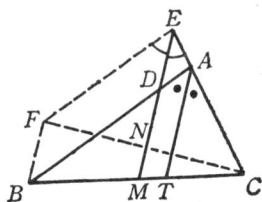

图　16-5

$$\angle CEM = \angle CAT = \angle BAT = \angle FEM,$$

∴　△$CEF$ 为等腰三角形,

∴　$CE = FE = BD.$

**例 2**　试证: 两内角平分线相等的三角形是等腰三角形.

已知　在 △$ABC$ 中, $BE$、$CD$ 分别为 $\angle ABC$ 与 $\angle ACB$ 的平分线, 且 $BE = CD$.

求证　$AB = AC$.

证明　如图 16-6, 把 $BE$ 沿 $BD$ 平移到 $DF$, 连结 $CF$.

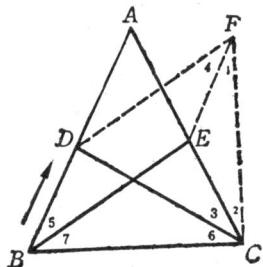

图　16-6

∵　$DF \underline{\|} BE$,

∴　$BEFD$ 为平行四边形, 有

$$\angle 4 = \angle 5,\ DB = EF.$$

∵　$DF = BE = CD$,

∴　△$DCF$ 为等腰三角形, 有

$$\angle DFC = \angle DCF,$$

即

$$\angle 1 + \angle 4 = \angle 2 + \angle 3.$$

假如 $BD > EC$, 则 $EF > EC$, 所以

$$\angle 2 > \angle 1,\ \angle 3 < \angle 4 = \angle 5,$$

又

$$\angle 3 = \angle 6,\ \angle 5 = \angle 7,$$

∴　$\angle 6 < \angle 7.$

比较 $\triangle BCD$ 与 $\triangle CBE$, 得 $BD<EC$, 与所设矛盾. 所以 $BD>EC$ 不可能.

同理可证, $BD<EC$ 也不可能, 因而 $BD=EC$, 得

$$\triangle DBC\cong\triangle ECB.$$

故 $$\angle DBC=\angle ECB,$$

$$\therefore\ AB=AC.$$

**例3** 任意四边形中, 一双对边中点的连线段不大于另一双对边之和的一半.

**证明** 设四边形 $ABCD$ 中, $M$ 为 $AB$ 中点, $N$ 为 $DC$ 中点, 分两种情形考察:

(1) 当 $AD$ 与 $BC$ 时, 把 $AD$ 沿 $AM$ 平移到 $MP$ 位置, 把 $BC$ 沿 $BM$ 平移到 $MQ$ 位置, (图16-7), 有

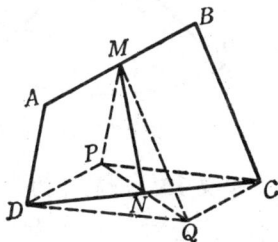

图 16-7

$$AD\underline{\parallel}MP\Rightarrow\square AMPD$$
$$\Rightarrow DP\underline{\parallel}AM.$$

$$BC\underline{\parallel}MQ\Rightarrow\square BCQM\Rightarrow CQ\underline{\parallel}BM.$$

注意到 $AM=BM$, 且 $A$、$M$、$B$ 三点共线, 有

$$DP\underline{\parallel}CQ\Rightarrow\square CPDQ\Rightarrow N\text{ 为 }PQ\text{ 中点}$$

$$\Rightarrow MN\text{ 为 }\triangle MPQ\text{ 中线}\Rightarrow MN<\frac{1}{2}(MP+MQ)$$

$$\Rightarrow MN<\frac{1}{2}(AD+BC).$$

(2) 当 $AD\parallel BC$ 时, 则四边形 $ABCD$ 为梯形, 且 $MN$ 为中位线, 所以有 $MN=\frac{1}{2}(AD+BC)$.

2. 旋转

(1) 旋转的概念

**定义12** 将平面图形 $F$ 上各点, 绕一定点 $O$ 旋转同一个角度 $\theta$, 得图形 $F'$, 这种变换叫做旋转变换, 简称为旋转. 记作

$R(O,\theta)(F)=F'$. 这里,定点 $O$ 叫做旋转中心,角度 $\theta$ 叫做旋转角或转幅(图 16-8).

一个旋转中心和一个旋转角决定一个旋转.

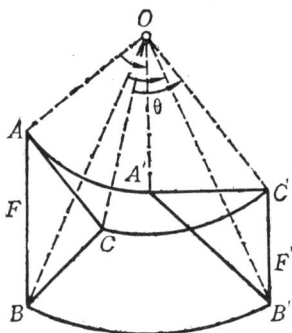

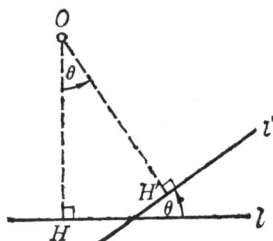

图 16-8 图 16-9

**定义 13** 旋转角为 $180°$ 的旋转,叫做半周旋转,又叫做中心反射或中心对称变换,简称点反射.

如果平面上两点 $A$ 和 $B$,满足 $R(O,180°)(A)=B$,那么称 $A$ 和 $B$ 是关于点 $O$ 成对称点.

如果平面上两线 $l$ 和 $l'$,满足 $R(O,180°)(l)=l'$,那么称 $l$ 和 $l'$ 是关于点 $O$ 成对称线.

**定义 14** 旋转角为零度的旋转,叫做幺变换. 旋转中心相同的两个旋转,如果它们的旋转角相差 $360°$ 的整数倍,那么这两个旋转叫做相等的旋转.

要旋转一个圆,只要先旋转圆心,然后作等圆.

要旋转一条直线 $l$(设旋转中心为 $O$,旋转角为 $\theta$),作法如下:

① 作 $OH \perp l$,垂足为 $H$;

② 作 $\angle HOH'=\theta$;

③ 截取 $OH'=OH$;

④ 过点 $H'$ 作直线 $l' \perp OH'$(图 16-9),则 $l'$ 就是 $l$ 旋转后所得直线.

(2) 旋转的性质

**性质1** 旋转是合同变换，旋转把任意图形变成与它真正合同的图形.

**性质2** 具有同一旋转中心的两个旋转的乘积是一个旋转. 即

$$R(O, \theta_1) \cdot R(O, \theta_2) = R(O, \theta_1 + \theta_2).$$

**性质3** 旋转的逆变换是旋转变换，且 $R^{-1}(O, \theta) = R(O, -\theta)$.

**性质4** 非恒等变换的旋转只有一个二重点，即旋转中心；异于点反射及恒等变换的旋转没有二重线. 点反射有无穷多条二重线，它们都通过反射中心.

**性质5** 在旋转变换下，直线与其对应直线的交角等于旋转角.

**性质6** 二双点反射的点的连线平行且相等，但异向.

**性质7** 过点反射的中心直线，与一双对称线的交点，是关于点反射中心的对称点.

由性质2与性质3可以知道，具有同一旋转中心的所有旋转组成的集合，构成一个变换群，叫做旋转群，它是合同变换群的子群.

由于旋转的乘法运算适合交换律（$\theta_1 + \theta_2 = \theta_2 + \theta_1$），所以旋转群也是一个交换群.

应该注意，由于平面上两个具有不同旋转中心的旋转的乘积不一定是旋转，所以在平面上所有旋转组成的集合不能构成一个群.

(3) 旋转的应用

旋转变换，可以改变图形的位置，而不改变图形的形状和大小. 对于图形具有等边特征的几何题，一般都可考虑用旋转变换迁移元素的位置. 施行旋转变换时要注意确定旋转中心、旋转角的大小和旋转的方向.

**例 4** 在 $\triangle ABC$ 的边 $AB$、$AC$ 上,各向形外作正方形 $ABDE$、$ACFG$,又作 $AH \perp BC$ 于 $H$,$HA$ 的延长线交 $EG$ 于 $P$,求证: $EP = PG$,且 $AP = \dfrac{1}{2} BC$.

**证明** 如图 16-10,把 $\triangle ACB$ 绕 $A$ 点按顺时针方向旋转 $90°$,落于 $\triangle AC'E$ 位置,则有

$$EC' = BC, \quad AC' = AC = AG,$$

$$\angle C' = \angle ACB, \quad \angle C'AG = 180°.$$

$$\because \quad \angle C' = \angle ACB = 90° - \angle CAH = \angle GAP,$$

$$\therefore \quad AP \parallel C'E,$$

从而 $\qquad EP = PG.$

故知 $AP$ 为 $\triangle GC'E$ 的中位线,有

$$AP = \frac{1}{2} EC' = \frac{1}{2} BC.$$

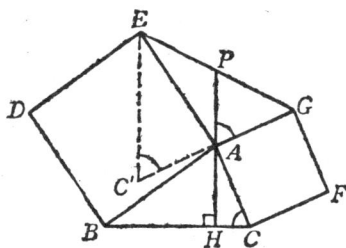

图 16-10

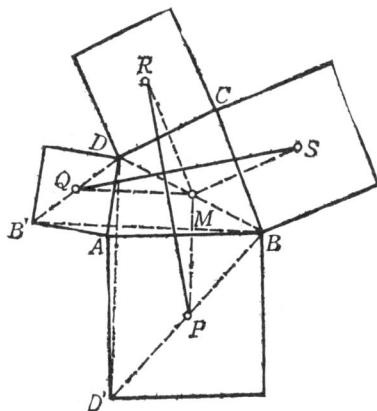

图 16-11

**例 5** 在凸四边形的每一边上,向形外作正方形,求证:两双对边上正方形中心的连线相等且互相垂直.

**证明** 连结四边形 $ABCD$ 的对角线 $BD$,设 $BD$ 的中点为 $M$,又连结相邻两个正方形的对角线 $BD'$ 与 $DB'$,设各个正方形中心分别为 $P$、$Q$、$R$、$S$,其中 $P$ 在 $BD'$ 上,$Q$ 在 $DB'$ 上(图 16-11),以

点 $A$ 为中心,把 $\triangle DAD'$ 按逆时针方向旋转90°,可重合于 $\triangle B'AB$, 从而

$$DD'=BB', \quad DD'\perp BB'.$$

$$\because \quad MP \underset{=}{\parallel} \frac{1}{2} DD', \quad MQ \underset{=}{\parallel} \frac{1}{2} BB',$$

$$\therefore \quad MP=MQ, \text{且} MP \perp MQ.$$

同理可证

$$MS=MR, \quad MS \perp MR.$$

再以点 $M$ 为中心,把 $\triangle SMQ$ 按逆时针方向旋转90°,可重合于 $\triangle RMP$, 从而

$$SQ=RP, \text{且} SQ \perp RP.$$

**例6** 设 $BD \perp AC$ 且相交于 $O$ 点, $AO>CO$, $BO>DO$, 求证:

$$AD+BC>AB+CD.$$

证明 以点 $O$ 为中心,把 $\triangle COD$ 作中心对称变换,设点 $C$ 落于 $AO$ 上点 $C'$ 位置,点 $D$ 落于 $BO$ 上点 $D'$ 位置(图16-12). 设 $AD'$ 与 $BC'$ 相交于点 $M$,则

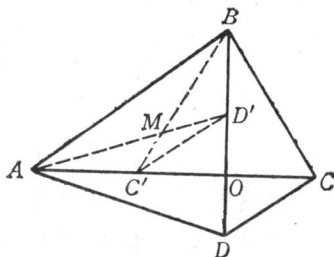

图 16-12

$$AD'=AD, \quad BC'=BC, \quad C'D'=CD.$$

由
$$AM+BM>AB, \quad C'M+D'M>C'D',$$

得
$$(AM+D'M)+(BM+C'M)>AB+C'D',$$

即
$$AD'+BC'>AB+C'D',$$

$$\therefore \quad AD+BC>AB+CD.$$

3. 反射

(1) 反射的概念

**定义15** 如果存在一条定直线 $l$,对于图形 $F$ 上每一点 $P$,作出关于 $l$ 的对称点 $P'$(即线段 $PP'$ 被 $l$ 所垂直平分),所有这样的对称点 $P'$ 形成的图形为 $F'$,则由 $F$ 变成 $F'$ 的变换,叫做轴对称

变换，或称为轴反射，简称反射，记作 $S(l)$，$l$ 叫做反射轴（图16–13）．

通俗地说，把一个图形变成它的轴对称图形的变换，就是轴对称变换．

平面上的反射由反射轴所确定，也可以由一双对应点确定（图16–14）．

(2) 反射的性质

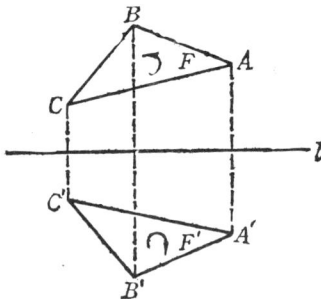 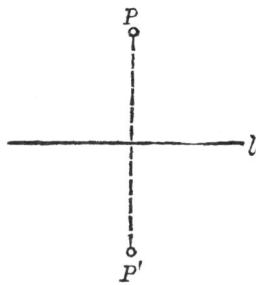

图 16–13　　　　　　　图 16–14

**性质 1**　反射把线段变成与它相等的线段．

证明　设有反射 $S(l)$，$S(A)=A'$，$S(B)=B'$，当 $A$、$B$ 在 $l$ 同侧时（图16–15），令 $AA'$、$BB'$ 被 $l$ 垂直平分于 $P$、$Q$，连 $BP$、$B'P$，则有

$$\text{Rt}\triangle BPQ \cong \text{Rt}\triangle B'PQ,$$

于是 $BP=B'P$，$\angle 1=\angle 2$，从而 $\angle 3=\angle 4$，$\triangle APB \cong \triangle A'PB'$，所以

$$AB=A'B'.$$

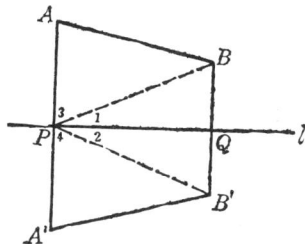

图 16–15

对于 $A$、$B$ 在 $l$ 异侧，或 $A$、$B$ 至少有一点在 $l$ 上的情况，同样可证得 $AB=A'B'$．

**性质 2**　反射是合同变换，反射把任意图形变换成与它镜象合同的图形．

**性质 3** 具有同一反射轴的两个反射的乘积是恒等变换.

**性质 4** 反射有无穷多个二重点, 它们都是反射轴上的点.

**性质 5** 反射有无穷多条二重线, 它们是反射轴以及垂直于反射轴的直线.

应该注意, 由于两个反射的乘积不是反射, 所以, 平面上所有反射组成的集合不构成群.

(3) 反射的应用

反射变换可以改变图形的位置, 而不改变图形的形状和大小. 对于图形具有对称特征, 或用通常方法不易迁移元素位置的几何题, 一般可优先考虑用反射变换沟通条件与结论或条件与问题的联系, 探明解题途径.

**例 7** 试证: 过 $\triangle ABC$ 的垂心 $H$ 及任意两个顶点, 所作的三个圆彼此相等, 且都等于 $\triangle ABC$ 的外接圆.

**证明** 以 $BC$ 为反射轴, 作轴反射变换, 把 $\triangle BCH$ 反射落于 $\triangle BCP$ 位置 (图 16–16), 则

$$\triangle BCH \cong \triangle BCP.$$

从而, $\angle 1 = \angle 2$ 及 $\odot BCH$ 与 $\odot BCP$ 的半径相等. 由于 $H$ 为 $\triangle ABC$ 的垂心, 有

$$\angle 1 = \angle 3,$$

从而

$$\angle 2 = \angle 3,$$

所以, $A$、$B$、$P$、$C$ 四点共圆, 故有

$$\odot ABPC = \odot ABC.$$

从而

$$\odot BCH = \odot BCP = \odot ABPC = \odot ABC.$$

同理可证

$$\odot ABH = \odot ABC, \ \odot ACH = \odot ABC.$$

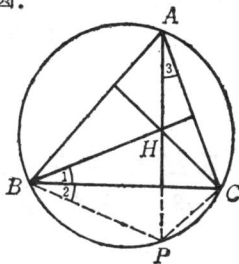

图 16–16

**例 8** 设 $OP$、$OQ$ 代表两镜面, 交于点 $O$ 成 $\theta$ 角 ($0 < \theta < \pi$). 设光线经过点 $A$ 投射于镜面 $OP$ 上的点 $B$, 反射于镜面 $OQ$ 上点 $C$, 最后反射仍通过点 $A$ (图 16–17), 证明:

(1) $OA$ 是 $\angle BAC$ 的平分线;

(2) 光线由 $A$ 回到 $A$ 的路程是 $2OA\sin\theta$.

证明: (1) 以 $OP$ 为反射轴, 作轴反射变换, 把 $\triangle ABO$ 反射落于 $\triangle A_1BO$ 位置, 此时, $OA_1$ $=OA$, $\angle 9=\angle 5$, $\angle 7=\angle 1$, $\angle A_1OB=\angle AOB$,

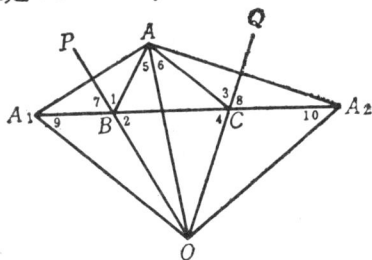

图 16-17

$\because$ $\angle 1=\angle 2$,

$\therefore$ $\angle 7=\angle 2$.

于是 $A_1$、$B$、$C$ 三点共线.  ①

同理, 以 $OQ$ 为反射轴, 作轴反射变换, 把 $\triangle ACO$ 反射落于 $\triangle A_2CO$ 位置, 有

$$OA_2=OA, \quad \angle A_2OC=\angle AOC, \quad \angle 10=\angle 6,$$

以及 $A_2$、$B$、$C$ 三点共线.  ②

由①、②知 $A_1$、$B$、$C$、$A_2$ 四点共线, 于是 $A_1OA_2$ 形成三角形, 且

$$OA_1=OA=OA_2,$$

$$\therefore \quad \angle 9=\angle 10,$$

从而 $\angle 5=\angle 6$, 即 $OA$ 平分 $\angle BAC$.

(3) 在等腰三角形 $A_1OA_2$ 中, 顶角为

$$\angle A_1OA_2=\angle A_1OB+\angle BOA+\angle AOC+\angle COA_2$$

$$=2\angle BOC=2\theta.$$

$$\therefore \quad AB+BC+CA=A_1A_2=2OA\sin\theta.$$

**例 9** 如图 16-18, 在 $\triangle ABC$ 中, $AB=AC$, $D$ 是 $BC$ 上一点, $E$ 是 $AD$ 上一点, 且 $\angle BED=\angle BAC$ $=2\angle CED$, 求证: $BD=2CD$.

证明 设 $\angle CED=\alpha$, $\angle CAE$ $=\beta$. 则

$$\angle BED=\angle BAC=2\alpha,$$

$$\angle BAE=\angle BAC-\angle CAE=2\alpha-\beta,$$

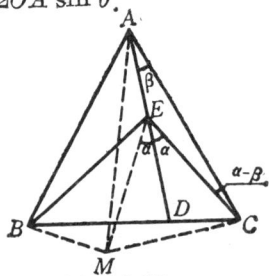

图 16-18

①

$$\angle AOE = \angle DEO - \angle OAE = \alpha - \beta. \qquad ②$$

以 $AD$ 为反射轴,作反射变换,把 $\triangle AEO$ 反射落于 $\triangle AEM$ 位置,连结 $BM$、$CM$,得等腰 $\triangle ABM$、等腰 $\triangle AOM$、等腰 $\triangle EOM$. 于是

$$\angle MED = \angle OED = \alpha,$$
$$\angle BEM = \angle BED - \angle MED = 2\alpha - \alpha = \alpha.$$

由②得

$$\angle AME = \angle AOE = \alpha - \beta, \qquad ③$$
$$\angle MAE = \angle OAE = \beta. \qquad ④$$

由①和④得

$$\angle BAM = \angle BAE - \angle MAE$$
$$= (2\alpha - \beta) - \beta = 2\alpha - 2\beta.$$

在等腰 $\triangle ABM$ 中,有

$$\angle BMA = \frac{180° - \angle BAM}{2} = \frac{180° - (2\alpha - 2\beta)}{2}$$
$$= 90° - (\alpha - \beta), \qquad ⑤$$

③+⑤得

$$\angle BME = \angle BMA + \angle AME$$
$$= [90° - (\alpha - \beta)] + (\alpha - \beta) = 90°.$$

在 $\mathrm{Rt}\triangle BME$ 中,

$$ME = BE \cdot \cos \angle BEM = BE \cdot \cos\alpha,$$

从而

$$OE = ME = BE \cdot \cos\alpha.$$

又

$$S_{\triangle ODE} = \frac{1}{2} OE \cdot DE \cdot \sin \angle OED = \frac{1}{2}(BE \cdot \cos\alpha) \cdot DE \sin\alpha$$
$$= \frac{1}{4} BE \cdot DE \sin 2\alpha, \qquad ⑥$$

$$S_{\triangle BDE} = \frac{1}{2} BE \cdot DE \sin \angle BED = \frac{1}{2} BE \cdot DE \sin 2\alpha. \qquad ⑦$$

⑥÷⑦得

$$\frac{S_{\triangle CDE}}{S_{\triangle BDE}} = \frac{\frac{1}{4} BE \cdot DE \cdot \sin 2\alpha}{\frac{1}{2} BE \cdot DE \cdot \sin 2\alpha} = \frac{1}{2}.$$ ⑧

但 $\triangle CDE$ 与 $\triangle BDE$ 可以视为等高三角形,有

$$\frac{S_{\triangle CDE}}{S_{\triangle BDE}} = \frac{CD}{BD}.$$ ⑨

以 ⑧ 代入 ⑨ 得

$$\frac{CD}{BD} = \frac{1}{2},$$

$$\therefore \quad BD = 2CD.$$

**例 10** 在 $\triangle ABC$ 中,边 $AB = AC$,有一个圆内切于 $\triangle ABC$ 的外接圆,并且与 $AB$、$AC$ 分别相切于 $P$、$Q$. 求证: $P$ 与 $Q$ 连线的中点是 $\triangle ABC$ 的内切圆圆心。

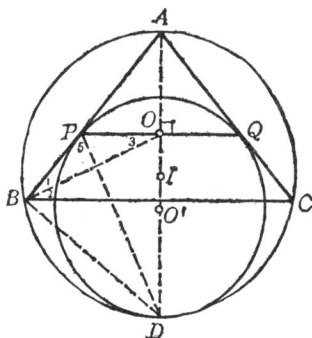

图 16-19

证明:设内切于大圆 $\odot I$ 的小圆圆心为 $O'$,切点为 $D$, $PQ$ 的中点为 $O$,连 $AO$, $BO$, $BD$, $PD$ (图 16-19).

因为等腰 $\triangle ABC$ 是轴对称图形,且以顶角 $\angle A$ 之平分线为对称轴,圆也是轴对称图形,且以直径为对称轴,故知 $\angle A$ 的平分线过此两圆之圆心 $I$ 和 $O'$.

由于 $\odot I$ 和 $\odot O'$ 相切于 $D$ 点,故 $I$、$O'$、$D$ 三点共线,从而点 $D$ 也在 $\angle A$ 的平分线上,所以 $AD$ 为 $\odot I$ 之直径.

又切点 $P$ 与 $Q$ 关于直线 $AD$ 成轴对称,所以 $PQ$ 之中点 $O$ 也在 $AD$ 上.

从而, $AD$ 垂直平分 $PQ$, $PQ \parallel BC$. 于是

$$\overset{\frown}{DP} = \overset{\frown}{DQ}.$$ ①

注意到 $\angle 4$ 是位于 $\overset{\frown}{DQ}$ 上的圆周角, $\angle 5$ 为夹 $\overset{\frown}{DP}$ 的弦切角, 由 ① 即得

$$\angle 4 = \angle 5. \qquad\qquad ②$$

在 $\mathrm{Rt}\triangle OPD$ 和 $\mathrm{Rt}\triangle BPD$ 中, $PD$ 为公共边, 由 ② 得

$$\mathrm{Rt}\triangle OPD \cong \mathrm{Rt}\triangle BPD,$$

$$\therefore \quad OP = BP,$$

因此 $\qquad\qquad \angle 1 = \angle 3.$

又 $\angle 3 = \angle 2$(因 $PQ /\!/ BC$), 所以

$$\angle 1 = \angle 2.$$

亦即 $OB$ 是等腰 $\triangle ABC$ 一个底角的平分线. 又前已证明 $OA$ 是顶角 $A$ 的平分线, 所以 $PQ$ 的中点 $O$ 是 $\triangle ABC$ 的内心.

从上面的例子可以看出, 应用合同变换解题, 要注意以下两点:

(1) 要根据原图形 $F$ 的特征, 选用适当的合同变换. 例如, 涉及平行线的问题, 宜考虑沿平行线方向作平移; 涉及一定点到两定点等距离的问题, 宜考虑以定点为中心作旋转, 特别是与线段中点有关的问题, 常以线段中点为中心作点反射; 涉及具有轴对称图形的问题, 宜考虑取其对称轴为轴, 作轴反射变换.

(2) 图形 $F$ 经合同变换得新图形 $F'$, 要使 $F'$ 能起到集中图形元素的作用, $F'$ 必与 $F$ 中的某一部分全等, $F'$ 中有些元素就是 $F$ 的元素, $F'$ 中出现的新元素常能起到集中条件的作用.

### 三、对称图形

**定义 16** 平面图形 $F$, 经过某个合同变换 $\omega$(不是恒等变换), 使图形 $F$ 仍变为其自身 $F$, 那么, 图形 $F$ 叫做自对称图形, 简称对称图形.

**定义 17** 平面图形 $F$, 经过某一条直线 $l$ 反射 $S(l)$ 后, 仍变为其自身 $F$, 那么, 图形 $F$ 叫做轴对称图形. 反射轴 $l$ 叫做图形 $F$ 的对称轴.

例如, 线段、角、等腰三角形、圆等都是轴对称图形. 其对称轴

分别是线段的垂直平分线、角的平分线(所在直线)、顶角的平分线(所在直线)、圆的直径(所在直线).

**定义 18** 平面图形 $F$, 经过某个点 $O$ 反射 $S(O)$ 后, 仍变为其自身 $F$, 那么, 图形 $F$ 叫做中心对称图形. 反射中心 $O$ 叫做该图形 $F$ 的对称中心.

例如, 线段、圆等都是中心对称图形. 其对称中心分别是线段的中点、圆心.

**定义 19** 平面图形 $F$, 经过某一旋转 $R(O, \varphi)$ 后, 仍变为其自身 $F$, 那么, 图形 $F$ 叫做旋转对称图形. 旋转中心 $O$ 叫做该图形 $F$ 的旋转中心.

例如, 圆是旋转对称图形, 圆心是旋转中心, 旋转角可任意选取.

**定义 20** 对于旋转对称图形 $F$, 如果在诸旋转中, 存在最小旋转角 $\varphi = \dfrac{360^\circ}{n} (n \geqslant 2, n \in N)$, 那么, 旋转角 $\varphi_k = \dfrac{360^\circ}{n} \times k (k = 0, 1, \cdots, n-1)$ 的旋转 $R(O, \varphi_k)$ 都可以使该图形变为其自身. 这时该图形 $F$ 叫做 $n$ 次旋转对称图形, 而旋转中心 $O$ 叫做 $n$ 次旋转中心.

显然, 偶数次旋转中心是对称中心, 也就是说, 偶数次旋转对称图形一定是中心对称图形. 而奇数次旋转对称图形, 不是中心对称图形.

例如, 正三角形是三次旋转对称图形, 其三次旋转中心是正三角形的中心, 最小旋转角为 $120^\circ$. 正三角形不是中心对称图形. 正方形是四次旋转对称图形, 其四次旋转中心是正方形的中心, 最小旋转角为 $90^\circ$. 正方形是中心对称图形.

**四、平移、旋转和反射的关系**

平移、旋转和反射, 都是合同变换, 它们之间有如下一些关系.

**定理 1** 反射轴平行的两个反射的乘积是一个平移.

证明　给出两个反射 $S(l_1)$ 和 $S(l_2)$, $l_1 /\!/ l_2$, $A_1 A_2$ 是 $l_1$ 和 $l_2$ 的一条公垂线(图 16-20).

设 $P$ 是平面上任意点，且 $S(l_1)(P)=P'$, $S(l_2)(P')=P''$. 由于 $PP' \perp l_1$, $P'P'' \perp l_2$, $l_1 /\!/ l_2$, 所以 $P$、$P'$、$P''$ 三点共线. 若 $PP''$（或其延长线）分别交 $l_1$、$l_2$ 于 $P_1$、$P_2$, 则有

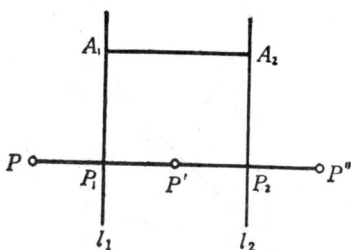

图 16-20

$$PP''=2P_1P_2,$$

而

$$\overrightarrow{P_1P_2}=\overrightarrow{A_1A_2}.$$

令 $\vec{a}=2\overrightarrow{A_1A_2}$, 有

$$\overrightarrow{PP''}=2\overrightarrow{A_1A_2}=\vec{a}.$$

由于对平面上的任意一点 $P$, 有

$$S(l_2) \cdot S(l_1)(P)=P'', \quad T(\vec{a})(P)=P'',$$

$$\therefore \quad S(l_2) \cdot S(l_1)=T(\vec{a}).$$

这就是说，反射轴平行的两个反射的乘积 $S(l_2) \cdot S(l_1)$，等于一个平移 $T(\vec{a})$，平移的方向是 $l_1$ 和 $l_2$ 的法线方向，平移的距离是 $l_1$ 和 $l_2$ 间距离的两倍.

**定理 2** 任何一个平移，都可以看作两个反射的乘积，这两个反射的反射轴都垂直于平移方向，两反射轴之间的距离等于这个平移距离的一半，并且其中第一条轴可以任意选取，第二条轴便随之而定.

如图 16-20，给出一个平移 $T(\vec{a})$，且对于平面上任意一点 $P$, $T(\vec{a})(P)=P''$ $(\overrightarrow{PP''}=\vec{a})$，任作一直线 $l_1$ 垂直 $PP''$（或其延长线）于 $P_1$，再作一直线 $l_2$ 垂直 $PP''$ 于 $P_2$，且使 $\overrightarrow{P_1P_2}=\dfrac{1}{2}\overrightarrow{PP''}$，则 $T(\vec{a})=S(l_2) \cdot S(l_1)$.

**定理 3** 反射轴相交的两个反射的乘积是一个旋转.

证明 如图 16-21，给出两个反射 $S(l_1)$ 和 $S(l_2)$，$l_1$ 与 $l_2$ 交于点 $O$, 令 $\varphi=2\angle(l_1, l_2)$（两反射轴所夹角的两倍），设 $P$ 是平面上任意异于 $O$ 的一点.

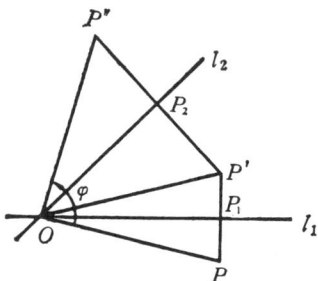
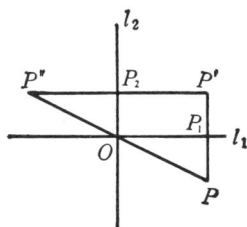

图 16-21　　　　　　　　图 16-22

若 $S(l_1)(P)=P'$，设 $PP'$ 与 $l_1$ 交于点 $P_1$，则有

$$OP'=OP, \quad \angle POP'=2\angle P_1OP';$$

若 $S(l_2)(P')=P''$，设 $P'P''$ 与 $l_2$ 交于 $P_2$ 点，则

$$OP''=OP', \quad \angle P'OP''=2\angle P'OP_2.$$

因此　　　　　　　　　　$OP''=OP.$

$$\angle POP''=2(\angle P_1OP'+\angle P'OP_2)=2\angle P_1OP_2=\varphi.$$

这就说明对于平面上任一点 $P$，有

$$S(l_2)\cdot S(l_1)(P)=P'',$$

$$R(O, \varphi)(P)=P'',$$

$$\therefore \quad S(l_2)\cdot S(l_1)(P)=R(O, \varphi)(P).$$

这就是说，反射轴相交的两个反射的乘积是一个旋转，此两条反射轴交点是旋转中心，旋转角等于此两条反射轴交角的两倍.

当 $\angle P_1OP_2=90°$ 时，如图 16-22 所示.

**定理 4**　任何一个旋转都可以看作两个反射的乘积，这两个反射的反射轴都通过旋转中心，两反射轴的夹角等于旋转角的一半，并且其中一条反射轴可以任意选取（必须通过旋转中心）.

事实上，给出一个旋转 $R(O, \varphi)$，且对于平面上任意一点 $P$，$R(O, \varphi)(P)=P''$，过 $O$ 任作一直线 $l_1$，再作一直线 $l_2$，使 $l_1$ 与 $l_2$ 的夹角 $\angle(l_1, l_2)=\dfrac{1}{2}\varphi=\dfrac{1}{2}\angle POP''$，则

$$R(O, \varphi) = S(l_2) \cdot S(l_1).$$

注意,上面是先定 $l_1$,再确定 $l_2$. 如果先选定 $l_2$,再确定 $l_1$,也是完全可以的.

**定理5** 对于两个具有不同旋转中心的旋转,如果两旋转角之和不等于 $k \times 360°$($k$ 是整数),那么这两个旋转的乘积仍是一个旋转,如果两旋转角之和等于 $k \times 360°$,那么,这两个旋转的乘积是一个平移.

证明 (1) 当 $\varphi_1 + \varphi_2 \neq k \cdot 360°$ 时,设给定两个旋转 $R(O_1, \varphi_1)$ 和 $R(O_2, \varphi_2)$. $O_1$ 与 $O_2$ 不重合,$\varphi_1 + \varphi_2 \neq k \cdot 360°$,如图16-23. 由于任一旋转可以表示为两个反射的乘积,并且其中一个

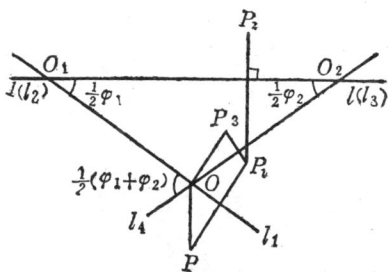

图 16-23

反射可以任意选择,我们就把通过 $O_1$、$O_2$ 的直线 $l$ 作为反射轴,并且再选取 $l_1$ 与 $l_4$,使

$$R(O_1, \varphi_1)(P) = P_2 = S(l) \cdot S(l_1)(P),$$
$$R(O_2, \varphi_2)(P_2) = P_3 = S(l_4) \cdot S(l)(P_2),$$

这时,$\angle(l_1, l) = \dfrac{1}{2}\varphi_1$,$\angle(l, l_4) = \dfrac{1}{2}\varphi_2$.

因为 $\varphi_1 + \varphi_2 \neq k \cdot 360°$,即 $\dfrac{1}{2}\varphi_1 + \dfrac{1}{2}\varphi_2 \neq k \cdot 180°$,所以 $l_1$ 与 $l_4$ 必相交于某一点 $O$,且其交角为 $\dfrac{1}{2}(\varphi_1 + \varphi_2)$.

$$R(O_2, \varphi_2) \cdot R(O_1, \varphi_1)(P) = R(O_2, \varphi_2)(P_2) = P_3$$
$$= S(l_4) \cdot S(l)(P_2) = [S(l_4) \cdot S(l)] \cdot [S(l) \cdot S(l_1)](P)$$
$$= S(l_4) \cdot [S(l) \cdot S(l)] \cdot S(l_1)(P)$$
$$= S(l_4) \cdot S(l_1)(P). \qquad\qquad ①$$

另一方面,由定理3可知 $S(l_4) \cdot S(l_1)$ 是一个旋转,其旋转中心为 $O$,旋转角为 $\varphi_1 + \varphi_2$,即

$$S(l_4) \cdot S(l_1)(P) = R(O, \varphi_1 + \varphi_2)(P). \qquad ②$$

由 ① 和 ② 可知

$$R(O_2, \varphi_2) \cdot R(O_1, \varphi_1) = R(O, \varphi_1 + \varphi_2).$$

(2) 当 $\varphi_1 + \varphi_2 = k \cdot 360°$ 时，反射轴 $l_1$ 与 $l_4$ 平行（图 16-24），此时，

$$S(l_1)(P) = P_1, \qquad S(l)(P_1) = P_2,$$
$$S(l)(P_2) = P_1, \qquad S(l_4)(P_1) = P_3,$$
$$\therefore \quad R(O_2, \varphi_2) \cdot R(O_1, \varphi_1)(P)$$
$$= [S(l_4) \cdot S(l)] \cdot [S(l) \cdot S(l_1)](P)$$
$$= P_3.$$

另一方面，设 $\vec{a} = \overrightarrow{PP_3} = 2\overrightarrow{AB}$，$|\overrightarrow{AB}| = \left| O_1O_2 \sin \dfrac{\varphi_2}{2} \right|$，则 $T(\vec{a})(P) = P_3$，这里 $T(\vec{a})$ 的平移方向与 $O_1O_2$ 成 $\left| 90° - \dfrac{1}{2}\varphi_1 \right|$ 角，平移距离为 $\left| 2O_1O_2 \sin \dfrac{\varphi_2}{2} \right|$. 所以

$$R(O_2, \varphi_2) \cdot R(O_1, \varphi_1) = T(\vec{a}).$$

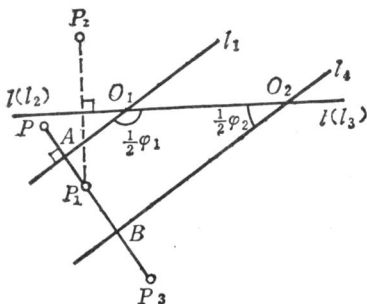

图 16-24

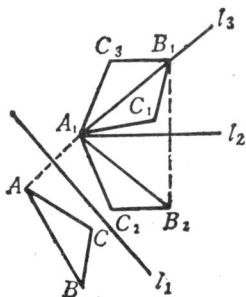

图 16-25

**定理 6** 每个合同变换都可以表示为不多于三个反射的乘积.

**证明** 设合同变换 $\omega$ 是由不共线的 $A$、$B$、$C$ 及 $A_1$、$B_1$、$C_1$ 所确定，作 $AA_1$ 的垂直平分线 $l_1$（如图 16-25），于是以 $l_1$ 为反射轴

的反射 $S(l_1)$ 把点 $A$、$B$、$C$ 分别变换成点 $A_1$、$B_2$、$C_2$(如果 $A$ 与 $A_1$ 重合,则没有必要施行 $S(l_1)$). 再作 $B_1B_2$ 的垂直平分线 $l_2$,由于 $A_1B_2=AB=A_1B_1$,所以 $A_1$ 必在 $l_2$ 上,以 $l_2$ 为反射轴的反射 $S(l_2)$ 把点 $A_1$、$B_2$、$C_2$ 分别变为点 $A_1$、$B_1$、$C_3$(如果 $B_2$ 与 $B_1$ 重合,则不施行 $S(l_2)$).

因为 $B_1C_1=BC=B_2C_2=B_1C_3$, $A_1C_1=AC=A_1C_2=A_1C_3$,所以 $A_1$、$B_1$ 必在线段 $C_1C_3$ 的垂直平分线上. 因而以 $A_1B_1$ 所在直线 $l_3$ 为反射轴之反射 $S(l_3)$,必将点 $A_1$、$B_1$、$C_3$ 分别变为 $A_1$、$B_1$、$C_1$(如果 $C_3$ 与 $C_1$ 重合,则不必施行 $S(l_3)$).

这样,连续施行不多于三次反射,就把不共线的三点 $A$、$B$、$C$ 分别变换成 $A_1$、$B_1$、$C_1$,即合同变换 $\omega$ 可表示为不多于三次反射的乘积.

进一步研究表明,对于第一类合同变换,总可以表示为两个反射的积,因而它不是平移,就是旋转;对于第二类合同变换,总可以表示为三个反射的积(特殊地,本身就是一个反射),因而它或是一个平移与一个反射的积,或是一个旋转和一个反射的积.

# §3 相似变换与位似变换

## 一、相似变换

1. 相似变换的概念

**定义 21** 如果平面上一个图形 $F$ 和另一个图形 $F'$,它们的点之间能建立这样的一一变换 $M$:使 $F$ 上任意两点 $A$ 和 $B$ 间的距离 $d(A,B)$,与 $F'$ 中与之对应的两点 $A'$ 和 $B'$ 间的距离 $d(A',B')$ 之比,等于某一正的常数,即 $\dfrac{AB}{A'B'}=\dfrac{1}{k}$ 或 $\dfrac{A'B'}{AB}=k$($k$ 为正常数),那么这种变换 $M$ 叫做相似变换,$k$ 叫做相似比(或相似率或相似系数).

显然,相似变换就是将一个图形放大或缩小(即改变图形的大小而保留形状不变);再改变它在平面上的位置.

当相似比 $k=1$ 时,相似变换就是合同变换. 所以说,合同变换和恒等变换都是相似变换的特例.

**定义 22** 对于两个图形 $F$ 和 $F'$,如果存在一个相似变换 $M(k)$,使得 $F'=M(k)(F)$,那么图形 $F'$ 与 $F$ 叫做相似形.

2. 相似变换的性质

**性质 1** 在相似变换下,直线、射线、线段、角、三角形、多边形和圆的像仍分别为直线、射线、线段、角、三角形、多边形和圆.

证明 (这里仅证直线的像仍是直线, 其它仿此证明).

设在直线 $a$ 上依次取 $A$、$B$、$C$ 三点,且 $AB+BC=AC$,在相似变换 $M(k)$ 下,有

$$M(A)=A',\ M(B)=B',\ M(C)=C',$$

过 $A'$ 和 $C'$ 的直线为 $a'$(图 16-26). 根据相似变换 $M$ 的定义,有

$$\frac{A'B'}{AB}=\frac{B'C'}{BC}=\frac{A'C'}{AC}$$

$$=k \Rightarrow \frac{A'B'+B'C'}{AB+BC}=\frac{A'C'}{AC}.$$

$$\left.\begin{array}{r}\dfrac{A'B'+B'C'}{AB+BC}=\dfrac{A'C'}{AC}\\[2mm] AB+BC=AC\end{array}\right\}$$

$$\Rightarrow A'B'+B'C'=A'C'.$$

由此可知, 点 $B'$ 应在 $a'$ 上且 $B'$ 在 $A'$ 和 $C'$ 之间.

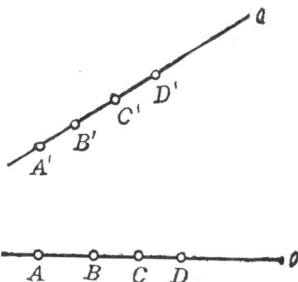

图 16-26

仿上可证:若点 $D'$ 是直线 $a'$ 上任一点,且 $M(D)=D'$,那么点 $D$ 在直线 $a$ 上,也就是说,直线 $a'$ 就是直线 $a$ 在相似变换 $M$ 下的像.

**性质 2** 在相似变换下,不改变一条直线上三个点的简单比. 所谓三点简单比,是指由共线三点 $A$、$B$、$C$ 所得的比 $(ABC)$

$=\dfrac{AC}{BC}$, 其中 $A$、$B$ 叫做基础点, $C$ 叫做分点.

证明　假如共线三点 $A$、$B$、$C$, 在相似变换 $M(k)$ 下的像分别是 $A'$、$B'$、$C'$, 根据相似变换的定义和性质1, 可知 $A'$、$B'$、$C'$ 共线, 且

$$\dfrac{A'C'}{AC}=\dfrac{B'C'}{BC}=k \Rightarrow \dfrac{A'C'}{B'C'}=\dfrac{AC}{BC},$$

即　　　　　　　　　$(A'B'C')=(ABC).$

**性质3**　在相似变换下, 不改变角的大小.

证明　如图16-27, 设 $\angle XOY$ 是任意角, 在边 $OX$ 与 $OY$ 上分别取点 $A$、$B$, 得 $\triangle OAB$, 根据性质1, 有 $M(k)(\triangle OAB)=\triangle O'A'B'$,　且

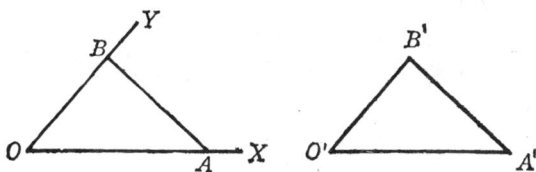

图　16-27

$$\dfrac{A'B'}{AB}=\dfrac{A'O'}{AO}=\dfrac{B'O'}{BO}=k$$

$$\Rightarrow \triangle O'A'B' \backsim \triangle OAB$$

$$\Rightarrow \angle A'O'B' = \angle AOB.$$

这就证明了 $\angle XOY$ 的大小在相似变换下是不变量.

**性质4**　在相似变换下, 平行性是图形的不变性质.

已知　$l_1 /\!/ l_2$, $M(l_1)=l_1'$, $M(l_2)=l_2'$, 相似比为 $k$.

求证　$l_1' /\!/ l_2'$ (如图16-28).

证明　在 $l_1$ 上取 $A$、$B$ 两点, 在 $l_2$ 上取 $C$、$D$ 两点, 且使 $CD=AB$. 令 $M(A)=A'$, $M(B)=B'$, $M(C)=C'$, $M(D)=D'$.

∵　$M(l_1)=l_1'$, $M(l_2)=l_2'$,

$\therefore \quad A' \cdot B'$ 在 $l_1'$ 上, $C' \cdot D'$ 在 $l_2'$ 上.

$\because \quad A \cdot B \cdot C \cdot D$ 不共线,

$\therefore \quad A' \cdot B' \cdot C' \cdot D'$ 也不共线(性质1).

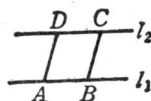

且有

$$\left.\begin{array}{c} \dfrac{A'B'}{AB}=\dfrac{C'D'}{CD}=k \\ AB=CD \end{array}\right\} \Rightarrow A'B'=C'D',$$

同理可证 $\quad A'D'=B'C'$.

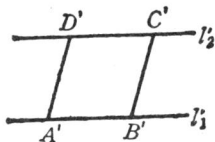

图 16-28

所以 $A'B'C'D'$ 为平行四边形. 从而

$$A'B' \parallel C'D',$$

即 $$l_1' \parallel l_2'.$$

**性质 5** 相似变换 $M(k)$ 的逆变换 $M^{-1}(k)$ 也是相似变换, 且 $M^{-1}(k)=M\left(\dfrac{1}{k}\right)$.

证明 对于图形 $F$ 上任意两点 $A \cdot B$, 设 $M(k)(A)=A'$, $M(k)(B)=B'$, $k>0$, 则

$$M^{-1}(k)(A')=A, \quad M^{-1}(k)(B')=B.$$

由 $\dfrac{A'B'}{AB}=k$, 推得 $\dfrac{AB}{A'B'}=\dfrac{1}{k}$; 由 $k>0$, 得 $\dfrac{1}{k}>0$, 因此 $M^{-1}(k)$ 是以 $\dfrac{1}{k}$ 为相似比的相似变换. 即

$$M^{-1}(k)=M\left(\dfrac{1}{k}\right).$$

**性质 6** 两个相似变换的乘积仍是相似变换,且有 $M(k_2)\cdot M(k_1)=M(k_2\cdot k_1)$.

证明 对于图形 $F$ 上任意两点 $A \cdot B$, 设

$$M_1(A)=A_1, \quad M_1(B)=B_1,$$
$$M_2(A_1)=A_2, \quad M_2(B_1)=B_2,$$

则 $$M_2M_1(A)=A_2, \quad M_2M_1(B)=B_2,$$

且 $$\dfrac{A_2B_2}{AB}=\dfrac{A_2B_2}{A_1B_1}\cdot\dfrac{A_1B_1}{AB}=k_2\cdot k_1(\text{正的常数}).$$

因此，$M_2 \cdot M_1$ 是以 $k_2 \cdot k_1$ 为相似比的相似变换．

**性质 7** 平面上的所有相似变换构成一个变换群 $\{M\}$，这个群 $\{M\}$ 叫做相似群（或称为度量群）．

事实上，由于恒等变换是相似变换，加之上述性质 5 和 6，可知 $\{M\}$ 构成一个群．

显然，合同变换群 $\{W\}$ 是相似变换群 $\{M\}$ 的一个子群．

相似形就是在相似群下的不变图形．

共线点的简单比和保角（指两直线的交角角度不变），是相似群下的两个基本不变量．

相似变换由不共线的三双对应点（或一双对应的相似三角形）所确定．也就是说，如果已知平面上不共线的三个点 $A$、$B$、$C$ 和它们的像 $A'$、$B'$、$C'$，且满足 $A'B' = k \cdot AB, B'C' = k \cdot BC, C'A' = k \cdot CA$，则平面上任意一点 $P$ 在相似变换 $M(k)$ 下的像 $P'$ 就可以被唯一地确定．

事实上，（1）若 $P$ 在直线 $AB$ 上，则 $P'$ 在直线 $A'B'$ 上，且 $P'A' = k \cdot PA, P'B' = k \cdot PB$，故 $P'$ 被唯一确定的．

（2）若 $P$ 不在 $AB$ 上，且 $P$ 与 $C$ 在直线 $AB$ 的同侧，则 $P'$ 与 $C'$ 也在 $A'B'$ 的同侧，且 $P'A' = k \cdot PA, P'B' = k \cdot PB$，因此，$P'$ 是 $\odot A'(k \cdot PA)$ 和 $\odot B'(k \cdot PB)$ 的交点，而这交点也是唯一被确定的．

（3）若 $P$ 与 $C$ 在直线 $AB$ 的异侧，可用类似（2）来证明．

由于 $\triangle ABC$ 与 $\triangle A'B'C'$ 可以定向相同，也可以定向相反，所以，相似变换可以分为两种．

**定义 23** 若相似变换之对应三角形定向相同，则叫做第一种相似变换，或称为真正相似变换．

易知，真正相似变换构成一个群，它是相似群的子群．

**定义 24** 若相似变换之对应三角形定向相反，则叫做第二种相似变换，或称为镜照相似变换．

易知，镜照相似变换不构成群．

3．相似变换的应用

相似变换的特点是：可以改变图形的位置与大小，而不改变其形状．这是应用相似变换来解题的理论依据．

当题设和结论所涉及的几何元素比较分散，不易发现它们之间的关系时，可以选用适当的相似变换，把图形按所需的大小比例给予放大或缩小之后，转移到适当的位置上，使已知条件和结论重新组合，构成相似形，从而使元素之间产生直接的联系，以便于引用已知的定理去解题．应用相似变换解题，关键在于如何构造相似形．

**例 11**　圆内接四边形 $ABCD$ 中，$BC=CD$，求证：

$$AB \cdot AD + BC^2 = AC^2.$$

证明　连结 $BD$，交 $AC$ 于 $E$ 点（图 16-29）.

$$\because \quad BC=CD,$$
$$\therefore \quad \angle 1 = \angle 2,$$

又　　　　　$\angle 3 = \angle 4,$

$$\therefore \quad \triangle AEB \backsim \triangle ADC.$$

从而　　　　$\dfrac{AE}{AD} = \dfrac{AB}{AC},$

$$\therefore \quad AB \cdot AD = AC \cdot AE. \qquad ①$$

图 16-29

$$\because \quad \angle 5 = \angle 1 = \angle 2, \quad \angle ACD = \angle DCE,$$

$$\therefore \quad \triangle ADC \backsim \triangle DEC,$$

从而　　　　$\dfrac{AC}{CD} = \dfrac{CD}{CE},$

$$\therefore \quad AC \cdot CE = CD^2. \qquad ②$$

①＋② 得　$AC \cdot AE + AC \cdot CE = AB \cdot AD + CD^2,$

即　　　　　$AC^2 = AB \cdot AD + BC^2.$

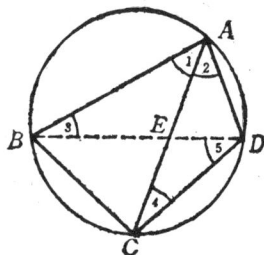

**二、位似变换**

1．位似变换的概念

**定义 25**　如果平面上一个图形 $F$ 在变换 $H$ 下的像为 $F$

$=H(F)$,且平面上存在一定点 $O$,对于 $F$ 上任意一点 $P$ 及其像 $P'$ $=H(P)$,都有 $\overrightarrow{OP'}=k\cdot\overrightarrow{OP}(k\neq 0)$,那么,变换 $H$ 叫做位似变换. 定点 $O$ 叫做位似中心,常数 $k$ 叫做位似比或位似系数.

以 $O$ 为位似中心,$k$ 为位似比的位似变换记作 $H(O,k)$. 当 $k>0$ 时,叫做正位似或外位似,$O$ 叫做外位似中心;当 $k<0$ 时,叫做反位似或内位似,$O$ 叫做内位似中心.

位似变换 $H(O,k)$,满足如下三个条件. 反之,如果一个一一变换 $H$,满足以下三个条件,它就是位似变换:

(1) 对应点 $P$ 与 $P'$ 的连线都通过定点 $O$;

(2) $OP'=|k|\cdot OP$;

(3) 每双对应点或都在 $O$ 点的同侧($k>0$ 时),或都在 $O$ 点的异侧($k<0$ 时).

显然,一个位似变换由其位似中心和位似比确定,或由其一双对应点及位似中心(或位似系数)确定.

$k=1$ 的位似变换是恒等变换,$k=-1$ 的位似变换是点反射.

**定义 26** 对于两个图形 $F$ 和 $F'$,如果存在一个位似变换 $H(O,k)$,使得 $F'=H(O,k)(F)$,那么图形 $F$ 和 $F'$ 叫做位似形.

2. 位似变换的性质

**性质1** 在位似变换下,对应线段之比相等(等于位似比的绝对值),对应角相等且有相同转向. 也就是说,如果 $H(O,k)(A)$ $=A'$,$H(O,k)(B)=B'$,则有 $A'B':AB=|k|$,$\angle A'OB'=\angle AOB$.

**证明** 由位似变换的定义可知,$O$、$A$、$A'$ 三点共线,$O$、$B$、$B'$ 三点共线,且有

$$\frac{\overrightarrow{OA'}}{\overrightarrow{OA}}=\frac{\overrightarrow{OB'}}{\overrightarrow{OB}}=k.$$

(1) 当 $O$、$A$、$B$ 共线时(图 16-30),则 $O$、$A$、$A'$、$B$、$B'$ 共线,且

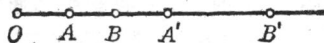

图 16-30

$$\frac{\overrightarrow{A'B'}}{\overrightarrow{AB}} = \frac{\overrightarrow{A'O} + \overrightarrow{OB'}}{\overrightarrow{AO} + \overrightarrow{OB}} = \frac{k(\overrightarrow{AO} + \overrightarrow{OB})}{\overrightarrow{AO} + \overrightarrow{OB}} = k,$$

即 $$\frac{A'B'}{AB} = |k|.$$

(2) 当 $O$、$A$、$B$ 不共线时(图 16-31),则 $O$、$A'$、$B'$ 也不共线,且

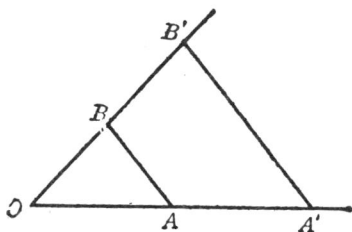

$$\left.\begin{array}{l} \angle A'OB' = \angle AOB \\[4pt] \dfrac{\overrightarrow{OA'}}{\overrightarrow{OA}} = \dfrac{\overrightarrow{OB'}}{\overrightarrow{OB}} = k \end{array}\right\}$$

$$\Rightarrow \triangle A'OB' \backsim \triangle AOB$$

$$\Rightarrow \frac{A'B'}{AB} = \frac{OA'}{OA} = |k|.$$

图 16-31

由性质 1 可以知道,位似变换必为相似变换,因此,它具有相似变换的一切性质.

**性质 2** 位似变换的逆变换,是位似变换,且

$$H^{-1}(O, k) = H\left(O, \frac{1}{k}\right).$$

**性质 3** 非恒等的位似变换只有一个二重点,即位似中心(如图 16-32 中的 $O$ 点).

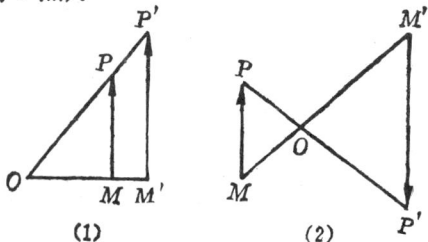

(1)                    (2)

图 16-32

**性质 4** 位似变换有无穷多条二重直线,它们都通过位似中心.也就是说,位似变换把通过位似中心的直线变换成自身.

**性质 5** 位似变换把不经过位似中心的直线(或线段)变换成与其平行的直线(或线段),当 $k > 0$ 时,对应直线同向平行(如图

16-32(1)）；当 $k<0$ 时,对应直线反向平行(如图 16-32(2))．

**性质6** 两个位似变换的乘积，是一个位似变换或是一个平移．

设两个位似变换是 $H_1(O_1, k_1)$ 和 $H_2(O_2, k_2)$，可分以下三种情况讨论：

(1) 当 $O_1$ 和 $O_2$ 是同一点 $O$ 时，
$$H_2(O_2, k_2) \cdot H_1(O_1, k_1) = H_3(O, k_1k_2);$$

(2) 当 $O_1$ 和 $O_2$ 为不同点，且 $k_1k_2=1$ 时，则 $H_2(O_2, k_2) \cdot H_1(O_1, k_1)$ 是一个平移，其平移向量是 $(1-k_2)\overrightarrow{O_1O_2}$；

(3) 当 $O_1$ 和 $O_2$ 为不同点，且 $k_1k_2\neq1$ 时，则 $H_2(O_2, k_2) \cdot H_1(O_1, k_1)$ 是一个位似变换，位似比是 $k_1k_2$，位似中心 $O$ 在线段 $O_1O_2$ 上，且 $O$ 点分线段 $O_1O_2$ 的比为：

$$\overrightarrow{O_1O} : \overrightarrow{OO_2} = \frac{k_2-1}{k_2(k_1-1)}.$$

证明 (1) 由于 $O$、$M$、$M_1$ 三点共线，且 $O$、$M_1$、$M_2$ 三点也共线，可得 $O$、$M$、$M_1$、$M_2$ 四点共线,如图 16-33. 有

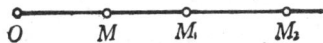
图 16-33

$$\frac{\overrightarrow{OM_1}}{\overrightarrow{OM}} = k_1, \quad \frac{\overrightarrow{OM_2}}{\overrightarrow{OM_1}} = k_2,$$

$$\therefore \quad \frac{\overrightarrow{OM_2}}{\overrightarrow{OM}} = \frac{\overrightarrow{OM_2}}{\overrightarrow{OM_1}} \cdot \frac{\overrightarrow{OM_1}}{\overrightarrow{OM}} = k_2 \cdot k_1.$$

这就是说，$H_2(O_2\, k_2) \cdot H_1(O_1, k_1) = H_3(O, k_1k_2)$．

(2) 设点 $M$ 为平面上任一点，如图 16-34，且

$$H_1(O_1, k_1)(M) = M_1,$$

$$H_2(O_2, k_2)(M_1) = M_2,$$

则
$$\overrightarrow{O_1M_1} : \overrightarrow{O_1M} = k_1,$$

$$\overrightarrow{O_2M_2} : \overrightarrow{O_2M_1} = k_2.$$

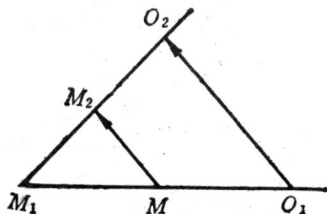
图 16-34

$$k_1 k_2 = 1 \Rightarrow \overrightarrow{O_1 M_1} : \overrightarrow{O_1 M} = \overrightarrow{O_2 M} : \overrightarrow{O_2 M_2}$$
$$\Rightarrow MM_2 /\!/ O_1 O_2$$
$$\Rightarrow \overrightarrow{MM_2} : \overrightarrow{O_1 O_2} = \overrightarrow{MM_1} : \overrightarrow{O_1 M_1}$$
$$= (\overrightarrow{MO_1} + \overrightarrow{O_1 M_1}) : \overrightarrow{O_1 M_1}$$
$$= -\frac{1}{k_1} + 1 = 1 - k_2$$
$$\Rightarrow \overrightarrow{MM_2} = (1 - k_2)\overrightarrow{O_1 O_2}.$$

所以 $H_2 H_1$ 是以 $(1-k_2)\overrightarrow{O_1 O_2}$ 为平移向量的一个平移.

(3) 设点 $M$ 为平面上任一点,如图 16-35,且

$$H_1(O_1, \ k_1)(M) = M_1,$$
$$H_2(O_2, \ k_2)(M_1) = M_2,$$

则
$$\overrightarrow{O_1 M_1} : \overrightarrow{O_1 M} = k_1,$$
$$\overrightarrow{O_2 M_2} : \overrightarrow{O_2 M_1} = k_2.$$

由 $k_1 k_2 \neq 1$ 可知直线 $MM_2$ 与 $O_1 O_2$ 相交,设交点为 $O$.

先证 $O$ 为定点. 应用梅尼

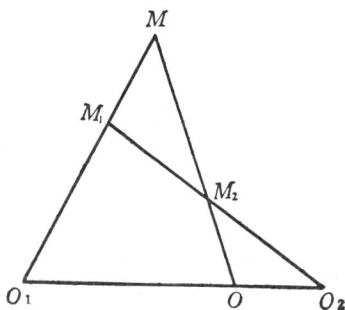

图 16-35

劳斯定理于 $\triangle O_1 O_2 M_1$ 和截线 $MM_2 O$, 得

$$\frac{\overrightarrow{O_1 O}}{\overrightarrow{OO_2}} \cdot \frac{\overrightarrow{O_2 M_2}}{\overrightarrow{M_2 M_1}} \cdot \frac{\overrightarrow{M_1 M}}{\overrightarrow{MO_1}} = -1$$

$$\Rightarrow \frac{\overrightarrow{O_1 O}}{\overrightarrow{OO_2}} = \frac{\overrightarrow{M_2 M_1}}{\overrightarrow{O_2 M_2}} \cdot \frac{\overrightarrow{O_1 M}}{\overrightarrow{M_1 M}}$$

$$\Rightarrow \frac{\overrightarrow{O_1 O}}{\overrightarrow{OO_2}} = \frac{\overrightarrow{M_2 O_2} + \overrightarrow{O_2 M_1}}{\overrightarrow{O_2 M_2}} \cdot \frac{\overrightarrow{O_1 M}}{\overrightarrow{M_1 O_1} + \overrightarrow{O_1 M}}$$

$$= \left(-1 + \frac{\overrightarrow{O_2 M_1}}{\overrightarrow{O_2 M_2}}\right) \cdot \left(\frac{1}{\dfrac{\overrightarrow{M_1 O_1}}{\overrightarrow{O_1 M}} + 1}\right)$$

$$= \left(-1 + \frac{1}{k_2}\right) \cdot \left(\frac{1}{-k_1 + 1}\right) = \frac{k_2 - 1}{k_2(k_1 - 1)} \ (\text{定值}).$$

所以 $O$ 为定点.

再证 $\dfrac{\overrightarrow{OM_2}}{\overrightarrow{OM}}$ 为定值. 应用梅尼劳斯定理于 $\triangle MM_1M_2$ 和截线 $O_1OO_2$ 进行证明, 即得

$$\frac{\overrightarrow{M_2O}}{\overrightarrow{OM}} \cdot \frac{\overrightarrow{MO_1}}{\overrightarrow{O_1M_1}} \cdot \frac{\overrightarrow{M_1O_2}}{\overrightarrow{O_2M_2}} = -1$$

$$\Rightarrow \frac{\overrightarrow{OM_2}}{\overrightarrow{OM}} = \frac{\overrightarrow{O_1M_1}}{\overrightarrow{O_1M}} \cdot \frac{\overrightarrow{O_2M_2}}{\overrightarrow{O_2M_1}} = k_1k_2(\text{定值}).$$

所以 $H_2 \cdot H_1$ 是以定点 $O$ 为位似中心, 以 $k_1 \cdot k_2$ 为位似比的位似变换.

由性质 6 知道, 平面上一切位似变换的全体, 不能构成一个群.

**定理 7**  给出三个位似变换 (非恒等变换), 如果其中一个是另外两个的乘积, 那么这三个位似中心必共线.

事实上, 由性质 6 的证明就可推得定理 7, 从而可知, 如果三个图形彼此相位似, 那么这三个位似中心共线.

**定义 27**  三个彼此相位似的图形, 其三个位似中心所在的直线叫做这三个图形的相似轴.

**定理 8**  以同一点为中心的位似变换的全体所组成的集合 $\{H\}$ 构成一个群. 这个群叫做位似群, 它是相似群 $\{M\}$ 的一个子群.

事实上, 恒等变换也是位似变换, 由上述性质 2 和性质 6(1) 可知本定理的正确性.

3. 位似变换的判定

**定理 9**  如果两个多边形 $A'B'C'D'E'$ 和 $ABCDE$ 相似, 相似比为 $k$, 并且对应边平行, 则存在一个位似变换 $H$, 使得

$$A'B'C'D'E' = H(O, k)(ABCDE).$$

证  (1) 当两个多边形的对应边反向平行时, 连结 $AA'$、

$BB'$ 和 $CC'$, 令 $AA'$ 与 $BB'$ 交于点 $O_1$, $BB'$ 与 $CC'$ 交于点 $O_2$ (图 16-36), 每双对应点都在相交点异侧.

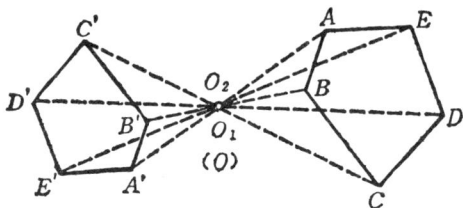

图 16-36

$$\because \quad A'B' \parallel AB,$$
$$\therefore \quad \angle O_1 A'B' = \angle O_1 AB, \quad \angle O_1 B'A' = \angle O_1 BA,$$
$$\therefore \quad \triangle O_1 A'B' \backsim \triangle OAB,$$

从而

$$\frac{O_1 B'}{O_1 B} = \frac{O_1 A'}{O_1 A} = \frac{A'B'}{AB} = k. \qquad ①$$

$$\because \quad B'C' \parallel BC,$$
$$\therefore \quad \angle O_2 B'C' = \angle O_2 BC, \quad \angle O_2 C'B' = \angle O_2 CB,$$
$$\therefore \quad \triangle O_2 B'C' \backsim \triangle O_2 BC,$$

从而

$$\frac{O_2 B'}{O_2 B} = \frac{B'C'}{BC} = k, \qquad ②$$

由 ① 与 ② 得

$$\frac{O_1 B'}{O_1 B} = \frac{O_2 B'}{O_2 B},$$

从而

$$\frac{O_1 B' + O_1 B}{O_1 B} = \frac{O_2 B' + O_2 B}{O_2 B},$$

即

$$\frac{BB'}{O_1 B} = \frac{BB'}{O_2 B},$$

$$\therefore \quad O_1 B = O_2 B.$$

由于 $O_1$ 与 $O_2$ 均在 $BB'$ 内部, 所以 $O_1$ 与 $O_2$ 重合.

这就是说, $AA'$、$BB'$ 和 $CC'$ 都通过 $O_1$ 点.

同理可证, 连线 $DD'$、$EE'$ 也通过 $O_1$ 点, 以及

$$\frac{O_1C'}{O_1C}=k, \quad \frac{O_1D'}{O_1D}=k, \quad \frac{O_1E'}{O_1E}=k.$$

现在选取点 $O_1$ 作为位似中心 $O$, 以 $k$ 作为位似比, 于是变换 $H(O, k)$, 可满足位似变换的三个条件, 则 $H(O, k)$ 是位似变换. 它可使得

$$A'B'C'D'E'=H(O, k)(ABCDE).$$

(2) 当两个多边形的对应边同向平行时 $(k \neq 1)$, 每双对应点都在相交点 $O_1$ 同侧, 仿 (1) 可证命题也是成立的.

**定理 10** 如果两个三角形 $A'B'C'$ 和 $ABC$ 的对应边平行, 那么存在一个位似变换, 使得 $\triangle A'B'C'=H(O, k)(\triangle ABC)$.

证明 $\triangle A'B'C'$ 和 $\triangle ABC$ 中, 有

$$A'B' \parallel AB, \quad B'C' \parallel BC, \quad C'A' \parallel CA,$$
$$\therefore \quad \triangle A'B'C' \backsim \triangle ABC.$$

由定理 9 的证明可以知道存在一个位似变换 $H(O, k)$, 使得

$$\triangle A'B'C'=H(O, k)(\triangle ABC).$$

**定理 11** 如果两个多边形 $A'B'C'D'E'$ 和 $ABCDE$, 各对应边互相平行, 且对应顶点的连线都过点 $O$, 则存在一个位似变换 $H(O, k)$, 使得 $A'B'C'D'E'=H(O, k)(ABCDE)$.

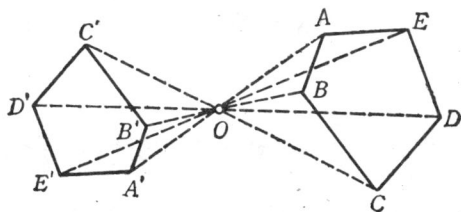

图 16-37

证明 (1) 当两个多边形的对应边反向平行时, 这两个多边形分居点 $O$ 的异侧. 如图 16-37, 在 $\triangle OA'B'$ 和 $\triangle OAB$ 中, 有

$$A'B' \parallel AB,$$

$$\therefore \quad \angle OA'B' = \angle OAB, \quad \angle OB'A' = \angle OBA,$$
$$\therefore \quad \triangle OA'B' \backsim \triangle OAB,$$

从而

$$\frac{A'B'}{AB} = \frac{OB'}{OB} = \frac{OA'}{OA}. \qquad ①$$

同理可证 $\qquad \triangle OB'C' \backsim \triangle OBC,$

从而

$$\frac{B'C'}{BC} = \frac{OC'}{OC} = \frac{OB'}{OB} = \frac{OA'}{OA}. \qquad ②$$

同理可证

$$\frac{C'D'}{CD} = \frac{D'E'}{DE} = \frac{E'A'}{EA} = \frac{OA'}{OA}. \qquad ③$$

再连结 $A'C'$、$AC$,在 $\triangle OA'C'$ 和 $\triangle OAC$ 中,

$$\because \quad \angle A'OC' = \angle AOC,$$
$$\frac{OC'}{OC} = \frac{OA'}{OA},$$
$$\therefore \quad \triangle OA'C' \backsim \triangle OAC,$$

从而

$$\frac{A'C'}{AC} = \frac{OA'}{OA}. \qquad ④$$

同理可证,多边形 $A'B'C'D'E'$ 中,任意两点间的距离 $d'$,和多边形 $ABCDE$ 中,与之对应的两点间的距离 $d$ 之比,都有

$$\frac{d'}{d} = \frac{OA'}{OA}.$$

由于两个多边形和 $O$ 点都是已知的,所以 $\frac{OA'}{OA}$ 为定值. 因此由相似变换定义,可知存在一个相似变换 $M\left(\frac{OA'}{OA}\right)$,使得

$$A'B'C'D'E' = M\left(\frac{OA'}{OA}\right)(ABCDE).$$

这就是说,多边形 $A'B'C'D'E' \backsim$ 多边形 $ABCDE.$

由于已知多边形 $A'B'C'D'E'$ 和多边形 $ABCDE$ 的各对应

边互相平行, 根据定理 9 可知, 存在一个位似变换 $H(O, k)$, 使得
$$A'B'C'D'E' = H(O, k)(ABCDE).$$

显然, 这里位似中心 $O$ 就是对应顶点的连线公共点, 位似比 $k$
$= \dfrac{OA'}{OA}$.

(2) 当两个多边形的对应边同向平行时, 这两个多边形位于点 $O$ 同侧, 仿(1)可证, 命题也是成立的.

显然, 定理 9 和定理 11 都可以推广到 $n$ 边形.

**4. 位似变换的应用**

位似变换的特点是: 可以改变图形的位置与大小, 而不改变其形状, 这是应用位似变换来解题的理论依据. 当题设和结论所涉及的几何元素比较分散, 不易发现它们之间的关系时, 可以选用适当的位似变换, 把图形按所需的大小比例, 给予放大或缩小之后, 转移到适当的位置上, 使已知条件与结论重新组合, 构成位似形, 从而使元素之间产生直接联系, 以便引用已知的定理去解题.

位似变换的性质之一是: 位似形的对应顶点连线, 通过位似中心. 这也是应用位似变换来解题的理论依据. 因此, 证明点共线或线共点的命题, 可以通过位似变换来实现.

应用位似变换解题的关键, 在于选择适当的位似中心和位似比.

**例 12** $\triangle ABC$ 的重心为 $G$, 各边中点为 $A_1$、$B_1$、$C_1$, 求证: $\triangle A_1 B_1 C_1$ 与 $\triangle ABC$ 是位似形, 其位似中心是 $G$, 位似系数 $k = -\dfrac{1}{2}$.

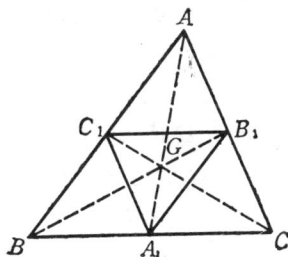

图 16-38

**证明** 如图 16-38, $A_1$、$B_1$、$C_1$ 是 $\triangle ABC$ 各边中点, 所以

$A_1 B_1 \parallel AB$, $A_1 C_1 \parallel AC$, $B_1 C_1 \parallel BC$.

由定理 10 可知, $\triangle A_1 B_1 C_1$ 与 $\triangle ABC$ 是位似形. 又因为

$AA_1$、$BB_1$、$CC_1$ 分别是 $\triangle ABC$ 之中线,所以对应顶点 $A$ 与 $A_1$、$B$ 与 $B_1$、$C$ 与 $C_1$ 之连线都通过 $\triangle ABC$ 的重心 $G$,且有

$$\frac{\overrightarrow{GA_1}}{\overrightarrow{GA}}=\frac{\overrightarrow{GB_1}}{\overrightarrow{GB}}=\frac{\overrightarrow{GC_1}}{\overrightarrow{GC}}=-\frac{1}{2}.$$

所以位似中心为点 $G$,位似系数 $k=-\dfrac{1}{2}$.

**例 13** 三个等圆两两相交, 有一个公共点 $O$,且此三圆内切于 $\triangle ABC$,求证: $\triangle ABC$ 的内心、外心及三圆公共点 $O$ 共线.

已知 三个等圆 $\odot A'$、$\odot B'$、$\odot C'$ 相交于点 $O$,且此三圆内切于 $\triangle ABC$,如图 16-39.

求证 $\triangle ABC$ 的内心、外心及点 $O$ 共线.

证明 $\odot A'$、$\odot B'$、$\odot C'$ 是等圆,且三圆内切于 $\triangle ABC$,有

$A'B' /\!/ AB$,  $B'C' /\!/ BC$,

$C'A' /\!/ CA$.

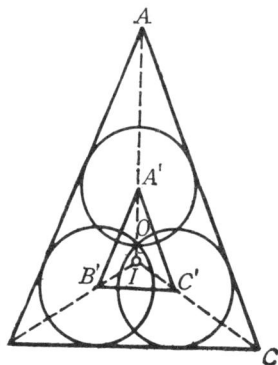

图 16-39

从而 $\triangle A'B'C'$ 与 $\triangle ABC$ 是位似形(定理 10).

由于三圆内切于 $\triangle ABC$,所以 $AA'$、$BB'$、$CC'$ 分别是 $\triangle ABC$ 的三内角平分线,因此,$AA'$、$BB'$、$CC'$ 相交,且交点 $I$ 就是 $\triangle ABC$ 的内心,也是 $\triangle A'B'C'$ 与 $\triangle ABC$ 的位似中心.

因为 $O$ 是三圆的公共点,所以,$O$ 距三等圆的圆心 $A'$、$B'$、$C'$ 等远,即点 $O$ 是 $\triangle A'B'C'$ 之外心.

今设 $\triangle ABC$ 的外心为 $M$,由于 $\triangle ABC$ 与 $\triangle A'B'C'$ 是位似形,且 $I$ 点为位似中心,所以两位似三角形的外心连线 $OM$ 必通过位似中心 $I$.

也就是 $\triangle ABC$ 的内心($I$)、外心($M$)及三圆公共点 $O$ 三点共线.

**例 14** 圆内接六边形三双对边(所在直线)的交点共线.

**已知** ⊙$O$ 的内接六边形 $ABCDEF$, 直线 $AF$ 与 $CD$ 交于 $P$, 直线 $BC$ 与 $EF$ 交于 $Q$, 直线 $AB$ 与 $DE$ 交于 $R$(图 16-40).

**求证** $P$、$Q$、$R$ 三点共线.

**证明** 设 ⊙$ADR$ 与 $AP$ 交于点 $M$(若不与 $AP$ 相交,则认为 $A$、$M$ 重合,此时 $AP$ 与 ⊙$ADR$ 相切). ⊙$ADR$ 与 $PC$ 之延长线交于点 $N$. 连结 $MN$、$RN$、$AD$、$CF$, 于是

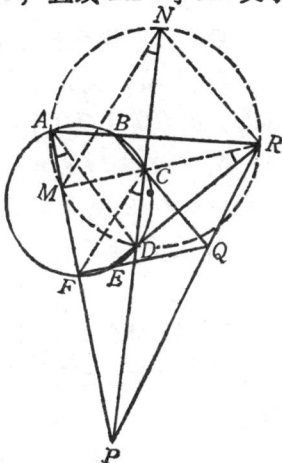

图 16-40

$$\angle MND = \angle MAD = \angle FCD.$$
$$\therefore\ MN \parallel FC.$$
$$\because\ \angle DEQ = \angle FCD = \angle MND$$
$$= \angle MRD = \angle MRE,$$
$$\therefore\ MR \parallel FQ.$$
$$\because\ \angle RND = \angle RAD = \angle BAD = \angle QCD.$$
$$\therefore\ NR \parallel CQ.$$

于是 $\triangle MNR$ 与 $\triangle FCQ$ 是位似形. 又由于它们的对应顶点连线 $MF$ 与 $NC$ 交于 $P$ 点, 故知 $\triangle MNR$ 与 $\triangle FCQ$ 的位似中心为点 $P$. 因此, $\triangle MNR$ 与 $\triangle FCQ$ 的第三对应顶点 $R$ 与 $Q$ 的连线也必过位似中心 $P$.

这就是说, $P$、$Q$、$R$ 三点共线.

## 习 题 十 六

用平移变换解下列各题(1~3):

1. 证明: 对角线相等的梯形是等腰梯形.

2. 以 $\triangle ABC$ 三中线为边构成 $\triangle A'B'C'$, 又以 $\triangle A'B'C'$ 三中线为边构成 $\triangle A''B''C''$, 求证:

(1) $\triangle ABC$ 与 $\triangle A''B''C''$ 相似, 且相似比是 4:3;

(2) $S_{\triangle ABC} : S_{\triangle A'B'C'} = S_{\triangle A'B'C'} : S_{\triangle A''B''C''} = 4:3$.

3. 试证:三角形的大边上的中线比小边上的中线短.

用旋转变换解下列各题(4~12):

4. 已知 $P$ 是正方形 $ABCD$ 的对角线 $BD$ 上任一点, $PE \perp BC$ 于 $E$, $PF \perp CD$ 于 $F$, 求证 $AP \perp EF$.

5. 平面上给定相等但不平行的两线段 $AB$ 和 $A'B'$, 求一个旋转中心 $O$, 使绕它旋转 $AB$ 能与 $A'B'$ 重合.

6. 设 $D$ 为等腰直角三角形 $ABC$ 斜边 $BC$ 上任一点, 求证:
$$BD^2 + CD^2 = 2AD^2.$$

7. 在 $\mathrm{Rt}\triangle ABC$ 中, $\angle C = 90°$, 以 $AB$ 为边作正方形 $ABDE$ 以 $AC$ 为边作正方形 $ACFG$, 它们都包含 $\mathrm{Rt}\triangle ABC$, 求证: $CE \perp BG$.

8. 在正方形 $ABCD$ 内, $\angle EAF = 45°$, $E$ 在 $BC$ 上, $F$ 在 $CD$ 上, 又 $AH \perp EF$ 于 $H$, 求证: $AH = AB$.

9. 在等边三角形 $ABC$ 的三边 $BC$、$CA$、$AB$ 上, 各取一点 $A_1$、$B_1$、$C_1$, 使 $BA_1 = CB_1 = AC_1$, 设 $AA_1$、$BB_1$、$CC_1$ 相交构成 $\triangle A_2B_2C_2$, 求证: $\triangle A_1B_1C_1$ 和 $\triangle A_2B_2C_2$ 也都是等边三角形, 并且有相同的重心.

10. 在 $\triangle ABC$ 的边 $AB$、$AC$ 上, 各向形外作正方形 $ABDE$、$ACFG$, 这两个正方形的中心各为 $P$、$R$, 又 $EG$、$BC$ 的中点各为 $Q$、$S$, 求证: $PQRS$ 为正方形.

11. 设 $O$ 为 $\triangle ABC$ 内一点, $AB = AC$, $\angle AOB > \angle AOC$, 求证: $OC > OB$.

12. 设 $M$ 为 $\mathrm{Rt}\triangle ABC$ 斜边 $BC$ 的中点, $\angle PMQ = 90°$, $P \in AB$, $Q \in AC$, 求证: $BP^2 + CQ^2 = PQ^2$.

用中心对称变换解下列各题(13~15):

13. 三角形一中线小于夹此中线两边的和的一半, 而大于这半和与第三边一半的差.

14. 设 $AM$ 为 $\triangle ABC$ 的中线, $MD$ 平分 $\angle AMB$, $ME$ 平分

$\angle AMC$, $D \in AB$, $E \in AC$. 求证:$BD + CE > DE$.

15. 设 $\square EFGH$ 内接于 $\square ABCD$, 则四条对角线 $EG$、$HF$、$AC$、$BD$ 共点.

用轴对称变换解下列各题(16~17):

16. 在正方形 $ABCD$ 的边 $AB$ 和 $AD$ 的延长线上各有一点 $E$、$F$, 且 $AE = AF = AC$, 若 $EF$ 分别交 $CB$、$CD$ 于 $G$、$H$, 则有 $EG = GC = CH = HF$.

17. 由正方形 $ABCD$ 分别向外(或向内)侧作等边三角形 $ABK$、$BCL$、$CDM$、$DAN$, 证明:四线段 $KL$、$LM$、$MN$、$NK$ 的中点及八线段 $AK$、$BK$、$BL$、$CL$、$CM$、$DM$、$DN$、$AN$ 的中点是一个正十二边形的顶点.

用相似或位似变换解下列各题(18~22):

18. 以 $\triangle ABC$ 的三边为底作三个转向相同的相似等腰三角形 $C'AB$、$A'CB$、$B'AC$, 求证:$A'CB'C'$ 是平行四边形.

19. $\triangle ABC$ 的高 $AH$ 上任意一点 $O$, 连接 $BO$、$CO$, 分别与 $AC$、$AB$ 交于 $P$、$Q$, 求证 $AH$ 平分 $\angle PHQ$.

20. 试证三角形的外心、垂心、重心共线(该直线叫做三角形的欧拉线).

21. 圆的外切四边形相对切点的连线及两条对角线四线共点(牛顿定理).

22. $\triangle ABC$ 中, $AE$ 是中线, $AD$ 是高, 过平面上一点 $P$ 分别向 $AB$, $AC$ 及 $AE$ 所在直线作垂线, 垂足依次为 $F$、$G$、$H$, 它们与高 $AD$ 所在直线各交于 $L$、$M$、$N$, 求证:$MN = NL$.

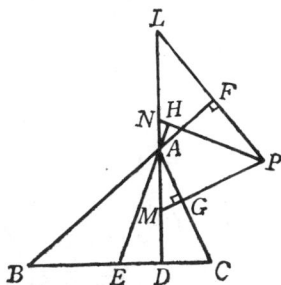

(第22题)

# 第十七章 轨 迹

轨迹是初等几何的重要内容之一，在生产实际和几何作图中都有重要应用，也是进一步学习解析几何、数学分析等内容的基础. 本章将较系统地介绍点的轨迹的基本知识和探求点的轨迹的基本方法.

## §1 轨迹的基本知识

### 一、轨迹的概念

在几何学中,把符合某种条件的所有点所组成的图形,叫做符合某种条件的点的轨迹.

由于图形也是一个点集,因此,对于研究"符合某种条件的点集,形成怎么样的图形"的问题, 就自然地涉及两个集合相等的概念.

已知 $A$、$B$ 两个集合,$a$、$b$ 分别是它们的任一元素,则

$$A=B \Leftrightarrow \begin{cases} (1) & \forall a \in A \Rightarrow a \in B; \\ (2) & \forall b \in B \Rightarrow b \in A. \end{cases}$$

这样,如果以 $L$ 代表"符合某条件的点集", 以 $F$ 代表某一个已知的图形,则应有:

$$L=F \Leftrightarrow \begin{cases} (1) & \text{点 } P \text{ 符合某条件} \Rightarrow \text{点 } P \text{ 在图形 } F \text{ 上;} \\ (2) & \text{点 } P \text{ 在图形 } F \text{ 上} \Rightarrow \text{点 } P \text{ 符合某条件.} \end{cases}$$

由此可知,轨迹概念中蕴含了两个基本属性:

(1) 符合某条件的任意一点都在图形上;

(2) 图形上的任意一点都符合某条件.

以上属性(1), 保证了符合条件的点都在图形上. 也就是说,

符合某条件的点，一个也没有被遗漏掉，这属性叫做轨迹的完备性.或者说,凡不在图形上的点,都不符合某条件,只有符合某条件的点,才有充分的可能落到图形上,所以这属性又叫做轨迹的充分性.

以上属性(2)，保证了图形上的点都是符合某条件的,也就是说,图形上的点很纯洁,没有一个是鱼目混珠的, 这属性叫做轨迹的纯粹性.或者说, 不符合某条件的点, 就没有资格落到图形上, 要落到图形上, 必须符合某条件, 所以这属性又叫做轨迹的必要性.

对于一个轨迹命题,只有当这两个基本属性同时满足时,才能保证轨迹上的点不漏不杂. 如果不注意完备性,就可能得到"残缺不全的轨迹". 例如说"有定长半径且与一个定圆相切的圆, 其圆心的轨迹是一个圆",就是不完备的. 因为外切时形成一个圆, 内切时形成另一个圆.如果忽略了纯粹性, 就可能得到"瑕疵多杂的轨迹",例如说"定圆中有定向的弦, 其中点的轨迹是一条直线",就是不纯粹的,因为该直线的圆外部分就是多余的. 所以,只有同时满足完备性和纯粹性,才能确认一个轨迹命题的正确性.

必需指出,轨迹的完备性和纯粹性,是着眼于"点"的分类性;如说充分性和必要性, 则用意在于强调"条件"的逻辑性,两者并无原则的差异.为了一致起见,本书采用完备性和纯粹性这两个术语.

## 二、轨迹的证明

由于轨迹概念中蕴含了两个基本属性,因此, 要证明轨迹命题"符合某条件的点 $P$ 的轨迹是图形 $F$",必须证明如下两项同时成立:

(1) 取符合某条件的任一点 $P$, 证明 $P$ 落在图形 $F$ 上(完备性);

(2) 在图形 $F$ 上任取一点 $P'$, 证明 $P'$ 符合某条件(纯粹性).

由命题的等价性可知,以上两项分别与以下两项等价:

(1′) 任取不在图形 $F$ 上一点 $Q$,证明 $Q$ 不符合某条件(完备性);

(2′) 取不符合某条件的任一点 $Q'$,证明 $Q'$ 不在图形 $F$ 上(纯粹性).

这样,由命题的等价性,可知轨迹命题的两面证明,可有四种模式:(1)与(2)、(1′)与(2)、(1)与(2′),以及(1′)与(2′). 解题时可视具体情况,灵活选用. 一般以选用(1)与(2)进行证明为多.

**例1** 求证平面上到两个定点 $A$、$B$ 的距离相等的点的轨迹,是线段 $AB$ 的垂直平分线.

证法一 (1)完备性. 设 $P$ 是符合条件的任一点(图 17-1),即 $PA=PB$,连结 $P$ 与 $AB$ 的中点 $O$,则

$$\triangle PAO \cong \triangle PBO,$$

$$\therefore \angle POA = \angle POB = 90°.$$

可见,$PO$ 是 $AB$ 的垂直平分线,即点 $P$ 在线段 $AB$ 的垂直平分线 $l$ 上.

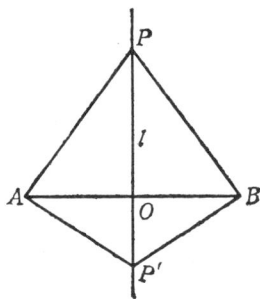

图 17-1

(2) 纯粹性. 设 $P'$ 是线段 $AB$ 垂直平分线 $l$ 上的任一点,且 $AB$ 与 $l$ 交于 $O$. 连接 $P'A$、$P'B$,则

$$\text{Rt}\triangle P'AO \cong \text{Rt}\triangle P'BO,$$

$$\therefore \quad P'A = P'B.$$

即点 $P'$ 与 $A$、$B$ 两点距离相等,符合条件.

这样,综合以上(1)、(2),便证明了平面上与两定点 $A$、$B$ 距离相等的点的轨迹是线段 $AB$ 的垂直平分线.

证法二 (1′)完备性. 如图 17-2,设 $Q$ 为线段 $AB$ 的垂直平分线 $l$ 外的任意一点,连结 $Q$ 与 $AB$ 的中点 $O$,则 $OQ$ 不垂直于 $AB$,即 $\angle QOA \neq 90°$,于是

$$\angle QOA \neq \angle QOB,$$

从而                $QA \neq QB,$

可见 $Q$ 点不符合条件.

(2′) 纯粹性. 设 $Q'$ 为不符合条件的任一点, 即 $Q'A \neq Q'B$, 从而 $\angle Q'OA \neq \angle Q'OB$. 因此 $\angle Q'OA \neq 90°$, $OQ'$ 不垂直于 $AB$, 可见 $Q'$ 点不在线段 $AB$ 的垂直平分线上.

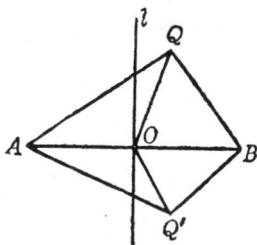

这样, 综合以上 (1′) 与 (2′), 也同样证明了平面上到两定点 $A$、$B$ 距离相等的点的轨迹是线段 $AB$ 的垂直平分线.

图 17-2

**例 2**  直角三角形斜边固定, 则它的重心的轨迹, 是以斜边的中点为圆心, 以斜边长度的 $\frac{1}{6}$ 为半径的圆 (其中圆与斜边的两个交点除外).

**已知**  Rt$\triangle ABC$ 的斜边 $AB$ 为定线段, Rt$\triangle ABC$ 的重心为 $P$ 点 (如图 17-3).

**求证**  点 $P$ 的轨迹是以 $AB$ 的中点 $M$ 为圆心, 以 $\frac{1}{6}AB$ 为半径的圆 (其中 $\odot M$ 与 $AB$ 的交点 $E$、$F$ 除外).

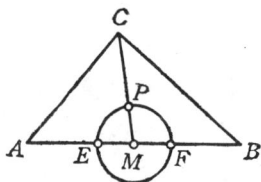

图 17-3

**证明**  (1) 完备性. 设 $P$ 是以 $AB$ 为斜边的 Rt$\triangle ABC$ 的重心, $AB$ 的中点为 $M$, 连结 $CP$, 则 $CP$ 必通过点 $M$, 且 $MP = \frac{1}{3}MC$. 因为 $MC$ 是 Rt$\triangle ABC$ 的斜边上中线, 所以 $MC = \frac{1}{2}AB$, 从而 $MP = \frac{1}{3}MC = \frac{1}{6}AB$.

这就是说, 点 $P$ 在以 $M$ 为圆心, 以 $\frac{1}{6}AB$ 为半径的圆上.

(2) 纯粹性. 如图 17-4, 设 $P'$ 是 $\odot M\left(\frac{1}{6}AB\right)$ 上的任一点 (不是 $\odot M$ 与 $AB$ 的交点 $E$ 或 $F$). 连接 $MP'$, 并延长 $MP'$ 至

$C'$ 使 $P'C' = 2MP'$，再连结 $AC'$、$BC'$，因为 $M$ 点是 $AB$ 的中点，所以 $MC'$ 是 $\triangle ABC'$ 的中线，且

$$MP' = \frac{1}{6}AB, \quad MP' = \frac{1}{2}P'C',$$

$$\therefore \quad MC' = 3MP' = \frac{1}{2}AB.$$

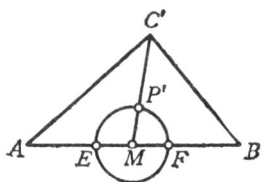

图 17-4

从而 $\triangle ABC'$ 是以 $AB$ 为斜边的直角三角形，且 $P'$ 为 Rt$\triangle ABC'$ 的重心. 这就是说，图形上的点，符合轨迹的条件.

这样，综合以上(1)与(2)的证明，可知本命题结论成立.

### 三、轨迹的静点

例 2 中，当 $P$ 点移动到 $E$、$F$ 时，$\triangle ABC$ 不存在，像 $E$、$F$ 这样本身虽不符合条件，但在它的邻域内都有符合条件的点，我们将这种点，叫做轨迹的极限点. 又如下面例 3 中，动点 $P$ 在弧上移动时，$P$ 只能从一侧跑到 $R$ 点(或 $Q$ 点)，像这样的点 $R$ 与点 $Q$ 是使轨迹处于开始或终止位置的点，叫做终止点. 如果处于轨迹的开始或终止位置的点，本身只是极限点，则叫做临界点. 如果轨迹上除一点外，在该点近旁再也没有属于轨迹上的点，这样的点叫做轨迹的孤立点. 例如，和定圆 $O(R)$ 的距离为 $R$ 的点的轨迹，其中点 $O$ 就是一个孤立点.

极限点、临界点、终止点、孤立点统称为轨迹的静点，其中终止点、孤立点是属于轨迹上的点. 极限点、临界点是不属于轨迹上的点，理应排除在轨迹之外，但由于这些点在研究轨迹问题时，有一定的作用，如一一排除，将使叙述增添麻烦，同时往往也使轨迹发生间断现象. 因此，今后为研究方便起见，不妨也将这些点纳入轨迹之中，只要在最后结论里加以注明即可.

### 四、轨迹图形分类

在平面几何里的轨迹图形，不外乎是直线、射线、线段、角、圆弧、圆、孤立点，以及由它们组成的图形. 习惯上把由两个或多个图

形合成的轨迹,叫做合成轨迹. 如果轨迹是单一图形,则叫做单一轨迹. 从另一种角度分类,又可分为直线型、曲线型和混合型. 混合型是指由直线型和曲线型两者组成的图形. 直线型和曲线型的结构特征, 表现于四个方面: ① 有无三点共线; ② 有无端点; ③ 是否有限大; ④ 是否成对称性.

**五、轨迹命题的分类**

数学命题由条件和结论两部分组成,条件和结论往往都要交待清楚,完整无缺. 轨迹命题则不然,它的条件虽一一叙明,但对于结论的叙述却有多种形式. 有的明确说清楚,有的只说一部分,有的一字不提. 因此,轨迹命题按其对结论的叙述不同,可分为三种类型.

**1. 第一类型轨迹命题**

命题的结论中, 明白地说出了轨迹图形的形状、大小和位置者,叫做第一类型轨迹命题,如例3和例4. 在第一类型轨迹命题中,由于条件与结论都一一说明清楚,具有定理的形式,只要给于证明即可, 所以叫做轨迹定理. 其解题步骤包括"已知、求证、证明"三个部分,而证明又由"证完备性、证纯粹性、下结论"三步组成.

**例3** 一定长线段的两个端点在定直角的两边上移动, 则线段中点的轨迹是以直角的顶点为中心, 定长线段为直径在直角内的一段圆弧.

已知 $\angle COD$ 为定直角, 线段 $AB$ 等于定长 $a$, $A$、$B$ 分别在 $OC$、$OD$ 上移动, $P$ 为 $AB$ 的中点(图17-5).

求证 点 $P$ 的轨迹是在 $\angle COD$ 内以 $O$ 为圆心, $\dfrac{1}{2}a$ 为半径的圆弧 $\overparen{RQ}$.

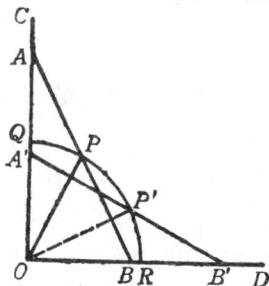
图 17-5

证明 (1)完备性. 设 $P$ 是符合条件的任一点,连结 $OP$,则

$$OP = \frac{1}{2}AB = \frac{1}{2}a.$$

所以,点 $P$ 到点 $O$ 的距离为定长,又点 $P$ 在 $\angle COD$ 内,点 $P$ 必在圆弧 $\overset{\frown}{RQ}$ 上.

(2) 纯粹性. 设 $P'$ 是 $\overset{\frown}{RQ}$ 上任一点,以 $P'$ 为圆心, $\frac{1}{2}a$ 为半径画弧交 $OC$ 于 $A'$,连结 $A'P'$,并延长交 $OD$ 于 $B'$,连结 $OP'$,则

$$OP' = \frac{1}{2}a,$$

$$\therefore \quad OP' = A'P', \angle OA'P' = \angle P'OA'.$$

又 $\qquad \because \quad \angle A'OB' = 90°,$

$$\therefore \quad \angle P'B'O = \angle P'OB', P'B' = OP' = \frac{1}{2}a.$$

即 $A'B' = a$, $P'$ 为 $A'B'$ 的中点,点 $P'$ 符合条件.

综合以上(1)、(2),所以点 $P$ 的轨迹为圆弧 $\overset{\frown}{RQ}$.

**例 4** 设一点在已知三角形三边(所在直线)上的射影共线,则该点的轨迹是这个三角形的外接圆.

**已知** 动点 $P$ 在 $\triangle ABC$ 三边所在直线上的射影为 $D$、$E$、$F$,且 $D$、$E$、$F$ 共线.

**求证** 动点 $P$ 的轨迹是 $\triangle ABC$ 的外接圆 $O$.

**证明** (1)完备性. 设点 $P$ 是符合条件的任一点(图 17-6),有 $PE \perp AB$, $PF \perp BC$,所以 $P$、$B$、$F$、$E$ 四点共圆. 又 $D$、$E$、$F$ 三点共线,有

$$\angle 4 = \angle 1. \qquad \text{①}$$

同理, $PE \perp AB$, $PD \perp AC$, $P$、$E$、$A$、$D$ 四点共圆. 从而

$$\angle 3 = \angle 1, \qquad \text{②}$$

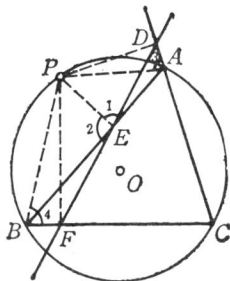

图 17-6

由 ① 与 ② 得

$$\angle 3 = \angle 4.$$

从而 $A$、$P$、$B$、$C$ 四点共圆，即点 $P$ 在 $\triangle ABC$ 的外接圆 $O$ 上.

(2) 纯粹性. 如图 17-6. 设 $P$ 点在 $\triangle ABC$ 的外接圆 $O$ 上，且 $P$ 点在 $\triangle ABC$ 三边所在直线上的射影分别是 $D$、$E$、$F$，因为 $P$、$B$、$C$、$A$ 四点共圆 所以

$$\angle 3 = \angle 4. \tag{③}$$

注意到 $PE \perp AB$，$PD \perp AC$，则 $P$、$E$、$A$、$D$ 四点共圆. 从而

$$\angle 1 = \angle 3, \tag{④}$$

又由 $PE \perp AB$，$PF \perp BC$ 可得，$P$、$B$、$F$、$E$ 四点共圆，从而

$$\angle 2 + \angle 4 = 180°. \tag{⑤}$$

③ 代入 ⑤ 得

$$\angle 2 + \angle 3 = 180°, \tag{⑥}$$

④ 代入 ⑥ 得 $\quad \angle 2 + \angle 1 = 180°.$

即 $D$、$E$、$F$ 三点共线.

这就是说，$P$ 点符合条件.

综合(1)、(2)所证，点 $P$ 的轨迹是 $\triangle ABC$ 的外接圆 $O$.

2．第二类型轨迹命题

命题的结论中，说明轨迹的形状，未说明其大小和位置，或叙述不齐全，需要在解题过程中加以探求讨论，此类型轨迹命题，叫做轨迹问题. 其解题步骤包括"已知、求、探求、证明、讨论"五个部分. 其解题关键是"探求"，要紧扣题目告知的轨迹形状，加以猜想判断，探明轨迹图形的大小和位置.

(1) 如果告知轨迹是圆或圆弧，则关键是探求圆的圆心和半径. 因为圆心可以决定圆的位置,半径可以决定圆的大小.

(2) 如果告知轨迹是直线、射线或线段，则关键是确定此直

线、射线或线段的位置. 一图形之位置,必须相对于另一图形之位置而言. 即必须以另一图形来衬托,并且要找出能显示两图形位置关系的特征因素. 比如,两直线相交,则其交点是相交的特征因素.

**例 5** 平面上一动点到两定点的距离的平方差等于定值的 点的轨迹,是垂直于这两定点连线的一条直线.

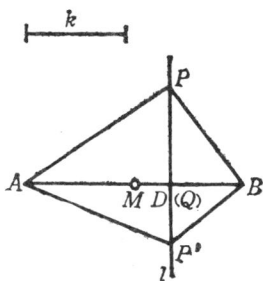

图 17-7

**已知** 两定点 $A$ 与 $B$,定长线段 $k$,动点 $P$ 满足条件

$$|PA|^2 - |PB|^2 = k^2.$$

**求证** $P$ 点的轨迹是垂直于 $AB$ 的一条直线(如图 17-7).

**探求** 本题轨迹在题目中只明形状、未明位置,关键是确定直线的位置. 连结 $AB$,设 $|AB| = a$,$AB$ 的中点为 $M$. 设 $D$ 是 $AB$ 上适合条件的点,则 $|DA|^2 - |DB|^2 = k^2$.

根据题意,$|PA| > |PB|$,所以 $B$、$D$ 两点在点 $M$ 同旁. 有

$$k^2 = DA^2 - DB^2 = (DA + DB) \cdot (DA - DB)$$
$$= AB \cdot [(DM + MA) - (MB - MD)]$$
$$= a \cdot 2MD,$$

$$\therefore \quad MD = \frac{k^2}{2a} \text{(定值)}.$$

这就是说,点 $D$ 的位置是确定的,所以点 $P$ 的轨迹可能是过点 $D$ 且垂直于 $AB$ 的直线 $l$.

**证明** (1)完备性. 设 $P$ 是 $AB$ 外符合条件的任一点, 连结 $PA$、$PB$,过 $P$ 点作 $PQ \perp AB$ 交于 $Q$,则

$$PA^2 - PB^2 = AQ^2 - BQ^2,$$

$$\therefore \quad AQ^2 - BQ^2 = k^2.$$

即 $\qquad (AM + MQ)^2 - (MB - MQ)^2 = k^2,$

$$\left(\frac{a}{2}+MQ\right)^2-\left(\frac{a}{2}-MQ\right)^2=k^2.$$

$$\therefore \quad MQ=\frac{k^2}{2a}.$$

而
$$MD=\frac{k^2}{2a},$$

$$\therefore \quad MQ=MD.$$

又 $D$、$Q$ 在点 $M$ 同旁,所以 $D$、$Q$ 重合.

故点 $P$ 在经过点 $D$ 且垂直于 $AB$ 的一条直线 $l$ 上.

(2) 纯粹性. 设 $P'$ 是 $l$ 上异于点 $D$ 外的任意一点, 连结 $P'A$、$P'B$,则 $P'A^2-P'B^2=AD^2-BD^2=k^2$, 所以, 点 $P'$ 符合条件.

这样,由(1)、(2),点 $P$ 的轨迹是过点 $D$ 且垂直于 $AB$ 的一条直线,其中 $DM=\frac{k^2}{2|AB|}$,$M$ 为 $AB$ 的中点.

例 5 中,如果已知 $|PB|^2-|PA|^2=k^2$, 那么所求轨迹是关于 $AB$ 垂直平分线对称的另一直线 $l'$,本例中的轨迹 $l$ 或 $l'$,叫做两定点的等差幂线, 它是一个著名的轨迹,在已知条件中,如果定值 $k^2$ 为零,显然, 直线 $l$ 与 $l'$ 重合,等差幂线成为 $AB$ 的垂直平分线.

**例 6** 和两定点距离之比等于定比(不等于1)的点的轨迹是一个圆周(此圆叫做阿波罗斯(Apollonius)圆,简称阿氏圆).

已知 $A$、$B$ 点为定点,如图 17-8.

求 点 $M$ 的轨迹,使比 $\dfrac{MA}{MB}=$ 定数 $m(\neq 1)$.

探求 题目已说明轨迹是圆周,只需探明圆心位置

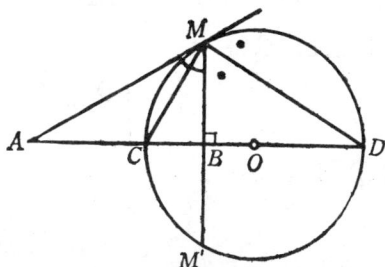

图 17-8

和半径长度. 若一点 $M$ 符合条件, 显然点 $M$ 关于直线 $AB$ 的对称点 $M'$ 也符合条件. 故知所求轨迹是以直线 $AB$ 为对称轴. 既然题目告知轨迹图形是圆周, 从而猜得圆的直径在直线 $AB$ 上. 先探求直线 $AB$ 上合于轨迹条件的特殊点. 设内分线段 $AB$ 于 $C$, 外分 $AB$ 于 $D$, 使

$$\frac{AC}{CB} = \frac{AD}{BD} = m.$$

那么点 $C$ 和 $D$ 都符合所设条件, 可见轨迹可能是以 $CD$ 为直径的圆. 设 $CD$ 中点为 $O$, 此圆即 $\odot O\left(\frac{1}{2}CD\right)$.

证明 (1) 完备性. 设点 $M$ 符合条件 $\frac{MA}{MB} = m$. 且 $M$ 不在直线 $AB$ 上. 由于 $\frac{MA}{MB} = \frac{AC}{CB} = \frac{AD}{BD}$, 利用三角形内、外角平分线的性质, 可知 $MC$ 和 $MD$ 分别是 $\angle AMB$ 的内、外平分角线. 从而 $\angle CMD = 90°$, 所以点 $M$ 落在 $\odot O\left(\frac{1}{2}CD\right)$ 上.

(2) 纯粹性. 设 $M$ 是 $\odot O\left(\frac{1}{2}CD\right)$ 上任一点, 连结 $MB$ 及 $MC$, 以 $M$ 为角的顶点, 以 $MC$ 为角的一边, 作 $\angle A'MC = \angle BMC$, 令射线 $MA'$ 交直线 $AB$ 于 $A'$ 点. 于是 $\angle CMD = 90°$, $MC$ 和 $MD$ 分别是 $\angle A'MB$ 的内、外平分角线. 从而

$$\frac{A'C}{CB}\left(= \frac{MA'}{MB}\right) = \frac{A'D}{BD} = \frac{A'D - A'C}{BD - CB} = \frac{CD}{BD - CB}, \qquad ①$$

另由上述探求得

$$\frac{AC}{CB}(= m) = \frac{AD}{BD} = \frac{AD - AC}{BD - CB} = \frac{CD}{BD - CB}. \qquad ②$$

由 ① 与 ② 得

$$\frac{A'C}{CB} = \frac{AC}{CB},$$

$$\therefore \quad A'C = AC.$$

由于 $A$ 和 $A'$ 均在点 $C$ 的同侧,所以 $A'$ 与 $A$ 重合.

$$\therefore \quad \frac{MA}{MB} = \frac{AC}{CB} = m.$$

这就是说 $M$ 点符合轨迹条件.

这样,由(1)、(2)确定 $M$ 点的轨迹是 $\odot O\left(\frac{1}{2}CD\right)$,其中 $C$、$D$ 分别是线段 $AB$ 的内、外分点,比值为 $m$,$O$ 为 $CD$ 之中点.

**例 7**  给定直线 $a$ 及其外一定点 $A$,设 $P$ 是 $a$ 上任一点,在射线 $AP$ 上取一点 $Q$,使 $AP \cdot AQ$ 为常量,则 $Q$ 点的轨迹为一圆.

**已知**  如图 17-9,定直线 $a$ 外一定点 $A$,$P$ 是 $a$ 上动点,射线 $AP$ 上一点 $Q$ 满足 $AP \cdot AQ = k$ (常量) $\neq 0$.

**求**  $Q$ 点的轨迹.

**探求**  $\because \quad AP \cdot AQ = k$ (常量) $\neq 0$,

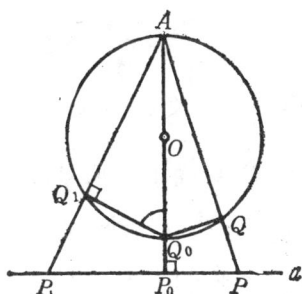

图  17-9

$$\therefore \quad AQ = \frac{k}{AP}.$$

故知 $AP$ 取值愈大,则 $AQ$ 取值愈小.

(1) 当点 $P$ 位于点 $A$ 在 $a$ 上的射影 $P_0$ 位置时(即当 $AP \perp a$ 时),$AP_0$ 取最小值,此时 $AQ_0$ 之值最大(即 $Q_0$ 点离 $A$ 点最远).因为 $A$ 为定点,$a$ 为定直线,所以 $AP_0$ 也为定值(有限量),此时 $AQ_0$ 也为定值,即 $Q_0$ 点位置可确定,且为轨迹上一个特殊点.

(2) 当动点 $P$ 离开 $P_0$ 位置愈远,则 $AP$ 之值愈增大,随之 $AQ$ 之值愈减小,点 $Q$ 愈来愈靠近点 $A$,但因 $k \neq 0$,所以 $AQ \neq 0$,可知 $Q$ 总不会落在点 $A$ 位置上,点 $A$ 是一个极限点.

(3) 由于 $A$、$Q_0$ 两点都是轨迹上特殊点,且 $A$ 为定点,点 $Q_0$ 为轨迹上距离 $A$ 最远的点,故知 $AQ_0$ 为轨迹圆的直径.

因此,  所求轨迹可能是以 $AQ_0$ 的中点 $O$ 为圆心的

$$\odot O\left(\frac{1}{2}\,AQ_0\right).$$

证明: (1) 完备性. 如图 17-9, 设 $Q_1$ 为符合条件的任一点, 连结 $Q_0Q_1$, 又连结 $AQ_1$ 并延长交直线 $a$ 于 $P_1$ 点.

$$\because \quad AQ_1\cdot AP_1=k=AQ_0\cdot AP_0,$$

$$\therefore \quad \frac{AQ_1}{AP_0}=\frac{AQ_0}{AP_1},$$

又

$$\angle Q_0AQ_1=\angle P_1AP_0,$$

$$\therefore \quad \triangle AQ_1Q_0\backsim\triangle AP_0P_1,$$

$$\therefore \quad \angle AQ_1Q_0=\angle AP_0P_1=90°.$$

从而 $Q_1$ 点应在以 $AQ_0$ 为直径的圆 $\odot O\left(\frac{1}{2}\,AQ_0\right)$ 上.

(2) 纯粹性. 设 $Q$ 为 $\odot O\left(\frac{1}{2}\,AQ_0\right)$ 上任一点, 连结 $AQ$ 并延长交 $a$ 于 $P$, 又连结 $Q_0Q$, 注意到 $AQ_0$ 为直径, 则 $\angle AQQ_0=90°$, 又因 $AP_0\perp a$, 所以 $\angle AP_0P=90°$. 在 $\mathrm{Rt}\triangle AQ_0Q$ 和 $\mathrm{Rt}\triangle APP_0$ 中, 有

$$\angle Q_0AQ=\angle PAP_0,$$

$$\therefore \quad \mathrm{Rt}\triangle AQ_0Q\backsim\mathrm{Rt}\triangle APP_0,$$

$$\therefore \quad \frac{AQ}{AP_0}=\frac{AQ_0}{AP},$$

从而

$$AQ\cdot AP=AQ_0\cdot AP_0=k,$$

所以, $Q$ 为符合条件的点.

综合 (1) 与 (2), 所以 $Q$ 点轨迹是 $\odot O\left(\frac{1}{2}\,AQ_0\right)$, 其中 $Q_0$ 是这样决定的: 引 $AP_0\perp a$, 取 $AQ_0=\dfrac{k}{AP_0}$, 得 $Q_0$ 点.

3. 第三类型轨迹命题

命题的结论中, 只说明符合某条件的点的轨迹, 未言明轨迹之形状、大小和位置, 所以是问题的形式. 此类型轨迹命题, 叫做轨迹问题. 其解题步骤类同于解第二类型轨迹命题.

**例 8** 过定 $\odot O$ 外一定点 $A$, 引该圆的割线 $ABC$, 求所得诸弦的中点 $P$ 的轨迹(图 17-10).

探求 显然, 动点 $P$ 随着割线 $ABC$ 的变动而变动, 当割线 $ABC$ 变动到它的极限位置——切线 $AE$ 或 $AF$ 时, 动点 $P$ 也变动到它的极限位置 $E$ 或 $F$, 当割线变动

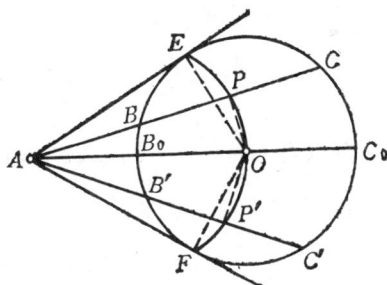

图 17-10

到特殊位置 $B_0C_0$ 时, 动点 $P$ 也变动到它的特殊位置 $O$, 三点 $E$、$O$、$F$ 便将圆弧 $\overgroup{EOF}$ 的位置和大小确定了. 又 $AE \perp OE$, $AF \perp OF$, 可见, 所求轨迹是以 $AO$ 为直径在 $\odot O$ 内的一段弧 $\overgroup{EOF}$ (其中 $E$、$F$ 为临界点, $O$ 为特殊点).

证明 (1)完备性. 设 $P$ 是任意割线 $ABC$ 在 $\odot O$ 中的弦 $BC$ 的中点, 连 $OP$, 则 $\angle APO = 90°$, 又点 $P$ 在 $\odot O$ 内, 所以, 点 $P$ 在以 $AO$ 为直径的圆弧 $\overgroup{EOF}$ 上.

(2) 纯粹性. 在 $\overgroup{EOF}$ 上任取一点 $P'$, 连 $AP'$ 交 $\odot O$ 于 $B'$、$C'$, 则 $\angle AP'O = 90°$, 即 $OP' \perp B'C'$, 所以 $P'$ 是 $B'C'$ 的中点.

综合(1)与(2), 所求轨迹是圆弧 $\overgroup{EOF}$ (其中 $E$、$F$ 为点 $A$ 向 $\odot O$ 所作切线的切点, 且 $E$、$F$ 为临界点, $O$ 为特殊点).

**例 9** 求到两定点的距离的平方和等于定值的点的轨迹.

本题即为: 已知定点 $A$ 与 $B$ 及定长线段 $k$, 动点 $P$ 满足条件 $PA^2 + PB^2 = k^2$, 求点 $P$ 的轨迹(图 17-11).

探求 显然, 点 $P$ 的轨迹关于直线 $AB$ 线的垂直平分线对称, 线段 $AB$ 的中点 $O$ 是轨迹的对称中心.

又由已知条件 $PA$ (或 $PB$) $< k$,

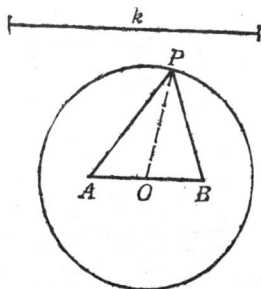

图 17-11

致使 $P$ 不能无限远离, 由此猜想轨迹可能为圆. 设 $AB=a$, 由三角形中线长公式, 得

$$PO = \frac{1}{2}\sqrt{2(PA^2+PB^2)-AB^2} = \frac{1}{2}\sqrt{2k^2-a^2}.$$

所以当 $k>\frac{\sqrt{2}}{2}a$ 时, 点 $P$ 的轨迹可能是以点 $O$ 为圆心, 以 $\frac{1}{2}\sqrt{2k^2-a^2}$ 为半径的圆.

证明: (1) 完备性. 由上所述, 可见任意合乎条件 $PA^2+PB^2=k^2$ 的点 $P$ 在以 $O$ 为圆心, 以 $\frac{1}{2}\sqrt{2k^2-a^2}\left(k>\frac{\sqrt{2}}{2}a\right)$ 为半径的圆上.

(2) 纯粹性. 在 $\odot O\left(\frac{1}{2}\sqrt{2k^2-a^2}\right)$ 上任取一点 $P'$, 则 $P'O = \frac{1}{2}\sqrt{2k^2-a^2}$. 另一方面根据三角形的中线公式, 有

$$P'O = \frac{1}{2}\sqrt{2(P'A^2+P'B^2)-a^2},$$

$$\therefore \quad P'A^2+P'B^2=k^2.$$

因此, 当 $k>\frac{\sqrt{2}}{2}a$ 时, 所求轨迹是 $\odot O\left(\frac{1}{2}\sqrt{2k^2-a^2}\right)$.

讨论:

(1) 当 $k>\frac{\sqrt{2}}{2}a$ 时, 所求轨迹是 $\odot O\left(\frac{1}{2}\sqrt{2k^2-a^2}\right)$;

(2) 当 $k=\frac{\sqrt{2}}{2}a$ 时, 所求轨迹是孤立点 $O$;

(3) 当 $k<\frac{\sqrt{2}}{2}a$ 时, 轨迹不存在.

以上 $\odot O\left(\frac{1}{2}\sqrt{2k^2-a^2}\right)$ 叫做定和幂圆, 它是又一个著名的轨迹. 在已知条件中, 根据已知定值的情况, 该圆可能不存在, 或退缩为一点.

**例 10** 求到两相交直线距离之比为定值的点的轨迹.

已知　两条定直线 $a$、$b$ 交于点 $O$，平面上任一点 $P$，到 $a$ 的距离 $PA$，与到 $b$ 的距离 $PB$ 之比，即 $PA:PB=m:n$，其中 $m$、$n$ 是两条不相等的定线段.

求　$P$ 点的轨迹 (图17-12).

探求　因为 $PA:PB=m:n$ 为定数，所以 $PA\to 0$ 时，必有 $PB\to 0$，即点 $P$ 趋向于点 $O$，可

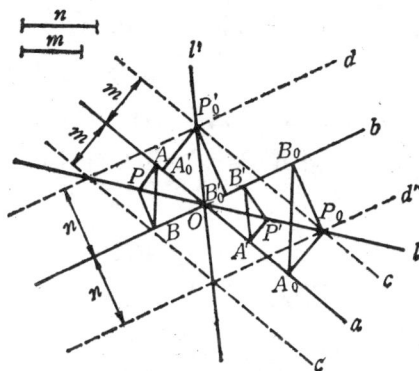

图 17-12

见，$O$ 为轨迹的一个极限点. 反之，当 $PA\to\infty$ 时，必有 $PB\to\infty$，即点 $P$ 可趋向于无穷大，这说明点 $P$ 的轨迹可能是通过 $O$ 点的两条直线. 为了进一步确定这两条直线的位置，只要在每条直线上，再求一点即可. 为此，作直线 $c\parallel a$，$c'\parallel a$，使 $c$ 与 $c'$ 分居 $a$ 的两侧且与 $a$ 的距离为 $m$，同时作 $d\parallel b$，$d'\parallel b$，使 $d$、$d'$ 分居在 $b$ 的两侧且与 $b$ 的距离为 $n$. 设 $d'$ 与 $c$，$d$ 与 $c$ 的交点分别为 $P_0$ 与 $P_0'$，再作 $P_0A_0\perp a$ 于 $A_0$，$P_0B_0\perp b$ 于 $B_0$，$P_0'A_0'\perp a$ 于 $A_0'$，$P_0'B_0'\perp b$ 于 $B_0'$，则

$$\frac{P_0A_0}{P_0B_0}=\frac{P_0'A_0'}{P_0'B_0'}=\frac{m}{n}.$$

可见 $P_0$、$P_0'$ 都符合条件，点 $P$ 的轨迹可能就是直线 $OP_0$ 与 $OP_0'$，即为直线 $l$ 与 $l'$（其中 $O$ 为极限点）.

证明　(1)完备性. 设 $P$ 是符合条件的任一点（为叙述方便，不妨设 $P$ 与 $P_0$ 在同一角内或在对顶角内），作 $PA\perp a$ 于 $A$，$PB\perp b$ 于 $B$，又作 $P_0A_0\perp a$ 于 $A_0$，$P_0B_0\perp b$ 于 $B_0$. 连结 $AB$、$A_0B_0$、$OP$ 与 $OP_0$，有

$$\frac{PA}{PB}=\frac{m}{n}=\frac{P_0A_0}{P_0B_0},$$

且　　　　　$\angle APB = 180° - \angle AOB = 180° - \angle A_0OB_0 = \angle A_0P_0B_0$,

$$\therefore \quad \triangle PAB \backsim \triangle P_0A_0B_0,$$

于是　　　　　　　　　$\angle ABP = \angle A_0B_0P_0.$ ①

又因为 $O$、$A$、$P$、$B$ 四点共圆，$O$、$A_0$、$P_0$、$B_0$ 四点共圆，所以

$$\angle AOP = \angle ABP, \quad \angle A_0OP_0 = \angle A_0B_0P_0. ②$$

由 ① 与 ② 得

$$\angle AOP = \angle A_0OP_0.$$

从而 $P$、$O$、$P_0$ 三点共线，可见点 $P$ 在直线 $OP_0$ 上，即点 $P$ 在直线 $l$ 上.

(2) 纯粹性. 设 $P'$ 是直线 $l$ 上任意一点，作 $P'A' \perp a$ 于 $A'$，$P'B' \perp b$ 于 $B'$，连结 $A'B'$，则

$$\frac{P'A'}{P_0A_0} = \frac{OP'}{OP_0} = \frac{P'B'}{P_0B_0},$$

$$\therefore \quad \frac{P'A'}{P'B'} = \frac{P_0A_0}{P_0B_0} = \frac{m}{n}.$$

可见点 $P'$ 符合条件，同理可证 $l'$ 上的点也都符合条件.

综上所述，点 $P$ 的轨迹是两条直线 $l$ 和 $l'$，其中 $l$ 与 $l'$ 的交点 $O$ 为极限点.

本题所求轨迹叫做相交直线的定比双交线，它是又一个著名的轨迹. 在已知条件中，如果 $m = n$，那么定比双交线成为 $a$、$b$ 交角的平分线.

### 六、平面基本轨迹定理

如上所述，所谓第一类型的轨迹命题，实质上是合并其原定理与逆定理而成的一个定理. 例如，"线段的垂直平分线上的点与这线段两端的距离相等"和"平面上与线段两端的距离相等的点在这线段的垂直平分线上"是两个互逆的定理，可将它们合并成一个轨迹定理"平面上与线段两端距离相等的点的轨迹是这线段的垂直平分线".

在第一类型轨迹命题(轨迹定理)中，有的应用很为广泛，可作

为今后研究轨迹问题的基础，通常称为基本轨迹定理．其中平面基本轨迹定理有：

**定理1** 和一定点距离等于定长的点的轨迹，是以已知点为圆心，定长为半径的一个圆．

**定理2** 和两个定点距离相等的点的轨迹，是连结这两个定点所成线段的垂直平分线．

**定理3** 在一个定角内，和这定角两边距离相等的点的轨迹，是这角的平分线．

**推论** 和两条相交定直线距离相等的点的轨迹，是平分这两条直线所成角的两条互相垂直的直线．

**定理4** 和一条定直线的距离等于定长的点的轨迹，是在这条定直线的两旁而和这条定直线的距离等于定长的两条平行直线．

**定理5** 和两条定平行线距离相等的点的轨迹，是在这两条定平行线中间而和它们距离相等的一条平行线．

**定理6** 和一条定线段两端所张角等于定角的点的轨迹，是以这条定线段为弦的所含圆周角等于已知定角的两条弧．

**推论** 和一条定线段的两端所张的角等于直角的点的轨迹，是以该定线段为直径的一个圆．

今后在研究轨迹问题时，如发现适合条件的点所存在的规律恰恰合乎这六个基本轨迹定理时，问题就可以归结为基本轨迹从而得到解决，一般不再另行证明．同时，以上所介绍的等差幂线、定和幂圆，阿氏圆、定比双交线等著名轨迹，也可作为扩大的基本轨迹定理，直接进行应用．即

和平面上两个定点的距离的平方差等于定值的点的轨迹，是垂直于两定点连线的一条直线（等差幂线）；

和平面上两个定点的距离的平方和等于定值 $k^2$ 的点的轨迹，是以这两定点所确定线段的中点为圆心，以 $\frac{1}{2}\sqrt{2k^2-a^2}$ 为半径

的一个圆(定和幂圆);

和平面上两定点距离之比等于定比的点的轨迹，是将两定点所确定的线段分为定比的内外分点之间所成线段为直径的一个圆(阿氏圆);

和平面上两相交直线距离之比等于定值的点的轨迹，是过这两条已知直线交点的两条直线(定比双交线).

# §2 轨迹的探求

怎样探求轨迹,是解轨迹问题时一个重要而困难的步骤,在平面几何中,探求点的轨迹,主要运用以下几种方法.

**一、直接方法——描迹法**

探求轨迹的一种直接而有效的方法是描迹法,其步骤是:

(1) 先画出若干个符合条件的点;

(2) 根据动点的变化趋势,把已画各点连接起来;

(3) 观察由(2)所得的图形, 初步判断轨迹的大致形状和位置.

为了比较有效地进行上述第(3)步骤的判断,一般是先定形,后定位.

定形的因素主要有以下几方面: ① 测定轨迹上有无三点共线. ② 有无端点. ③ 能否达到无穷远处: 如果能达到无穷远而又无端点, 则可能是直线; 如果能达到无穷远而又有端点, 则可能是射线; 如果不能达到无穷远而又无端点, 则可能是圆或有公共弦的两个圆弧; 如果不能达到无穷远而有两个端点, 则可能是线段或圆弧, 此时如果任一动点与两端点共线, 则可能是线段; 如不共线, 则可能是圆弧. ④ 有无对称性, 即观察轨迹是否呈现上、下对称或左、右对称的特征. 综合上述因素, 可初步确定轨迹的形状.

定位的因素是: 线段由两端点确定; 直线由两点或一点及一方向确定; 射线由端点及另一点或由端点及其方向确定; 圆弧由

两端点及圆心角或两端点及另一点或两端点与其所在圆确定；圆由直径或不共线的三点或圆心与半径或一弦及其所对圆周角确定.

**例 1** 设 $AB$ 是定半圆的直径, $O$ 是圆心, $C$ 是半圆上的动点, 引 $CD \perp AB$, $D$ 为垂足, 在半径 $OC$ 上截取 $OM = CD$, 当点 $C$ 从 $A$ 沿半圆移动到点 $B$ 时, 求点 $M$ 的轨迹(图 17-13).

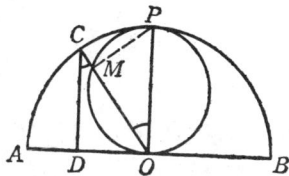

图 17-13

**探求** 当动点 $C$ 在 $A$ 处时, $OM = CD = 0$, 故 $M$ 重合于点 $O$, 即圆心 $O$ 是轨迹上一特殊点; 当动点 $C$ 在 $\overset{\frown}{AB}$ 的中点 $P$ 处时, $CD$ 重合于 $PO$, 点 $M$ 重合于点 $P$, 所以点 $P$ 也是轨迹上一特殊点; 再考察一般位置的点 $M$ 与 $O$、$P$ 之间的关系, 在 $\triangle COD$ 与 $\triangle OPM$ 之间, 有 $CD = OM$, $\angle OCD = \angle POM$, $CO = PO$, 于是 $\triangle COD \cong \triangle OPM$. 从而 $\angle OMP = \angle CDO = 90°$.

所以当动点由 $A$ 处移动到 $P$ 处时. 轨迹可能是以 $OP$ 为直径的半圆.

又因为给定半圆以及给定的条件, 都具有以 $OP$ 为对称轴的对称性, 所以轨迹也具有以 $OP$ 为对称轴的对称性.

综上所述可以判断所求轨迹可能是以 $OP$ 为直径的圆.

**证明** (1)完备性. 设 $M$ 为符合条件的任一点, 即 $OM = CD$. 连结 $MP$, 有

$$OP \perp AB, \quad CD \perp AB,$$
$$\therefore \quad OP \parallel CD, \quad \angle POM = \angle OCD,$$

又
$$OP = OC,$$
$$\therefore \quad \triangle POM \cong \triangle OCD.$$
$$\therefore \quad \angle PMO = \angle ODC = 90°.$$

即点 $M$ 在以 $OP$ 为直径的圆上.

(2) 纯粹性. 设 $M$ 为 $\odot(OP)$ 上任一点, 连结 $MP$, 则

· 143 ·

$$\angle PMO = 90° = \angle ODC,$$

$$\because \quad OP /\!/ CD,$$

$$\therefore \quad \angle POM = \angle OCD.$$

又 $$OP = OC,$$

$$\therefore \quad \text{Rt} \triangle POM \cong \text{Rt} \triangle OCD.$$

$$\therefore \quad OM = CD.$$

这就是说, 点 $M$ 符合条件.

综合以上(1)与(2), 所以所求轨迹是 $\odot(OP)$, 其中 $P$ 点是 $\overset{\frown}{AB}$ 的中点.

**例2** 三角形有一内角固定, 夹此角的两边的和为定长, 求第三边中点的轨迹.

已知 $\triangle ABC$ 中, $\angle A$ 固定, $AB + AC = l$ (定长), $M$ 为 $BC$ 的中点(图17-14).

求 点 $M$ 的轨迹.

探求 先寻找轨迹中的一些特殊点. 当 $B$ 点移到 $A$ 点处, 则 $M$ 在 $M_1$ 位置上, 此时 $AM_1 = \frac{1}{2} l$; 当 $C$ 点移到 $A$ 点处, 则 $M$ 在 $M_2$ 位置上, 此时 $AM_2 = \frac{1}{2} l$. 因此, $M_1$ 和 $M_2$ 为轨迹的临界点.

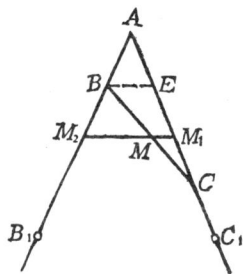

图 17-14

故知所求轨迹可能为线段或圆弧.

又设点 $M$ 为符合条件的任一点, 即 $AB + AC = l$, 则

$$AB + AM_1 + M_1C = l,$$

又 $$M_2B + AB + AM_1 = \frac{1}{2} l + \frac{1}{2} l = l,$$

$$\therefore \quad M_2B = M_1C. \qquad ①$$

过 $B$ 作 $BE /\!/ M_2M_1$, 交 $AC$ 于 $E$, 因为

$$AM_2 = AM_1 = \frac{1}{2}l, \qquad ②$$

$$\therefore \quad BM_2 = EM_1. \qquad ③$$

由①与③得 $EM_1 = M_1C$, 即 $M_1$ 为 $EC$ 中点. 注意到 $M$ 为 $BC$ 中点, 有

$$M_1M \parallel BE. \qquad ④$$

由②与④得 $M_1M \parallel M_2M_1$, 即 $M_1$、$M$、$M_2$ 三点共线.

综合上述, 可判断所求轨迹可能是线段 $M_1M_2$.

证明 (1)完备性, 见探求(设点 $M$ 符合条件, 则点 $M$ 在线段 $M_1M_2$ 上).

(2) 纯粹性. 设 $M$ 为线段 $M_1M_2$ 上异于 $M_1$、$M_2$ 的任一点(图17-15). 设 $M_2M > MM_1$, 在 $MM_2$ 上取 $MF = MM_1$, 过 $F$ 点作 $FB \parallel AC_1$, 交 $AB_1$ 于 $B$, 作直线 $BM$, 交 $AC_1$ 于 $C$, 则

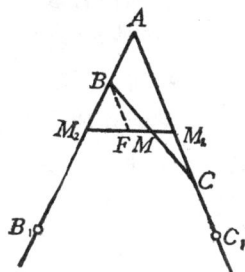

$$\angle FMB = \angle M_1MC,$$

$$\angle FBM = \angle M_1CM, \quad MF = MM_1,$$

$$\therefore \quad \triangle BFM \cong \triangle CM_1M.$$

$$\therefore \quad BM = MC(即 M 为 BC 中点),$$

$$BF = M_1C. \qquad ⑤$$

$$\because \quad BF \parallel AC_1,$$

$$\therefore \quad \angle BFM_2 = \angle AM_1M_2,$$

又 $\quad \angle AM_1M_2 = \angle AM_2M_1 \left( AM_1 = AM_2 = \frac{1}{2}l \right),$

$$\therefore \quad \angle BFM_2 = \angle AM_2M_1 = \angle BM_2F.$$

从而

$$BM_2 = BF. \qquad ⑥$$

由⑤与⑥得

$$BM_2 = M_1C. \qquad ⑦$$

图 17-15

$$\because \quad (M_2B+BA)+AM_1=\frac{1}{2}l+\frac{1}{2}l=l. \qquad ⑧$$

以 ⑦ 代入 ⑧ 得

$$AB+AM_1+M_1C=l,$$

即

$$AB+AC=l.$$

因此,点 $M$ 符合条件.

综合(1)与(2)所证,可知所求轨迹是线段 $M_1M_2$,其中 $M_1$、$M_2$ 为临界点,且 $M_1$、$M_2$ 两点由 $AM_1=AM_2=\frac{1}{2}l$ 确定.

## 二、间接方法

### 1. 条件代换法

有些轨迹问题,将所给条件通过分析,常可转化成基本轨迹定理或其它已知的轨迹命题的条件. 这样,根据基本轨迹定理或已知的轨迹命题,就可以判定所求的轨迹.这种探求轨迹的方法,叫做条件代换法,这也是探求轨迹的一种重要而有效的方法.

**例 3** 已知 $ABCD$ 为定矩形,$P$ 为平面上满足条件

$$PA+PC=PB+PD \qquad ①$$

的点, 求点 $P$ 的轨迹(图17-16).

探求 从已知条件①尚不能直接得知点 $P$ 的轨迹,这就需要进行一系列的条件代换. 设对角线 $AC$ 与 $BD$ 相交于 $O$,连接 $PO$,则由中线公式,得

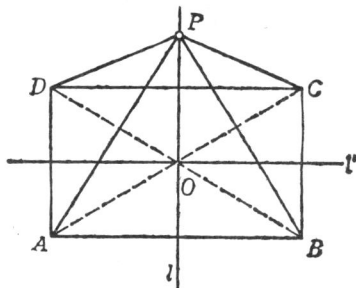

图 17-16

$$PA^2+PC^2=\frac{1}{2}AC^2+2PO^2,$$

$$PB^2+PD^2=\frac{1}{2}BD^2+2PO^2.$$

$$\because \quad AC=BD,$$

$$\therefore \quad PA^2+PC^2=PB^2+PD^2. \qquad ②$$

另一方面,将 ① 式两边平方,得

$$PA^2+2PA \cdot PC+PC^2 = PB^2+2PB \cdot PD+PD^2. \qquad ③$$

③-②,得

$$PA \cdot PC = PB \cdot PD,$$

即 $$\frac{PA}{PD}=\frac{PB}{PC}, \quad 或 \quad \frac{PA}{PB}=\frac{PD}{PC},$$

$$\frac{PA-PD}{PD}=\frac{PB-PC}{PC}, \quad 或 \quad \frac{PA-PB}{PB}=\frac{PD-PC}{PC}.$$

但由 ① 得, $PA-PD=PB-PC$, 或 $PA-PB=PD-PC$. 所以, 当 $PA-PD=PB-PC=0$ 时, $P$ 与 $O$ 点重合; 当 $PA-PD=PB-PC \neq 0$ 时, $PD=PC$, $PB=PC$.

由基本轨迹定理 2,便知点 $P$ 在 $DC$ 的垂直平分线 $l$ 上,或在 $BC$ 的垂直平分线 $l'$ 上, 即点 $P$ 可能在两条直线 $l$ 或 $l'$ 上.

证明 略.

**例 4** 已知两定圆 $O(R)$ 和 $O'(R')$ 且 $R>R'$, 一动点 $P$ 满足条件 $PO^2-R^2=PO'^2-R'^2$,求点 $P$ 的轨迹(图 17-17).

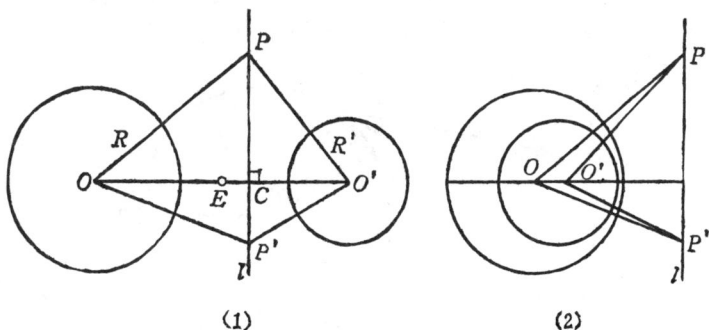

(1)          (2)

图 17-17

探求 由动点所适合的条件 $PO^2-R^2=PO'^2-R'^2$, 得 $PO^2-PO'^2=R^2-R'^2$(定值).

这就是说,点 $P$ 到两定点 $O$ 与 $O'$ 距离的平方差为定值. 可见,所求动点 $P$ 的轨迹可能是这两定点 $O$ 与 $O'$ 的等差幂线 $l$, 又由§1例5对等差幂线的研究，该直线 $l$ 是经过 $OO'$ 上一定点 $C$，且垂直于 $OO'$ 的定直线，其中 $C$ 与 $OO'$ 中点 $E$ 的距离 $CE$ 等于定长 $\dfrac{R^2-R'^2}{2OO'}$（定值）。

证明 略．

满足例4条件的点的轨迹（直线 $l$），叫做两定圆 $O$ 与 $O'$ 的等幂轴（或称根轴）．

由等幂轴的定义，容易得到等幂轴的作图方法：

(1) 当两定圆相交时，由于两交点都是满足轨迹条件的特殊点，所以两交点的连线就是这两定圆的等幂轴．

(2) 当两定圆相离时，可任作一圆交 $\odot O$ 于 $A_1$、$B_1$，交 $\odot O'$ 于 $A_2$、$B_2$，令直线 $A_1B_1$ 与直线 $A_2B_2$ 相交于 $P$ 点，过点 $P$ 作 $OO'$ 的垂线，即为 $\odot O_1$ 与 $\odot O'$ 的等幂轴．

(3) 当两定圆相切时，过切点作 $OO'$ 的垂线（公切线），即为 $\odot O$ 与 $\odot O'$ 的等幂轴．

**例5** 已知两定圆 $O(R)$ 和 $O'(R')$，$PA$、$PB$ 和 $PA'$、$PB'$ 分别是经过点 $P$ 的圆 $O(R)$ 与 $O'(R')$ 的切线，且 $\angle APB=\angle A'PB'$，求点 $P$ 的轨迹（图17-18）．

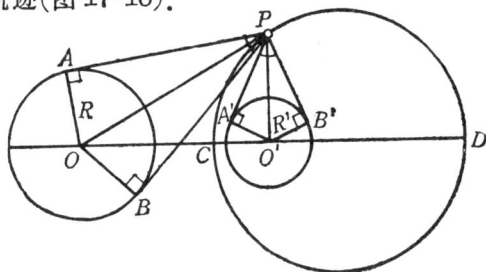

图 17-18

探求 连结 $AO$、$PO$、$A'O'$、$PO'$，得
$$\angle OAP=\angle O'A'P=90°,$$
而
$$\angle APB=\angle A'PB',$$
$$\therefore \angle APO=\angle A'PO',$$

$$\triangle PAO \backsim \triangle PA'O'.$$

因此,            $$PO:PO' = AO:A'O' = R:R'.$$

这样,动点 $P$ 到两定点 $O$ 与 $O'$ 的距离之比为定值.

设 $C$、$D$ 分别是按 $R:R'$ 内分、外分 $OO'$ 的点,又点 $P$ 在两圆的外部,所以所求轨迹可能是阿氏圆(以 $CD$ 为直径的圆)在两个定圆外的部分.

证明　略.

### 2. 初等变换法

有些轨迹问题,在探求动点的轨迹时,如果发现该动点的移动是随着另一个动点移动而移动的,而且在整个移动过程中,它们之间始终保持着某一合同变换(平移、旋转、中心对称、轴对称)、位似变换的一对对应点,那么,如果已知另一个动点的轨迹是图形 $L'$,应用相应的初等变换后,就可得到该动点的轨迹图形 $L$.

例6　已知定 $\odot O$ 和定直线 $MN$ 以及定长为 $l$ 的线段 $AB$,当线段 $AB$ 平行于定直线 $MN$,且一端在定 $\odot O$ 上移动时,求另一端点 $B$ 的轨迹(图17-19).

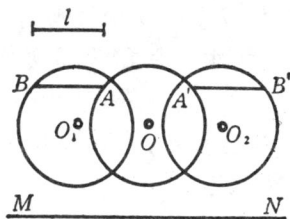

图　17-19

探求　这里,动点 $B$ 随着点 $A$ 的移动而移动,而对应点 $A$、$B$ 所成线段 $AB$ 等于 $l$,且有 $AB /\!/ MN$,所以 $B$ 是点 $A$ 的以 $\overrightarrow{MN}$ 或 $\overrightarrow{NM}$ 为平移方向,以 $l$ 为平移距离的对应点.

设点 $A$ 在定 $\odot O$ 上移动,也就是 $A$ 点的迹轨为定 $\odot O$,那么,$B$ 点的轨迹可能是以 $\overrightarrow{MN}$ 或 $\overrightarrow{NM}$ 为平移方向,以 $l$ 为平移距离的两个对应的 $\odot O_1$ 与 $\odot O_2$.

证明　略.

例7　已知定线段 $AB$ 上任一点 $C$,在 $AB$ 同侧作正 $\triangle ACD$ 和正 $\triangle BCE$,$AE$ 和 $BD$ 交于 $P$,求 $P$ 点的轨迹(图17-20).

探求　设 $P$ 是符合条件的一点,因为 $ACD$ 是正三角形,所以

$CD=CA$，$\angle DCA=60°$．同理，$BC=EC$，$\angle ECB=60°$．故 $\triangle BCD\cong\triangle ECA$．

若以点 $C$ 为旋转中心，将 $\triangle BCD$ 沿逆时针方向旋转 $60°$ 至 $\triangle ECA$ 的位置，则 $BD$ 和 $AE$ 是在这个旋转变换下的一对对应直线，于是 $\angle DPA=60°$，从而 $\angle APB=120°$．所以，点 $P$ 的轨迹可能是以 $AB$ 为弦，所含圆周角等于 $120°$ 的两条圆弧 $\overparen{APB}$ 和 $\overparen{AP'B}$，其中 $A$、$B$ 为极限点．

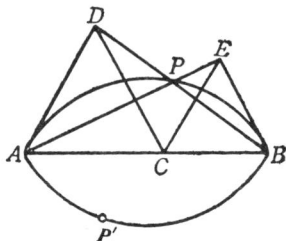

图 17-20

证明 略．

**例8** 在 $\triangle ABC$ 中，底边 $BC$ 是固定的，顶点 $A$ 移动时满足条件 $AB^2-AC^2=k^2(k$ 为定长)．求 $\triangle ABC$ 重心 $G$ 的轨迹．

探求 由§1例5可知，顶点 $A$ 的轨迹是一条垂直于 $BC$ 的直线 $l$（等差幂线），$l$ 和 $BC$ 的交点 $H$ 由下式决定

图 17-21

$$BH=\frac{BC^2+k^2}{2BC}.$$

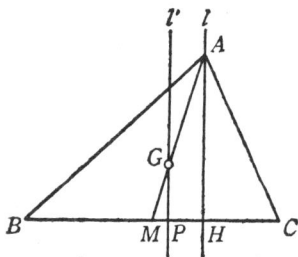

设 $BC$ 的中点为 $M$，因为 $MG:MA=1:3$，可知重心 $G$ 的轨迹应是直线 $l$ 的位似形，其位似中心为 $M$，位似比是 $\frac{1}{3}$．

因此，先作出 $MH$ 的三等分点 $P$，使 $MP=\frac{1}{3}MH$，然后再过 $P$ 作 $BC$ 的垂线 $l'$，此直线 $l'$ 即为 $\triangle ABC$ 的重心 $G$ 的轨迹．

证明 略．

3．化归法

在探求轨迹时，如发现动点是随着另外一些动点的运动而运动的，但它们之间的对应，又不是初等变换的点与点之间的对应，

而是可把求迹条件经过某一种映射 $f$, 转化为某个已知的轨迹命题. 如果这样, 可以先作出这个已知的轨迹命题的图形 $F$, 然后把图形 $F$ 作逆映射 $f^{-1}$, 得图形 $F'$, 此图形 $F'$ 即为原先所求的轨迹图形. 这种化归法的思维过程, 可用如下框图来表示:

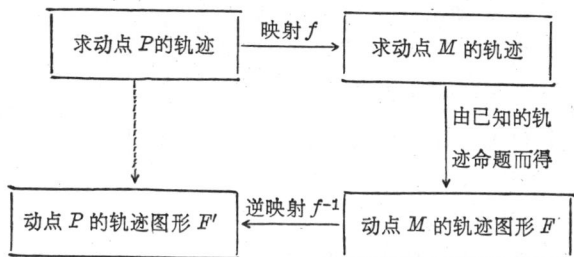

**例 9** 半径为定长且互相外切的两个等圆, 又同在定直角的内部, 各切于定直角的一边而移动, 求两圆的切点的轨迹.

已知 $\angle XOY$ 为定直角, $R$ 为定线段, $\odot O_1(R)$ 和 $\odot O_2(R)$ 互相外切于点 $P$, 且分别与 $OX$、$OY$ 相切 (图 17-22).

求 点 $P$ 的轨迹.

探求 $P$ 为 $\odot O_1(R)$ 与 $\odot O_2(R)$ 的切点, 所以点 $P$ 在连心线 $O_1 O_2$

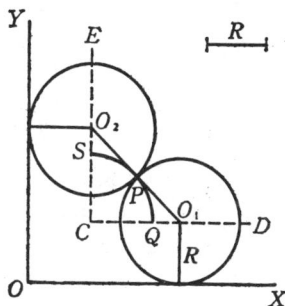

图 17-22

上, 且为 $O_1 O_2$ 的中点. 点 $P$ 的位置随着两圆的移动而改变. 因为两圆的半径 $R$ 是确定的, 所以点 $P$ 的位置随着两圆圆心 $O_1$ 和 $O_2$ 的移动而改变. 这启示我们: 不妨改为先求出动点 $O_1$ 和 $O_2$ 的轨迹.

因为 $\odot O_1(R)$ 与 $OX$ 相切, 又 $\odot O_1$ 在 $\angle XOY$ 的内部, 所以点 $O_1$ 的轨迹是一条和 $OX$ 平行的线段.

同理, 点 $O_2$ 的轨迹是一条和 $OY$ 平行的线段.

这两条线段有一个共同端点 $O$, 它们构成一个直角 $\angle DOE$.

这样，点 $P$ 的轨迹就转化为求下列问题的轨迹：

"动线段 $O_1O_2$ 等于定长 $2R$，两端点在定直角 $\angle DCE$ 的两边上移动，求 $O_1O_2$ 的中点 $P$ 的轨迹".

由 §1 例 3 可知，所求点 $P$ 的轨迹是以 $C$ 为圆心，$R$ 为半径而嵌在 $\angle DCE$ 内部的一段圆弧 $\overset{\frown}{QS}$.

证明　略.

### 三、探求轨迹应注意的问题

以上介绍了四种探求轨迹的重要方法，在应用时应注意以下一些问题.

#### 1. 注意认真审题

审题，是解轨迹题的基础，认真审题，就是要仔细、周到、全面地分析题意.有些读者在解轨迹题时发生错误，往往是由于没有认真审题或审题不得法所造成的.

正确审题，首先要明确题意，弄清命题中的语法结构，关键字、词的意义，分清条件与结论；其次，要注意挖掘隐含条件，从某种意义上来说，提高审题能力，主要是提高挖掘隐含条件、化未知为已知的能力. 例如，对题意隐含的多种可能情况要逐一考察清楚，如果题意是已知一定点与一定直线，那么，就有点在直线上与在直线外两种可能；如果题意是已知一定点与一定圆，那么，就有点在圆上、圆内、圆外三种可能；如果题意是已知两个定圆，那么，这两个圆就有外离、外切、相交、内切、内离五种可能. 因此，在审题时，必须仔细分析题意条件，列举出各种可能的情况.否则，就有可能得到残缺或有瑕的轨迹.

**例 10**　在 $\triangle ABC$ 中，$BC$ 固定.作 $AD \perp BC$ 于 $D$，$D$ 在 $B$、$C$ 之间. 已知 $\dfrac{AB^2}{AC^2} = \dfrac{BD}{DC}$，求点 $A$ 的轨迹(图 17-23).

**探求**　(1)设 $\angle A = 90°$(图 17-23). 这里，在 Rt$\triangle ABC$ 中，注意到 $AD \perp BC$，则

$$AB^2 = BC \cdot BD,$$

$$AC^2 = BC \cdot DC,$$

得
$$\frac{AB^2}{AC^2} = \frac{BD}{DC}.$$

所以，$A$ 点的轨迹可能是以 $BC$ 为直径的圆(其中 $B$、$C$ 两点为极限点).

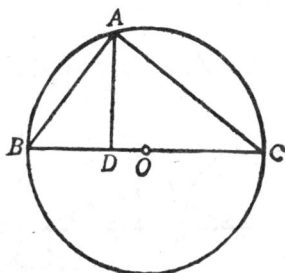

图 17-23

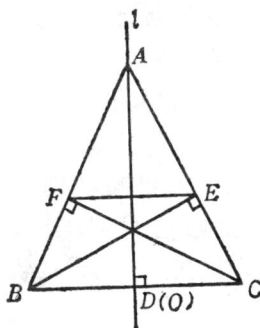

图 17-24

(2) 设 $\angle A \neq 90°$(图 17-24).这里,在 $\triangle ABC$ 中,$AD \perp BC$,$D$ 在 $B$、$C$ 之间,且 $\dfrac{AB^2}{AC^2} = \dfrac{BD}{DC}$,作 $BE \perp AC$ 于 $E$,$CF \perp AB$ 于 $F$,则由 $A$、$E$、$D$、$B$ 四点共圆与 $A$、$F$、$D$、$C$ 四点共圆,得

$$CE \cdot CA = CD \cdot CB,$$
$$BF \cdot BA = BD \cdot BC,$$
$$\therefore \quad \frac{AB}{AC} \cdot \frac{BF}{CE} = \frac{BD}{DC}. \qquad\qquad ①$$

而
$$\frac{AB^2}{AC^2} = \frac{BD}{DC}, \qquad\qquad ②$$

由 ① 与 ② 得

$$\frac{AB}{AC} = \frac{BF}{CE}.$$

从而 $\dfrac{AB}{BF} = \dfrac{AC}{CE}$,得 $EF \parallel BC$,$\angle AFE = \angle ABC$.又因为 $B$、$C$、$E$、$F$ 四点共圆,所以

$$\angle AFE = \angle AOB, \quad \angle ABC = \angle AOB,$$

从而 $$AB = AC.$$

这就是说,点 $A$ 的轨迹可能是 $BC$ 的垂直平分线($BC$ 中点 $O$ 为极限点).

综上所述,点 $A$ 的轨迹可能是由 $BC$ 的垂直平分线和以 $BC$ 为直径的圆所组成的(其中 $B$、$C$ 及 $BC$ 的中点 $O$ 为极限点).

证明 略.

例 10 在探求轨迹时,如果不考虑 $\angle A$ 是直角或非直角两种情况,就有可能导致所得轨迹的不完备.

**例 11** 已知动圆 $P$ 和两定圆圆 $O(R)$ 与圆 $O'(R')$ 正交,求点 $P$ 的轨迹.

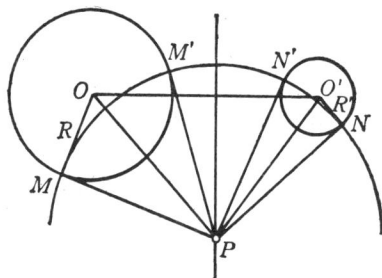

探求 首先假设两定圆圆 $O(R)$ 与圆 $O'(R')$ 外离,圆 $P$ 是适合条件的圆(图 17-25). 圆 $P$ 与圆

图 17-25

$O(R)$ 正交于 $M$ 与 $M'$,那么,圆 $O(R)$ 过 $M$、$M'$ 的切线一定经过点 $P$. 设圆 $P$ 和圆 $O'(R')$ 正交于 $N$ 与 $N'$,那么,圆 $O'(R')$ 过 $N$、$N'$ 的切线也一定经过点 $P$. 连结 $OM$、$OP$、$O'N$、$O'P$、$OO'$,那么

$$OP^2 = OM^2 + MP^2 = R^2 + MP^2,$$
$$O'P^2 = O'N^2 + NP^2 = R'^2 + NP^2.$$

而 $$MP = NP,$$
$$\therefore \quad PO^2 - PO'^2 = R^2 - R'^2.$$

这就是说,点 $P$ 到两定点 $O$、$O'$ 的距离的平方差等于定值,故点 $P$ 的轨迹可能是 $O$、$O'$ 两点的等差幂线.

因为圆 $P$ 和圆 $O(R)$ 正交,所以 $P$ 一定在圆 $O(R)$ 的外部,同理,$P$ 也一定在圆 $O'(R')$ 的外部. 而两定圆的位置关系还有相交、外切、内切、内离四种情况,当两圆相交时,两定点 $O$ 与 $O'$ 的等差幂线必有一部分在两定圆内,显然这部分上的点不适合条件.

由此可见,所求 $P$ 点的轨迹,可能是两定点 $O$ 与 $O'$ 的等差幂线在两定圆外的部分.

证明 略.

例 11 表明, 在探求时如果不考虑两定圆相交的情况,就断言所求轨迹是等差幂线, 那么所得到的轨迹就不纯粹了.

2. 注意轨迹的界限

有些轨迹具有临界点, 意味着轨迹到此结束, 这对确定轨迹的界限很有帮助, 在探求轨迹时, 我们应将轨迹的有关临界点求出, 以说明轨迹的界限, 现举例说明确定轨迹临界点的方法.

例 12 已知 $AB$ 是定圆 $O$ 的定直径,延长弦 $AC$ 到 $P$,使 $CP=BC$, 求点 $P$ 的轨迹(图 17-26).

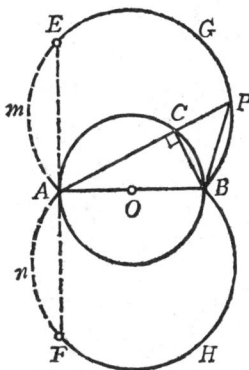

探求 连结 $PB$, 有

$$CP=BC, \quad \angle ACB=90°,$$

$$\therefore \quad \angle APB=\frac{1}{2}\angle ACB=45°.$$

这样,我们如果认为所求点 $P$ 的轨迹,是以 $AB$ 为弦,所含圆周角为 $45°$ 的两个弧,那就发生错误了.

事实上,过点 $A$ 作圆 $O$ 的切线交两弧于 $E$、$F$, 当点 $C$ 移动到点 $A$ 时,割线 $ACP$ 移动到切线 $AE$ 的位置,显然 $E$、$F$ 为轨迹的临界点,而 $\overparen{AmE}$ 与 $\overparen{AnF}$ 上的点都不适合条件, 即所求点 $P$ 的轨迹应以 $AB$ 为弦,所含圆周角为 $45°$ 的两条弧 $\overparen{EGB}$ 与 $\overparen{FHB}$.

证明 略.

3. 注意代换条件的等价性

在运用条件代换法探求轨迹时, 必须注意原题设的一组条件

图 17-26

和由它所推出的另一组条件之间所确定的轨迹要完全相同，即注意这种条件代换之间的等价关系，否则代换后，就有可能破坏轨迹的完备性或纯粹性，以致出现错误.

**例 13** 在 $\triangle ABC$ 中，已知底边 $BC$ 固定，顶角 $A$ 等于定锐角 $\alpha$，求其垂心 $H$ 的轨迹(图 17-27).

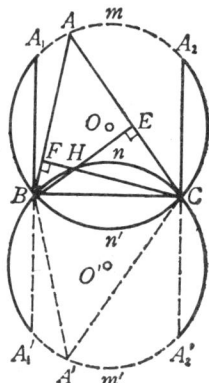

图 17-27

**探求** 设 $H$ 是适合条件的一点，连结 $BH$ 延长交 $AC$ 于 $E$，连结 $CH$ 延长交 $AB$ 于 $F$，则 $BE \perp AC$，$CF \perp AB$，有

$$\angle BHC = 180° - \angle\alpha = 定值.$$

易知点 $H$ 的轨迹可能是以 $BC$ 为弦，所含圆周角等于 $180° - \alpha$ 的两个弧 $\overset{\frown}{BnC}$ 与 $\overset{\frown}{Bn'C}$，其中 $B$、$C$ 为极限点. 这里，从表面上看来，似乎言之成理，事实上这个结论是不完备的，原因是条件的代换是不等价的.

当 $\angle ABC$ 和 $\angle ACB$ 都是锐角时，垂心 $H$ 在其形内，这时 $AFHE$ 为凸四边形，$\angle BHC = 180° - \alpha$，即点 $H$ 的轨迹为 $\overset{\frown}{BnC}$ 和 $\overset{\frown}{Bn'C}$.

当 $\angle ABC$(或 $\angle ACB$)是直角时，垂心 $H$ 为点 $B$(或点 $C$).

当 $\angle ABC$(或 $\angle ACB$)是钝角时，垂心 $H$ 在其形外，这时 $AFHE$ 为非凸四边形，$\angle BHC = \angle A = \alpha$，即 $H$ 点的轨迹是以 $BC$ 为弦，所含圆周角为 $\alpha$ 的两条弧.

为便于进一步说明起见，过点 $B$ 作 $A_1A_1' \perp BC$ 交两弧于 $A_1$ 与 $A_1'$，过 $C$ 点作 $A_2A_2' \perp BC$ 交两弧于 $A_2$ 与 $A_2'$，当点 $A$ 在 $A_1$、$A_2$ (或 $A_1'$、$A_2'$)时，$\triangle ABC$ 为直角三角形，这时，点 $H$ 就是点 $B$(或点 $C$);当点 $A$ 在 $\overset{\frown}{A_1mA_2}$(或 $\overset{\frown}{A_1'm'A_2'}$)上时，$\triangle ABC$ 是锐角三角形，这时点 $H$ 在 $\overset{\frown}{BnC}$(或 $\overset{\frown}{Bn'C}$)上;当点 $A$ 在劣弧 $\overset{\frown}{A_1B}$(或 $\overset{\frown}{A_2C}$)上时，$\triangle ABC$ 是钝角三角形，这时 $H$ 在形外. $H$ 和 $A$(或 $A'$)在 $BC$ 的两旁(或同旁).并且 $H$ 和 $A$ 在 $A_1A_1'$(或 $A_2A_2'$)同旁，可以推得

$\angle BHC = \angle A = \alpha$, 点 $H$ 在劣弧 $\overset{\frown}{BA_1'}$ (或 $\overset{\frown}{CA_2'}$) 上, 其中 $A_1'$ (或 $A_2'$) 为临界点.

同理, 当点 $A$ 在劣弧 $\overset{\frown}{A_1'B}$ (或 $\overset{\frown}{A_2'C}$) 上时, $\triangle ABC$ 也是钝角三角形, 点 $H$ 在劣弧 $\overset{\frown}{BA_1}$ (或 $\overset{\frown}{CA_2}$) 上, 其中 $A_1$ (或 $A_2$) 为临界点.

综上所述, 所求轨迹为 $\overset{\frown}{A_1Bn'CA_2}$ 和 $\overset{\frown}{A_1'BnCA_2'}$, 其中 $A_1$、$A_1'$、$A_2$、$A_2'$ 为临界点.

## 习题十七

1. 半径为定长的动圆, 切于一定圆, 则动圆圆心的轨迹是定圆的两个同心圆, 其半径分别等于定圆与动圆的半径之和及差.

2. 给定两个定点 $A$ 与 $B$, $l$ 为通过 $A$ 的动直线, 则点 $B$ 关于直线 $l$ 的对称点的轨迹是一个圆, 该圆以 $A$ 为圆心, 以 $AB$ 为半径.

3. 夹在定三角形的两边之间, 且平行于第三边的线段, 其中点的轨迹是第三边上的中线.

4. $\triangle ABC$ 的底边 $BC$ 固定, 顶角 $A$ 等于定角 $\alpha$, 则 $\triangle ABC$ 的内心的轨迹是对称于 $BC$ 的两个圆弧, 此圆弧以 $BC$ 为弦, 且其内接角等于 $\frac{\alpha}{2} + 90°$.

5. 平行四边形 $ABCD$ 的底边 $BC$ 固定, 另一边 $AB$ 为定长 $a$, 则其对角线交点的轨迹是, 以 $BC$ 的中点为圆心, 以 $\frac{a}{2}$ 长为半径的圆.

6. 梯形 $ABCD$ 内接于一定圆, 且 $AB$ 为该圆的直径, 求证: 梯形对角线交点的轨迹, 为垂直于 $AB$ 的一条直径(圆心、直径端点都除外).

7. 一变动的等腰 $\triangle OAB$, 以两相交线 $l_1$ 与 $l_2$ 的交点 $O$ 为顶点, 且 $A$、$B$ 分别在 $l_1$ 与 $l_2$ 上, 求证: 其底边中点的轨迹是两条互相正交的直线.

8. 三角形的底边固定, 高等于定长, 求证: 该三角形与底边相对的顶点的轨迹是两条直线.

9. 已知圆上定长切线端点的轨迹,是已知圆的一个同心圆.

10. 已知圆上两切线交成定角, 则交点的轨迹是这已知圆的一个同心圆.

11. 已知一点至两相交直线距离之和为常数, 则该点的轨迹是一个矩形的周界.

12. 已知 $A$ 为定圆 $O(R)$ 内一定点, 由 $A$ 作两条正交的动线段 $AM$、$AN$, 分别交 $\odot O$ 于 $M$、$N$, 线段 $MN$ 的中点为 $P$, 求点 $P$ 的轨迹.

13. 一条动线段的两端分别在两定平行线上移动, 求分动线段成定比的点的轨迹.

14. 梯形 $ABCD$ 的底边 $AB$ 固定, $BC$ 和 $CD$ 分别等于定长线段 $m$ 和 $n$, 求点 $D$ 的轨迹.

15. 过 $Rt\triangle ABC$ 斜边 $BC$ 上一点 $D$, 作 $DF\perp BC$ 交直线 $AC$ 于 $E$, 交直线 $BA$ 于 $F$, 在 $EF$ 上取点 $P$, 使 $DP^2=DE\cdot DF$, 求点 $P$ 的轨迹.

16. 在锐角 $XOY$ 内任作一等腰直角三角形 $PAB$, 使腰 $PA\perp OX$ 于 $A$, 另一腰 $PB\parallel OX$, 点 $B$ 在 $OY$ 上, 求点 $P$ 的轨迹.

17. 已知两个同心圆及小圆上一点 $A$, 在两圆上分别取一点 $P$、$Q$, 使 $\angle PAQ=90°$, 求 $PQ$ 的中点的轨迹.

18. 已知动圆 $P$ 过定点 $A$, 并与定圆 $O$ 相交于两点 $B$、$C$, 且线段 $BC$ 恰为定圆 $O$ 的直径, 求动圆圆心 $P$ 的轨迹.

19. $AB$、$BC$ 是直线上的相邻线段, 以它们为弦作两个等圆, 求这两圆除点 $B$ 外另一交点的轨迹.

20. 设三角形有一边固定, 另两边之比为常数, 求该三角形重心的轨迹.

21. 求距两已知相交直线距离之差等于定长的点的轨迹.

22. 正三角形有一个顶点固定, 另一个顶点在定圆上移动, 求第三个顶点的轨迹.

# 第十八章　作　图

几何作图是证明图形存在性的一种方法，也是建立几何观念的重要手段．学习几何作图，有利于发展逻辑思维能力、空间想象能力和创造能力．本章主要介绍尺规作图的基本知识和常用的尺规作图方法．

## §1　尺规作图的基本知识

### 一、尺规作图和作图公法

1. 几何作图

用规定的作图工具,作出具备给定条件的图形,这类问题，叫做几何作图题,简称作图题或几何作图．

2. 尺规作图

要作图,必须使用作图工具,把图形具体地画出来．同样一个作图题,由于使用工具的不同,可能作得出图形，也可能作不出图形．在传统的初等几何里，限用无刻度的直尺和圆规两件作图工具,经过有限次手续,可以完成的作图,叫做尺规作图,或称规矩作图、初等几何作图．

3. 解作图题

使用作图工具,依照给定条件,按正确合理的方法与步骤，把所求的图形作出的过程,叫做解作图题．

4. 作图公法

在初等几何里,约定无刻度的直尺和圆规这两件作图工具,具有如下三条功能：

(1) 通过两个已知点可作一条直线(用直尺);

(2) 已知圆心和半径可作一个圆(用圆规);

(3) 两条已知直线, 或一已知直线和一已知圆, 或两个已知圆, 如其相交, 可作出其交点(用直尺和圆规).

这三条功能, 称为作图公法.

在初等几何里, 我们约定: 直尺和圆规可以而且只可以完成以上三条公法的作图.

此外, 还附加一个约定: 在已知直线上或直线外, 均可以任意取点, 但所取的点, 不得附加任何特殊性质.

作图公法是一种公共约定, 是尺规作图理论出发点, 用于假定作图的可实施范围. 作为作图基础的作图公法, 它仅可附和公理, 而不能代替公理.

5. 几何作图的条件

求作的图形存在与否, 与所给定的条件是否得当有密切的关系. 正确的作图题所给定的条件, 必须满足如下三点:

(1) 条件要有相容性: 在同一个作图题中, 所给的诸条件, 必须彼此相容, 互不矛盾. 否则, 要求合乎全部条件的图形, 必不存在.

(2) 条件要有独立性: 在同一个作图题中, 所给的诸条件, 都必须是不能相互推出的. 否则, 就有多余的条件.

(3) 条件要有完备性: 在同一个作图题中, 所给的诸条件对于作出所求的图形必须是足够的. 否则, 所求的图形不确定, 将有无限多个, 成为不定解问题.

如果所给的条件有矛盾, 致使所求作的图形, 根本不存在, 则称之为"无解".

6. 几何作图的分类

确定作图题的解的个数, 与题目中对所求图形的位置有关. 按所求图形位置的要求不同, 可分为如下两类:

(1) 定位作图

如果求作的图形必须作在指定的位置，就叫做定位作图．例如，"给定三角形，求作它的外接圆"．凡定位作图，能作出多少个适合条件的图形，就算有多少个"解"．

（2）活位作图

如果求作的图形没有限制在指定的位置上，就叫做活位作图．这一类又分为两种：

① 半活位作图．限定在某范围内的作图，但在此范围内作图位置不加限制，这叫做半活位作图．例如，"在定圆内作内接正方形"．

② 全活位作图．对于求作的图形的位置，没有任何限制，这叫做全活位作图．例如，"已知三边之长，求作三角形"．

对于活位作图，若所作出的符合条件的图形是全等形，则只算作一个解，不全等的，才算作不同的解．

**二、作图成法**

根据作图公法可作出的并且在教材中事先约定的某些作图题，叫做作图成法，或叫做基本作图题．作图成法在解作图题中的作用，类似于几何定理在证明中的作用，可以直接加以引用，不必详细重述其本身的作图过程．

在不同的教材结构中，有不同的作图成法内容．常见的作图成法，有以下内容：

1. 作一条线段等于已知线段．
2. 作一个角等于已知角．
3. 平分已知角．
4. 经过一点作已知直线的垂线．
5. 作已知线段的垂直平分线．
6. 过一点作已知直线的平行线．
7. 已知下面的一个条件，作三角形：① 三边；② 两边及其夹角；③ 两角及其夹边．
8. 平分一已知弧．

9. 分一线段成若干等分.

10. 作已知线段的和或差.

11. 作已知角的和或差.

12. 已知弓形的弦长及其内接角,求作弓形弧.

13. 内分或外分一线段成已知比.

14. 作三条已知线段的第四比例项.

15. 作两条已知线段 $a$、$b$ 的第三比例项(即 $a:b=b:x$).

16. 作两条已知线段 $a$、$b$ 的比例中项(即 $a:x=x:b$).

17. 已知线段 $a$ 与 $b$,求作线段 $x=\sqrt{a^2+b^2}$.

18. 已知线段 $a$ 与 $b$,求作线段 $x=\sqrt{a^2-b^2}$   ($a>b$).

在中学平面几何课本里,所讲的基本作图题,通常只是指以上 1 至 6 的内容.

将上述作图成法相互结合,可以得到一些较复杂的作图题.

### 三、解作图题的步骤

解作图题的完整步骤有六步:

1. 已知　完整写出题设条件.

2. 求作　说明要作的图形必须具备题设条件.

3. 分析　在正式作图之前,寻求作图方法的线索,探索如何把求作的图形逐步分解为有限个作图成法、作图公法的途径. 这一步骤的程序如下:

(1) 假定所求的图形已经作成,画一草图,设想已符合所有要求的条件.

(2) 尽量考究图中各元素的大小、位置以及相互间的关系;分析整个图形是否可以分解为若干部分,逐步用作图成法或作图公法作出. 若线索不明, 则可在草图里逐步添绘有关的点、线,继续探索,直至将作图的全过程弄清楚.

4. 作法　根据分析所得的线索,依次叙述作图的方法,作图时, 每作一点、一线或一角, 必须分别定名并完整写明它们所满足的条件. 不能有形无名或有名无形. 作图必须步步有据, 其根据是作图公法或作图成法.

5. 证明　作图之后,应逐条检验所得图形确是合乎所有要求的条件,用以证实作图无误.

6. 讨论　作图时,一般只立通法,这叫做形式作图. 然而一个作图的有解无解,应取决于题设条件之大小、位置及其相互间的关系. 所以不能因为已有形式作图而说问题一定有解. 必须对所设条件在其变化范围内分别各种可能的情形,逐一加以推究,确定本题的解有多少?这种通盘考虑种种可能情况,据以作出肯定性的判断解数的条文,叫做讨论(或推究). 如果作图题只有一解,讨论可以省略.

上述六个步骤是有机整体, 缺一不可. 其中1、2两步是准备阶段,第3步是关键,它为作图题提供线索,这一步有时可以不写,但不能不想. 第4步是核心,它是后两步的根据,第5步是保证解题的正确性,第6步是保证解题的完整性.

作图题如果不加分析和讨论,很可能漏解或有多余的解.

**例1**　给定不共线三点 $A$、$B$、$C$, 求过 $C$ 作一直线使距 $A$、$B$ 等远.

这题如果不加分析,按以下作法,就少了一个解.

**作法**　连 $AB$,过点 $C$ 作 $AB$ 的平行线 $l$(图18-1),则 $l$ 即为所求直线.

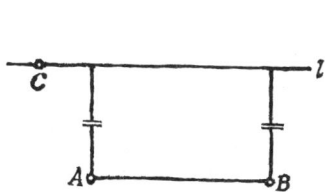

图　18-1

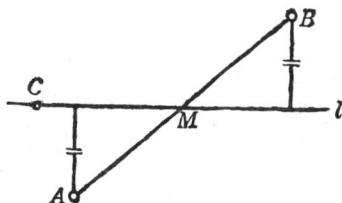

图　18-2

显然,如果是连结 $C$ 和线段 $AB$ 的中点 $M$ 所得的直线 $l$, 也是符合条件的(图18-2),所以本题应有两个解.

**例2** 求作一个三角形，已知三角形的两边及其中一边的对角.

**已知** 给定线段 $a$、$b$ 及角 $\alpha$.

**求作** $\triangle ABC$，使 $BC=a$，$CA=b$，$\angle A=\alpha$.

**分析** 假设 $\triangle ABC$ 已作成(图18-3)，其中 $\angle A=\alpha$ 为已知，所以可先作此角，于是顶点 $A$ 就确定了. 在角 $A$ 的一边上截取 $AC=b$，则顶点 $C$ 也确定了. 至于顶点 $B$，它应在 $\angle A$ 的另一边上，又必须在圆 $C(a)$ 上，所以得如下作法.

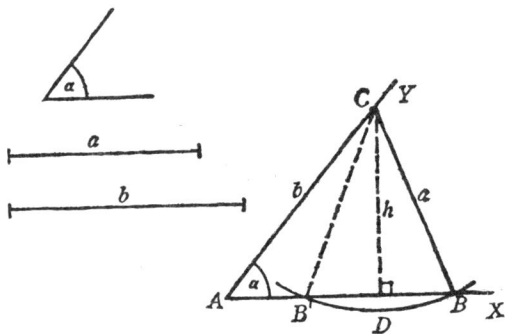

图 18-3

**作法** 作 $\angle XAY=\alpha$，在射线 $AY$ 上截取 $AC=b$，以 $C$ 为圆心，以 $a$ 为半径作圆，设其与射线 $AX$ 交于点 $B$，则 $\triangle ABC$ 就是所求作的三角形.

**证明** 由作法，有 $\angle A=\alpha$，$AC=b$，$BC=a$，所以 $\triangle ABC$ 符合条件.

**讨论** 解的有无与多少，显然是决定于点 $B$ 之有无与它的数目，$B$ 点应在射线 $AX$ 上，而不应在它过 $A$ 的延长线上，若作 $CD \perp AB$ 于 $D$，并以 $h$ 表示 $CD(h=b \sin \alpha)$，那么

(1) 若 $\alpha$ 为锐角，则

① $a<h$ 时无解；

② $a=h$ 时有一解，是直角三角形；

③ $h<a<b$ 时有两解,一为锐角三角形,一为钝角三角形;

④ $a=b$ 时一解,是等腰三角形;

⑤ $b<a$ 时一解.

(2) 若 $\alpha$ 为直角,则

① $a\leqslant b$ 时无解;

② $b<a$ 时一解.

(3) 若 $\alpha$ 为钝角,则

① $a\leqslant b$ 时无解;

② $b<a$ 时一解,是钝角三角形.

如果解作图题时, 不论已知条件的大小、位置及其关系如何, 都有一般作法可以依据, 那么在"作法"中当然叙述这一般作法. 也有可能发生如下情况: 由于已知条件的变化, 引起了作法不得不相应地变化. 这时, 不是在讨论中来研究解的变化情况, 而是应该在作法中就分列出各种不同情况, 如以下的例3那样加以叙述.

**例3** 给定三角形周界上一点, 求由这点作两直线三等分这三角形的面积.

设定点 $P$ 在 $\triangle ABC$ 的 $AB$ 边上(图18-4), 三等分 $AB$ 于 $M$、$N$.

(1) 设 $P$ 是 $AB$ 一边的一端, 例如 $A$[图 18-4(1)], 则三等分 $A$ 的对边 $BC$ 于 $R$、$S$, 连 $AR$、$AS$, 便完成了作图.

(2) 设 $P$ 重合于一个三等分点, 例如 $M$[图 18-4(2)], 则二等分 $BC$ 于 $D$, 便得所求直线 $PC$, $PD$.

(3) 设 $P$ 在中段上, 即在 $M$、$N$ 之间图[18-4(3)], 则连 $PC$, 并过 $M$ 作 $ME\parallel PC$, 交 $AC$ 于 $E$; 过 $N$ 作 $NF\parallel PC$, 交 $BC$ 于 $F$; 那么, $PE$ 和 $PF$ 就是所求的直线.

(4) 设 $P$ 在靠端点的三分之一, 例如 $AM$ 上[图 18-4(4)], 则连 $PC$, 作 $MX\parallel PC$ 交 $BC$ 于 $X$, 并平分 $BX$ 于 $Y$, 那么 $PX$、$PY$ 就是所求的直线.

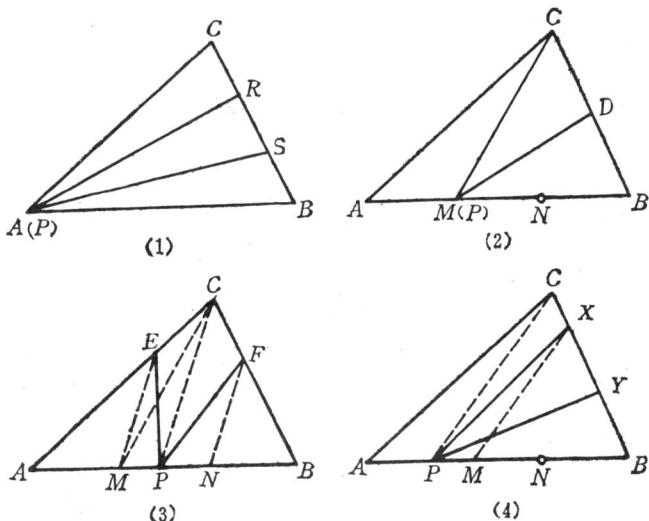

图 18-4

证明 略.

### 四、尺规作图不能问题

#### 1. 几何作图的可能性

我们规定: 凡是能把所求作的图形,归结为有限次地使用作图公法来完成的作图,都是尺规作图. 否则,这个作图题就叫做尺规作图不能问题,或叫做几何作图不能问题,或叫做不可作问题.

显然,能否称为尺规作图,这与使用的作图工具以及是否有限次地使用工具有关.

例如,"三等分一个任意角",是一个著名的不能用尺规来完成的作图. 如果违反上述规定而采用如下方法,就能把任意角三等分,但这不能叫做尺规作图.

如果借助于有刻度的直尺,可以得如下作法一.

作法一 以已知角 $\angle AOB$ 的顶点 $O$ 为圆心(图 18-5),以任意长为半径作一圆,交 $\angle AOB$ 之两边于 $A$、$B$,又交 $BO$ 的延长线于 $C$,又延长 $OA$ 到 $D$,连结 $CD$,交圆于 $E$,使 $ED=OC$,再过 $O$

作 $OF /\!/ OC$, 那么

$$\angle AOF = \frac{1}{3}\angle AOB.$$

这是不难证明的. 连 $OE$, 则 $ED=OC=OE$, $\angle EOD=\angle D$, $\angle OEC=\angle C$, 所以 $\angle FOB=\angle C=\angle OEC=\angle EOD+\angle D$ $=2\angle D=2\angle AOF$, 即 $\angle AOF=\frac{1}{3}\angle AOB.$

显然, 这个作法中的点 $D$ 必须借助于有刻度的直尺才能作出 (用刻度直尺一边靠在 $C$ 点, 移动之, 使它与 $OA$ 延长线相交, 又使 $ED$ 之长等于半径 $OC$ 之时停止, 由此得到点 $D$). 因此, 它不符合直尺应是无刻度 的 规定. 这样的作图, 不能叫做尺规作图.

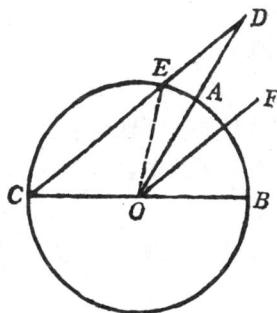

图 18-5

如果可以无限次地使用直尺和圆规, 它可得如下作法二.

**作法二** 设已知角 $\alpha$, 作 $\frac{1}{2}\alpha$, $\frac{1}{2^2}\alpha$, $\frac{1}{2^3}\alpha$, $\cdots$, 求下列数列之和, 得

$$\frac{1}{2}\alpha-\frac{1}{2^2}\alpha+\frac{1}{2^3}\alpha-\frac{1}{2^4}\alpha+\cdots$$

$$=\frac{\frac{1}{2}\alpha}{1-\left(-\frac{1}{2}\right)}=\frac{1}{3}\alpha.$$

这就把角 $\alpha$ 三等分了, 但这已违反了"有限次地使用工具"的规定, 这样的作图, 也不能叫做尺规作图.

如果一个问题能用尺规作出, 那么不论解法如何复杂, 都是由两种手续陆续合成的, 即 (1) 过两点作直线; (2) 已知中心和半径作圆. 初等几何里的任何点都是由两直线, 或一直线与一圆, 或两圆

相交决定的. 由已知线段如何决定点, 从而确定所求的线段. 这可借助于解析几何的公式和方法来解决, 经过逐次计算各点的坐标, 可以发现所求解的方程都是一次或二次的, 并且有这样的结果; 凡是可用尺规作图的线段 $x$, 只能表为

$$x = f(a_1, a_2, \cdots, a_m),$$

其中 $a_i (i = 1, \cdots, m)$ 是已知线段, 而 $f$ 是仅含有限次的有理运算及开平方的一次齐次式.

因而, 我们得到一个关于尺规作图可能性的准则:

"一个作图题中必需求出的未知线段, 如果能够由若干已知线段经过有限次有理运算及开平方运算作图得到, 并且只有这时, 这个作图题的求解可以仅用尺规来完成作图, 否则不能用尺规作图. "

根据这个准则, 关于尺规作图的可能与不能问题, 显然有法判别了, 但是, 光靠这个准则, 还是会遇到一些困难的. 为了说明几个历史上著名的作图不能问题, 要先介绍三次方程根的作图可能性问题.

2. 三次方程根的作图

关于有理系数三次方程根的作图可能性问题, 有如下定理.

**定理 1**  有理系数三次方程的根可用尺规作图的充要条件是它有有理根.

这定理的证明较冗长, 本书省略了, 读者可以参阅梁绍鸿编《初等数学复习与研究》一书.

3. 三大尺规作图不能问题

约在 2400 多年以前, 在希腊盛传着下列三个作图题: 立方倍积问题; 化圆为方问题; 三等分角问题, 这就是当时著名的几何三大难题. 这些问题引起了许多学者的兴趣, 他们耗费了巨大的精力从事研究, 结果都失败了. 后来人们怀疑这三个问题是否根本就不可能用尺规来作图. 这个怀疑启发了人们从另一角度进行思考. 1837 年万采尔 (P. L. wantzel, 1814~1848) 证明了立方倍

积和三等分角问题是尺规作图不能问题. 1882 年林德曼 (F. Lindemann, 1852～1939) 证明了 $\pi$ 是超越数, 从而证实了化圆为方问题也是尺规作图不能问题. 下面分别证明这三个问题不能仅用尺规来作图.

(1) 立方倍积问题: 求作一个立方体, 使它的体积等于已知立方体的体积的两倍.

假设已知立方体的棱长为 $a$, 所求作的立方体的棱长为 $x$, 那么, 按求作的条件, 应有 $x^3 = 2a^3$.

若取 $a = 1$, 则得到一个有理系数的三次方程

$$x^3 - 2 = 0. \tag{①}$$

这方程 ① 若存在有理根, 只能是 $\pm 1$, $\pm 2$, 通过简单验算, 可知它们都不是方程 ① 的根, 因此, 断定立方倍积问题不能仅用尺规来作图.

(2) 三等分角问题: 求三等分一已知角.

假设已知角 $\angle XOY = \theta$ (图 18-6), $OP$、$OQ$ 是 $\angle XOY$ 的三等分线, 即

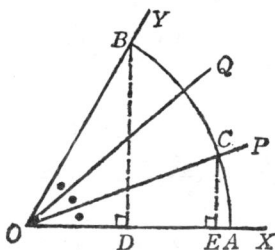

图 18-6

$$\angle XOP = \angle POQ = \angle QOY = \frac{1}{3}\theta.$$

取单位长为半径, $O$ 为圆心画弧交 $OX$、$OP$、$OY$ 于 $A$、$C$、$B$, 又作 $BD$、$CE \perp OX$ 于 $D$、$E$, 令 $OD = a$, $OE = x$, 显然 $a$ 是已知线段, $x$ 是未知线段 (如果能作出线段 $x$, 也就能求得三等分线 $OP$).

由三角学知识知道 $a = \cos\theta$, $x = \cos\dfrac{\theta}{3}$, 由三角公式, 可知

$$\cos\theta = 4\cos^3\frac{\theta}{3} - 3\cos\frac{\theta}{3},$$

$$\therefore \quad a = 4x^3 - 3x,$$

即

$$4x^3 - 3x - a = 0. \qquad ②$$

当 $\theta = 60°$ 时，则 $a = \cos 60° = \dfrac{1}{2}$. 代入 ② 得

$$8x^3 - 6x - 1 = 0. \qquad ③$$

由代数学知识知道方程 ③ 没有有理根. 所以当 $\theta = 60°$ 时，已不能用尺规作三等分角. 因此，三等分任意角是尺规作图不能问题.

(3) 化圆为方问题：求作一个正方形，使它的面积等于已知圆的面积.

假设已知圆的半径为 $r$，所求作的正方形的一边长为 $x$，那么，按求作的条件，应有

$$x^2 = \pi r^2,$$

取 $r = 1$，则 $x^2 = \pi$，所以

$$x = \sqrt{\pi}.$$

由于 $\pi$ 是超越数，$\sqrt{\pi}$ 也是超越数，它不能用已知量经有限次的加、减、乘、除、开方运算而算出，因此，化圆为方问题不能用尺规来作图.

4. 不能用尺规作图的判断方法

尺规作图不能的问题，多得不可胜数. 对于判断尺规作图不能问题，这里仅介绍两种间接判断法.

(1) 如果所考虑的问题，可以归结为已知的尺规作图不能问题，则可断定它也是不能用尺规来作图的.

**例 4** 在已知圆中，求作内接等腰三角形，使一腰的高落在一定弦上.

**解** 假设 $\odot O$ 是已知圆（图 18-7），$BE$ 是定弦，令所求内接三角形为 $\triangle ABC$，其中 $AB = AC$ 且 $AC$ 腰的高 $BD$ 落在 $BE$ 上. 作直径 $AF$，则易知

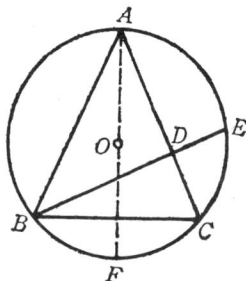

图 18-7

$\overset{\frown}{BF} = \overset{\frown}{FC}$. 又
$$AF \perp BC, BE \perp AC, \angle FAC = \angle CBE,$$
$$\therefore \quad \overset{\frown}{FC} = \overset{\frown}{CE}.$$
因此 $\overset{\frown}{BF} = \overset{\frown}{CF} = \overset{\frown}{CE}$, 即 $\overset{\frown}{BE}$ 被三等分了.

我们知道, 三等分一已知圆弧与三等分一已知角本质上是相同的, 既知三等分已知角不可能, 故三等分已知弧也是不可能的; 由此可见, 本题一般也不能仅用尺规来作图.

(2) 对于具有通例求解的问题, 只要取其特例来考察, 如果在特殊情况下, 就不能用尺规来作图, 则其通例的问题也就不能用尺规来作图, 这就是使用"矛盾的普遍性寓于特殊性之中"的思想方法. 例如三等分角的问题就是取特例 $\theta = 60°$ 来考察的, 从而断定其通例求解不能用尺规作图.

最后需要说明的是, 在实际画图时, 为了方便起见, 对于使用尺规能解决的问题, 允许改用其它辅助工具(例如用三角板、丁字尺作平行线或垂线, 用量角器作30°角, 用刻度尺截取线段), 这时, 仍可看作是尺规作图.

# §2 常用的作图方法

## 一、交轨法

有些作图题, 可归结为确定某一点的位置, 而一个点的确定, 须有两个条件, 于是可以分别作出只符合其中一个条件的点的轨迹, 则这两个轨迹的交点就是所求的点. 像这样利用轨迹相交来确定点的位置, 从而作出符合于所设条件的图形的作图方法叫做轨迹相交法, 简称交轨法.

如果在题设条件中, 已指明所求的点在给定的图形上, 这时, 只须求出一条轨迹, 点的位置就被确定了, 这样的方法, 叫做单轨法. 如果需由两条轨迹相交来确定点的位置, 这样的方法, 叫做双轨法.

**例1** 已知 $\odot O$ 的圆周上有三点 $M$、$N$、$P$，求作 $\odot O$ 的内接三角形，使其底边上的高延长过 $M$，顶角平分线延长过 $N$，底边的中线延长过 $P$.

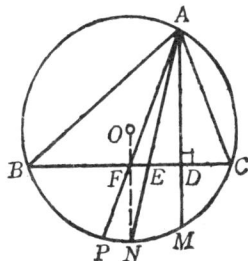

图 18-8

**分析** 如图18-8，若 $\triangle ABC$ 是所求的三角形，高 $AD$ 延长过 $M$，$\angle A$ 的平分线延长过 $N$，中线 $AF$ 延长过 $P$，则 $N$ 是 $\overset{\frown}{BC}$ 的中点，$ON$ 必过 $F$，$ON \perp BC$，故 $AM \parallel ON$，于是可先作出 $ON$，而后依次作出 $A$、$F$、$B$、$C$ 各点.

**作法** (1) 连结 $ON$；

(2) 由 $M$ 作 $NO$ 的平行线，交 $\odot O$ 于点 $A$；

(3) 连结 $AP$，交 $NO$（或其延长线）于点 $F$；

(4) 过 $F$ 作 $NO$ 的垂线交 $\odot O$ 于 $B$、$C$ 两点，$BC$ 交 $AM$ 于点 $D$；

(5) 连结 $NA$，交 $BC$ 于点 $E$；

(6) 连结 $AB$、$AC$；

则 $\triangle ABC$ 就是所求作的三角形.

**证明** 依作法，$AM \parallel ON$，$ON \perp BC$，所以

$$AM \perp BC,$$

即 $BC$ 边上的高 $AD$ 延长过点 $M$. 又因

$$ON \perp BC,$$

$$\therefore \quad BF = FC.$$

因此，$AF$ 是 $BC$ 边上的中线，即 $BC$ 边上的中线延长过点 $P$.

又由于 $\overset{\frown}{BN} = \overset{\frown}{CN}$，所以

$$\angle BAN = \angle CAN,$$

即 $AE$ 是 $\angle BAC$ 的平分线，故知顶角 $A$ 的平分线延长过点

$N$.

综上所证,$\triangle ABC$ 就是所求作的三角形.

讨论　当 $\overparen{MP}$ 小于半圆而 $N$ 在 $\overparen{MP}$ 上时,本题有一解,否则无解.

例1属于单轨法作图,如果所求作图形上的某些特殊点(如三角形三顶点、各边的中点、切线之切点),可以由所给条件确定出来,宜用单轨法作图. 如中学课本里所介绍的过已知圆外一点作已知圆的切线的作法,就是单轨法作图.

**例2**　已知两边之积,这两边之夹角及第三边的长,求作三角形.

已知　线段 $a$、$b$、角 $\alpha$(图18-9).

求作　$\triangle ABC$,使 $BC=a$,$AB \cdot AC=k^2$,$\angle BAC=\alpha$.

分析　假定适合条件的 $\triangle ABC$ 已作出,$BC$ 边等于定长 $a$,即 $\triangle ABC$ 的两个顶点 $B$ 和 $C$ 可先作出,关键在于确定点 $A$.

因为 $\angle BAC=\alpha$,所以符合条件 $\angle BAC=\alpha$ 的点 $A$ 的轨迹是以 $BC$ 为弦,所含圆周角等于定角 $\alpha$ 的弓形弧(第一个轨迹).

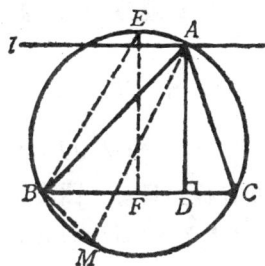

图　18-9

由于 $AB \cdot AC=k^2$,故满足该条件的点 $A$ 的轨迹还不清楚,为此设法加以转化,使形成的轨迹为我们所熟知. 其实,当 $a$ 和 $\alpha$ 定后,弓形 $BAC$ 之半径 $R$ 的大小也随之而定. 作 $AD \perp BC$,作直径 $AM$,连 $BM$,由于 $\angle M=\angle C$,所以 $\mathrm{Rt}\triangle ABM \backsim \mathrm{Rt}\triangle ADC$,从而 $AB \cdot AC=AM \cdot AD=2R \cdot AD$,所以 $AD=\dfrac{AB \cdot AC}{2R}=\dfrac{k^2}{2R}$(定值).而满足 $AD=\dfrac{k^2}{2R}$ 的点 $A$ 的轨迹是平行于 $BC$ 而距离等于 $\dfrac{k^2}{2R}$ 的直线 $l$(第二个轨迹),于是 $A$ 点可以确定.

作法　(1) 作 $BC=a$;

(2) 以 $BC$ 为弦,作含圆周角等于 $\alpha$ 的弓形弧;

(3) 作直线 $l /\!/ BC$,使它们之间的距离为 $\dfrac{k^2}{2R}$,其中 $R$ 是 (2)中所作弓形弧之半径;

(4) 令直线 $l$ 与(2)之弓形弧交于 $A$;

(5) 连结 $AB$、$AC$;

则 $\triangle ABC$ 就是所求作的三角形.

证明 略.

讨论 设弓形弧中点为 $E$,引 $EF \perp BC$ 于 $F$,易知 $BF = \dfrac{1}{2}a$,且 $\angle BEF = \dfrac{1}{2}\alpha$,由此 $EF = \dfrac{1}{2}a \cdot \operatorname{ctg} \dfrac{\alpha}{2}$,又 $2R = a \cdot \csc \alpha$,$AD = \dfrac{k^2}{2R} = \dfrac{k^2}{a \csc \alpha}$,所以

(1) 当 $AD \leqslant EF$,即 $k^2 \leqslant \dfrac{1}{2} a^2 \csc \alpha \cdot \operatorname{ctg} \dfrac{\alpha}{2}$ 时,有一解;

(2) 当 $AD > EF$,即 $k^2 > \dfrac{1}{2} a^2 \csc \alpha \cdot \operatorname{ctg} \dfrac{\alpha}{2}$ 时,无解.

例 2 中,满足 $AB \cdot AC = k^2$ 的点的轨迹名为卡西尼卵形线. 它不能直接用尺规作图法画出,故设法把它转化为我们熟知的作图成法,使之能用尺规作图法作出其轨迹.

例 2 是用双轨法的活位作图,当 $AD \leqslant EF$ 时,虽然出现两个或四个可能位置,但因所作出的三角形是全等的,故只算一解.

题中原设的已知量,如 $AB \cdot AC = k^2$,叫做原始已知量. 由原始已知量推出的其它量,如 $AD = \dfrac{k^2}{2R}$,叫做派生已知量. 在讨论过程中,都应当归结为原始已知量来讨论.

**二、三角形奠基法**

如果所求的作图题,可以分解为先作出所求图形中的某一个三角形,以它来奠定全部图形的基础. 在此基础上,再按求作图形的要求,逐步去完成全图,这样的作图方法,叫做三角形奠基法. 这

里作为作图基础的三角形,叫做奠基三角形.

解作图题,一般是先画出草图考察. 如果草图中所含的三角形,有某个三角形已知具备三边,或两边和夹角,或一边和两角,一般都可用三角形奠基法来解. 即使草图中没有这样的三角形, 但是,添作适当的辅助线后,就能出现这样的三角形, 也可以应用这个方法来解.

**例3**　已知两边和其中一边上的中线,求作三角形.

已知　线段 $a$、$b$ 和 $m$.

求作　$\triangle ABC$, 使 $BC=a$, $AC=b$, $BC$ 边上的中线等于 $m$.

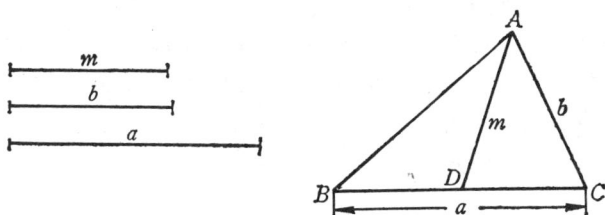

图　18-10

分析　假定 $\triangle ABC$ 已经作出,其中 $BC=a$, $AC=b$, 中线 $AD=m$ (图 18-10). 显然, 在 $\triangle ADC$ 中, $AD=m$, $DC=\dfrac{1}{2}a$, $AC=b$, 所以 $\triangle ADC$ 可以先作出. 然后由 $BD=\dfrac{1}{2}a$ 的关系, 可求得顶点 $B$ 的位置,最后作出 $\triangle ABC$.

作法　略.

证明　略.

讨论　在 $\dfrac{1}{2}a$、$b$、$m$ 三条线段中,最长的一条大于或者等于其它两条的和时,本题无解,否则有唯一的解.

利用三角形奠基法解作图题, "讨论"这一步首先是研究三角形是否存在,如存在,有几个?然后再结合其它条件讨论.

**例4**　已知五边形各边中点的位置,求作此五边形.

已知　五定点 $P$、$Q$、$R$、$S$、$T$.

求作　五边形 $ABCDE$，使 $P$、$Q$、$R$、$S$、$T$ 分别为此五边形各边之中点.

分析　假定五边形 $ABCDE$ 已作出(如图18-11)，连 $AC$，取其中点 $K$，则 $RSTK$ 为平行四边形，其中 $R$、$S$、$T$ 为已知的定点，故 $\square RSTK$ 可作出. 随之 $\triangle PQK$ 亦可作出. 现以 $\triangle PQK$ 为奠基三角形，由于 $P$、$Q$、$K$ 分别为 $\triangle ABC$ 三

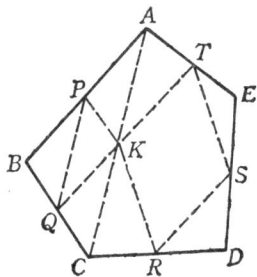

图 18-11

边之中点，故 $\triangle ABC$ 可以作出，点 $A$、$B$、$C$ 可定. 由于 $R$、$T$ 亦为定点且分别为 $CD$、$AE$ 之中点，故随之可定 $D$、$E$ 两点，于是五边形 $ABCDE$ 可以作出.

作法　(1) 连结 $RS$、$ST$；

(2) 以 $RS$、$ST$ 为邻边作 $\square RSTK$；

(3) 连结 $PQ$、$QK$、$KP$，得 $\triangle PQK$；

(4) 分别过 $P$、$Q$、$K$ 三点作 $\triangle PQK$ 三边之平行线 $AB$、$BC$、$CA$，并令此三条直线分别交于 $A$、$B$、$C$ 三点；

(5) 连结 $CR$，并延长 $CR$ 至 $D$，使 $RD = CR$；

(6) 连结 $AT$，并延长 $AT$ 到 $E$，使 $TE = AT$；

(7) 连结 $DE$；

则 $ABCDE$ 就是所求作之五边形.

证明　由作法可知，$APQK$ 和 $BPKQ$ 均为平行四边形，所以 $AP = QK = BP$，即 $P$ 为 $AB$ 之中点.

同理可证，$Q$、$K$ 分别为 $BC$、$CA$ 之中点.

又由作法可知，$T$、$R$ 分别为 $AE$、$CD$ 之中点.

最后用同一法证明 $S$ 是 $DE$ 之中点.

设 $DE$ 之中点为 $S'$，则 $RS'TK$ 为平行四边形，但由作法知 $RSTK$ 也是平行四边形，又由于 $T$、$K$、$R$ 三点为定点，以 $KT$、

$KR$ 为邻边的平行四边形是唯一的, 所以 $S'$ 与 $S$ 必重合, 即 $S$ 为 $DE$ 之中点, 故五边形 $ABCDE$ 符合所求条件.

讨论 若 $K$、$P$、$Q$ 共线, 则作为奠基的三角形 $PQK$ 不存在, 于是 $\triangle ABC$ 也不可作出, 五边形也就不可作. 因此, 当 $P$、$Q$、$R$、$S$、$T$ 五定点中, 若无三点共线, 按循环次序排列, 且用其中任一点与两邻点的连线为邻边作平行四边形, 其第四个顶点不与其余两点共线时, 本题有一解, 否则无解.

### 三、变位法

利用合同变换解作图题的方法, 叫做变位法. 这种方法的作用在于: 把分散的元素集中到一个图形中, 使作图容易解决; 有时则相反, 为了减少约束条件, 把图形的某些元素分散开来, 使之便于作图; 或把不利于作图的图形位置, 移动到另一个易于作图的新位置上, 化不利为有利, 便于作图.

变位法作图的程序, 大致是:

(1) 按条件画出草图;

(2) 把草图(或其中之一部分)$F$, 利用合同变换, 得到对应图形 $F'$(这个 $F'$ 易作出);

(3) 作出图形 $F'$;

(4) 再利用其逆变换, 作出图形 $F$.

合同变换有平移、旋转和反射三种基本类型, 相应地, 变位法有平移法、旋转法和反射法三种作图方法.

#### 1. 平移法

利用平移变换解作图题的方法, 叫做平移法(或称平行迁移法).

**例 5** 在两条平行线 $AB$ 和 $CD$ 的两外侧有两定点 $P$、$Q$, 求在 $AB$ 和 $CD$ 间作一条线段 $EF$ 垂直于 $AB$, 交 $AB$ 于 $E$, 交 $CD$ 于 $F$, 使 $PE=QF$.

已知 $AB /\!/ CD$, 在 $AB$ 和 $CD$ 的两外侧有两定点 $P$、$Q$.

求作 在 $AB$、$CD$ 间作一垂直线段 $EF$, 使 $PE=QF$.

分析  假定 $EF$ 已作出,观察图形(图18-12), $PE$、$QF$ 分居在平行线的两外侧,不易发现它们的关系. 若想把 $PE$ 沿 $EF$ 方向平移 $EF$ 长度之距离, 此时 $PE$ 落在 $P'F$ 位置上. 于是 $P'F$ (代表 $PE$)和 $QF$ 集中于一处, 容易发现点 $F$ 位置之特点. 由于 $P'F=PE=QF$, 故知点 $F$ 距点 $P'$ 和点 $Q$ 等远,且点 $F$ 应在

图  18-12

$CD$上, 所以只要点 $P'$ 位置定了,点 $F$ 位置也可随之确定.

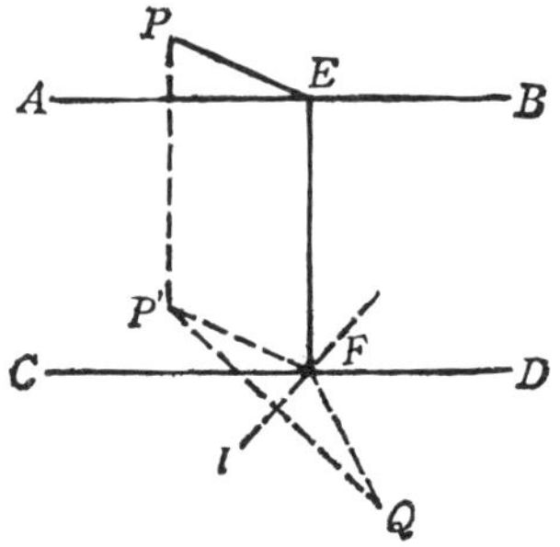

作法  (1) 设 $AB$ 和 $CD$ 的距离为 $d$, 由 $P$ 点作 $AB$ 之垂线 $PP'$ 且截取 $PP'=d$;

(2) 连结 $P'Q$;

(3) 作 $P'Q$ 之垂直平分线 $l$ 交 $CD$ 于点 $F$;

(4) 由点 $F$ 作 $FE \perp CD$,交 $AB$ 于 $E$, 则 $EF$ 就是所求作的线段.

证明  依作法,$PP' \perp\!\!\!= EF=d$, 所以 $PP'FE$ 为平行四边形, 有

$$PE=P'F.$$

又因 $l$ 是 $P'Q$ 垂直平分线,所以

$$P'F=QF.$$

$$\therefore \quad PE=QF.$$

讨论  由题设可知, $PQ$ 必与 $CD$ 相交. 设点 $P$ 与 $AB$ 的距离为 $d_1$,点 $Q$ 与 $CD$ 的距离为 $d_2$.

(1) $PQ$ 与 $CD$ 直交, 这时 $P'Q$ 也与 $CD$ 直交.

1° 当 $d_1=d_2$ 时, 线段 $P'Q$ 的垂直平分线 $l$ 与 $CD$ 重合. 这时,$AB$ 和 $CD$ 的任意一条公垂线 $EF$ 都符合条件,因此在这种情形下本题有无穷多个解.

2° 当 $d_1 \neq d_2$ 时,线段 $P'Q$ 的垂直平分线 $l$ 不与 $CD$ 重合,而

与 $CD$ 平行, 即 $l$ 与 $CD$ 没有交点, 这时本题无解.

(2) $PQ$ 与 $CD$ 斜交, 这时 $P'Q$ 也与 $CD$ 斜交. 因此, 线段 $P'Q$ 的垂直平分线 $l$ 与 $CD$ 有一个交点 $F$, 这时本题有一解.

使用平移法作图, 关键在于通过平移, 能使条件集中或分散. 一般地说, 与平行线有关的问题, 定向定长线段的定位问题, 两圆公切线问题, 四边形问题等, 都可优先考虑用平移法.

使用平移法作图, 在作图分析中应弄清平移方向是什么, 平移距离是多少, 把什么图形平移, 等等.

2. 旋转法

利用旋转变换解作图题的方法, 叫做旋转法.

**例 6**  求作一正三角形, 使它的三顶点分别在三条平行线上.

已知  直线 $a \parallel b \parallel c$.

求作  正三角形 $ABC$, 使顶点 $A$、$B$、$C$ 分别在 $a$、$b$、$c$ 上.

分析  如图18-13, 设正 $\triangle ABC$ 已作出, 且 $A$ 在 $a$ 上, $B$ 在 $b$ 上, $C$ 在 $c$ 上, 如果将直线 $b$ 绕点 $A$ 为中心, 旋转 $60°$ 角, $b$ 落在 $b'$ 上, 则点 $B$ 重合于点 $C$, 所以 $C$ 是 $b'$ 和 $c$ 之交点, 故知若直线 $b'$ 能作出, 则点 $C$ 随之而确定.

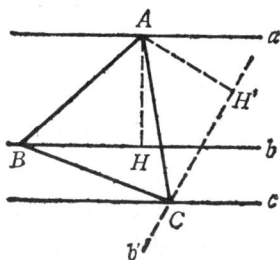

图 18-13

作法  (1) 在直线 $a$ 上任取一点 $A$, 由 $A$ 作 $AH \perp b$ 于 $H$;

(2) 以 $A$ 为顶点, $AH$ 为一边作 $\angle HAH' = 60°$, 且截取 $AH' = AH$ (实质把 $AH$ 绕 $A$ 点旋转 $60°$);

(3) 过 $H'$ 作直线 $b' \perp AH'$ (实质上是实现直线 $b$ 绕 $A$ 点旋转 $60°$), 设 $b'$ 与 $c$ 的交点为 $C$ (因为 $b'$ 系由 $b$ 旋转 $60°$ 而来, 故 $b'$ 必与 $c$ 相交);

(4) 连结 $AC$;

(5) 以 $A$ 为顶点, $AC$ 为一边, 作 $\angle BAC = 60°$, 设 $AB$ 与 $b$ 的交点为 $B$;

(6) 连结 $BC$;

则 △$ABC$ 就是所求作的正三角形.

证明 由作法知道，∠$HAH'=60°$，∠$BAC=60°$，所以

$$\angle CAH' = \angle HAH' - \angle HAC$$
$$= 60° - \angle HAC$$
$$= \angle BAC - \angle HAC$$
$$= \angle BAH.$$

又 $AH'\perp b'$, $AH\perp b$, $AH'=AH$,

∴ ∠$CH'A = \angle BHA = 90°$,

则 Rt△$CH'A \cong$ Rt△$BHA$,

∴ $CA = BA$.

而 ∠$BAC = 60°$,

即 △$ABC$ 是正三角形.

再由作法可知，△$ABC$ 之三个顶点分别在 $a$、$b$、$c$ 上，所以 △$ABC$ 为所求的正三角形.

讨论 由于本题是半活位作图，且顺时针或逆时针旋转 $60°$ 所得三角形是关于直线 $AH$ 成对称，应是全等三角形，故本题只有一解.

使用旋转法作图,关键在于选择适当的旋转中心,继而决定旋转角的大小和旋转方向. 一般说,题中若有定点、定角, 或求作正三角形、正方形等问题,宜用旋转法.

如果旋转变换的旋转角为 $180°$, 此时的旋转变换实质是一种中心对称变换, 它是一种特殊的旋转法, 故又称它为中心对称法.

**例 7** 定圆外有两个定点,求作定圆的一直径, 使其两端点分别到两定点的距离相等.

已知 $A$、$B$ 为定圆 $O$ 外的两定点.

求作 ⊙$O$ 的直径 $CD$,使 $AC=BD$.

分析　假设直径 $CD$ 已作出，$AC=BD$，以 $O$ 为中心，将 $\triangle BOD$ 旋转 $180°$（或以 $O$ 为中心进行点反射）至 $\triangle B'OC$（图 18-14），则 $B'C=BD$，从而 $AC=B'C$，即点 $C$ 到 $A$、$B'$ 两点等距离，因为 $A$ 为定点，而 $B'$ 为 $B$ 关于 $O$ 的对称点，也为定点，故 $C$ 点位置可定，从而得到直径 $CD$ 的作法。

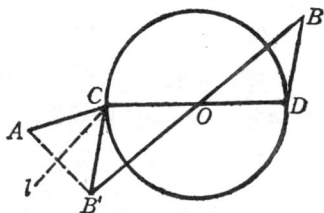

图 18-14

作法　(1) 连结 $BO$ 并延长至 $B'$，截取 $OB'=OB$（实质上是实现 $OB$ 绕 $O$ 点旋转 $180°$）；

(2) 连结 $AB'$；

(3) 作 $AB'$ 的垂直平分线 $l$，交 $\odot O$ 于点 $C$；

(4) 作直径 $CD$；

则 $CD$ 就是所求的直径。

证明　依作法，$CD$ 是 $\odot O$ 的直径．有

$$CO=OD.$$

$$\because \quad OB'=OB, \angle COB'=\angle BOD,$$

$$\therefore \quad \triangle COB' \cong \triangle DOB, B'C=BD.$$

又 $C$ 是 $AB'$ 的垂直平分线上一点，所以

$$AC=B'C,$$

从而　　　　　　　　　　$AC=BD.$

因此，$CD$ 是所求的直径。

讨论　$AB'$ 的中垂线 $l$ 与 $\odot O$ 相交时有两解，相切时有一解，相离时无解。

3. 反射法

利用反射变换解作图题的方法，叫做反射法，或叫做轴对称法，翻折移位法，简称对称法。反射法作图的关键，通常把折线化为直线段，故又称直化法。

**例 8** 过给定锐角三角形边上一定点,作它的内接三角形,使其周长为最短.

已知 锐角 $\triangle ABC$,$BC$ 边上一点 $D$.

求作 $\triangle DEF$,使它内接于 $\triangle ABC$,且其周长为最短.

分析 假设 $\triangle EFD$ 为所求作的三角形,如图 18-15,作定点 $D$ 关于 $AB$、$AC$ 的对称点 $D'$ 与 $D''$,则 $D'$ 与 $D''$ 也是定点,连结 $D'D''$,则 $D'E+EF+FD''=DE+EF+FD$. 因为要求 $DE+EF+FD$ 为最短,故知 $D'E+EF+FD''$ 也应最短,可见 $D'$、$E$、$F$、$D''$ 应在同一直线上,由此得如下作法.

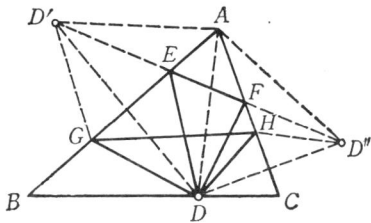

图 18-15

作法 (1) 作点 $D$ 关于 $AB$ 的对称点 $D'$,关于 $AC$ 的对称点 $D''$;

(2) 连结 $D'D''$,分别交 $AB$、$AC$ 于 $E$、$F$ 两点;

(3) 连结 $ED$、$FD$;

则 $\triangle DEF$ 就是所求作的三角形.

证明 过定点 $D$ 任作 $\triangle ABC$ 的一异于 $\triangle DEF$ 的内接三角形 $DGH$,点 $G$、$H$ 分别在边 $AB$、$AC$ 上. 连结 $GD'$、$HD''$,则
$$D'G=DG, \quad HD''=HD.$$

$$\therefore \quad DG+GH+HD=D'G+GH+HD''>D'D''.$$

$$\because \quad DE+EF+FD=D'E+EF+FD''=D'D'',$$

因此,$\triangle DEF$ 的周长为最短.

讨论 本题是否有解,关键取决于连线 $D'D''$ 与边 $AB$、$AC$ 是否有交点. 注意到 $\triangle ABC$ 为锐角三角形,所以 $D'$、$D''$、$A$ 都在直线 $BC$ 的同侧.于是连结 $AD$、$AD'$、$AD''$ 之后,为了判定 $D'D''$ 与边 $AB$、$AC$ 是否有交点,只要判定 $\angle D'AD$ 与 $\angle D''AD$ 之和是否小于 $180°$ 就可以了.

$\because$    $\angle D'AB = \angle DAB,\ \angle D''AC = \angle DAC,$

$\angle D'AD = 2\angle DAB,\ \angle D''AD = 2\angle DAC.$

$\therefore$   $\angle D'AD + \angle D''AD = 2(\angle DAB + \angle DAC) = 2\angle BAC.$

**注意到** $\angle BAC$ 为锐角,则

$$\angle D'AD + \angle D''AD < 180°.$$

由此可知连线 $D'D''$ 必与线段 $AB$、$AC$ 分别相交, 所以本题有且只有一解.

凡属于求线段之和为最短的问题,往往用反射法可以奏效.一般是将折线化为某一线段,并从两点之间的连线以直线段为最短而得解.

**四、位似法**

利用位似变换解作图题的方法,叫做位似法.

位似变换的作用在于:图形大小、位置发生了变化,但其形状不变,因此,可以在方便的位置上先作出与所求图形 $F$ 位似的图形 $F'$,然后,再通过位似变换,把 $F'$ 移放到所求作的位置上,便得到所求作的图形 $F$.

位似法的作图程序大致如下:

(1) 画出草图观察;

(2) 保留定形条件,放弃部分大小、位置条件,在方便的位置上作出所求作图形 $F$ 的位似图形 $F'$;

(3) 在规定的位置上,作出 $F'$ 的位似形 $F$.

**例 9** 求作已知锐角三角形的内接矩形, 使这矩形两邻边的比为 $2:3$.

**已知** $\triangle ABC$ 为锐角三角形.

**求作** $\triangle ABC$ 的内接矩形 $DEFG$,使 $DE:DG$(或 $DG:DE$) $=2:3$.

**分析** 因为矩形两邻边的比为定比 $2:3$, 故求作的矩形形状已确定.要求矩形内接于定三角形,即矩形的一边在三角形的一边上, 其余两个顶点分别在三角形的另两边上. 这些条件全部满足

时,矩形将定位定形. 如果先放弃其中一个条件,就可以任作一个矩形相似于求作的矩形，随之再作适当的位似变换，就可获得所求作的矩形.

作法 (1) 如图18-16,在 $AB$ 上任取一点 $D'$;

(2) 由 $D'$ 作 $D'E' \perp BC$ 于点 $E'$;

(3) 由 $D'$ 作 $D'G' /\!/ BC$, 且使 $D'E' : D'G' = 2:3$;

(4) 由 $G'$ 作 $G'F' \perp BC$ 于 $F'$;

(5) 连结 $BG'$, 并延长 $BG'$ 交 $AC$ 于 $G$;

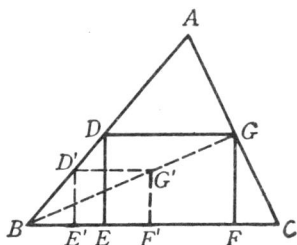

图 18-16

(6) 由 $G$ 作 $GF \perp BC$ 于 $F$;

(7) 由 $G$ 作 $GD /\!/ CB$, 交 $AB$ 于 $D$;

(8) 由 $D$ 作 $DE \perp BC$ 于 $E$;

则矩形 $DEFG$ 就是所求矩形.

证明 由作法可知,矩形 $DEFG$ 与矩形 $D'E'F'G'$ 位似,因此
$$DE : DG = D'E' : D'G' = 2:3.$$

所以,矩形 $DEFG$ 为所求矩形.

讨论 因为 $\triangle ABC$ 为锐角三角形,所以 $EF$ 若在 $AB$ 或 $AC$ 边上时,又可各得两个解. 因此,本题有六个解.

## 五、代数法

在解某些作图题时，可以先把作图题的问题归结为求一条线段，并能由已知线段的代数式来表示求作的线段，再根据这个代数式作出线段，然后完成所要求的图形.这种作图方法，叫做代数分析法,简称代数法. 它的一般解题步骤是:

(1) 用字母表示题中某些已知的和未知(欲求)的量;

(2) 依给定条件和已知定理，找出已知量和未知量之间的数量关系,列出方程(组);

(3) 解此方程(组)求出根的表达式,必要时,把根的表达式变形,使之与作图成法中的式子类似;

(4) 按根的表达式,作出根所对应的线段;

(5) 再进一步完成满足全部条件的图形.

**例 10** 内分线段 $AB$ 成中外比(即对 $AB$ 作黄金分割).

已知 线段 $AB$.

求作 把 $AB$ 分成中外比的内分点.

分析 设 $AB$ 长为 $a$,内分点 $C$ 把 $AB$ 分成两段,大段 $AC$ 长为 $x$,小段 $CB$ 长为 $a-x$,按中外比的要求,应有 $CB:AC=AC:AB$,即

$$(a-x):x=x:a,$$
$$\therefore \quad x^2=a(a-x),$$

即 $$x^2+ax-a^2=0.$$

解之,得

$$x=\frac{-a\pm\sqrt{a^2+4a^2}}{2}$$

$x$ 只能取正值,舍去负根,得

$$AC=\frac{\sqrt{5}-1}{2}a=\sqrt{a^2+\left(\frac{a}{2}\right)^2}-\frac{a}{2}.$$

由勾股定理,知道求内分点 $C$ 的作图方法如下.

作法 如图 18-17.

(1) 过 $B$ 点作 $BD \perp AB$ 且截取 $BD=\frac{1}{2}AB$;

(2) 连结 $AD$;

(3) 在 $DA$ 上,截取 $DE=DB$;

(4) 在 $AB$ 上,截取 $AC=AE$;

则 $C$ 点就是所求作的内分点.

证明 $\because \quad AD=\sqrt{AB^2+BD^2}$

$$=\sqrt{AB^2+\left(\frac{1}{2}AB\right)^2},$$

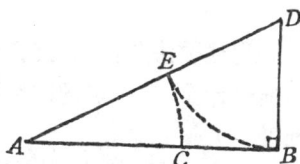

图 18-17

$$AE = AD - BD$$

$$= \sqrt{AB^2 + \left(\frac{1}{2}AB\right)^2} - \frac{1}{2}AB$$

$$= \frac{\sqrt{5}-1}{2}AB,$$

$$AC = AE = \frac{\sqrt{5}-1}{2}AB,$$

$$BC = AB - AC = AB - \frac{\sqrt{5}-1}{2}.$$

$$AB = \frac{3-\sqrt{5}}{2}AB,$$

$$\therefore \quad AB \cdot BC = \frac{3-\sqrt{5}}{2}AB^2,$$

而

$$AC^2 = \left(\frac{\sqrt{5}-1}{2}AB\right)^2 = \frac{3-\sqrt{5}}{2}AB^2,$$

$$\therefore \quad AC^2 = AB \cdot BC.$$

即

$$BC:AC = AC:AB.$$

因此, $C$ 是把 $AB$ 分成中外比的内分点.

讨论 以 $AB$ 的中点 $O$ 为对称中心, $C$ 点关于 $O$ 点的对称点 $C'$(图 18-18)也是把 $AB$ 分成中外比的内分点, 故知本题应有两解.

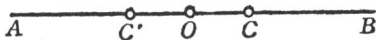

图 18-18

用代数法作图, 关键在于寻找已知量与未知量之间的关系. 主要通过计算, 有一定的准绳可循. 但有时因运算量大, 给作图增加难度.

探求用已知线段的代数式来表示求作的线段, 是用好代数法作图的关键. 因此, 研究几何线段关系式的特性, 以及在何种情况下可以用代数法作图, 是两个重要的问题.

## 1. 几何线段关系的齐次性

由欧氏几何图形产生的关系式,大多是由线段长度组成的.凡由线段组成的几何关系式, 无非是由一些简单的齐次关系式施以加、减、乘、除、开方各种运算而得到的. 这些运算的结果, 还是齐次关系式. 因此, 一切由线段组成的几何关系式都是齐次的. 这个特性叫做几何线段关系式的齐次性. 例如, 在 $Rt\triangle ABC$ 中, 斜边 $AB$ 上的高为 $CD$,则

$$a^2+b^2=c^2; \qquad CD^2=AD\cdot BD;$$

$$BC^2=AB\cdot BD; \qquad AC^2=AB\cdot AD;$$

等等. 这些关系式,对于所含各线段来说,都是齐次的.

我们约定:(1)如果一个关系式不是齐次的, 便说它无几何意义;(2)次数比 3 大的齐次关系式,也没有几何意义.

一个齐次关系式,总可以经过某种运算,把它变成 0、1、2、3 次齐次式,使之具有几何意义,而且它的各项也有几何意义.

## 2. 一次式作图

若 $a$, $b$, $c$, … 表示已知线段,$x$ 表示未知线段, $m$、$n$ 表示自然数. 由作图成法知道, 可用尺规作出下列各个一次齐次式所表示的线段 $x$:

$$x=a+b; \qquad x=a-b \quad (a>b);$$

$$x=\frac{m}{n}a; \qquad x=\frac{ab}{c}; \qquad x=\sqrt{ab};$$

$$x=\sqrt{a^2+b^2}; \qquad x=\sqrt{a^2-b^2} \quad (a>b).$$

这些一次式作图,是代数法的基础,从这些基础出发, 可以得到定理2.

**定理2** 凡含已知线段 $a_1$, $a_2$, …, $a_m$ 的一次齐次式 $F(a_1, a_2, …, a_m)$,若其中仅用有限次加、减、乘、除、开方这五种运算,并且 $F$ 在其定义域中能取实值, 则此值所对应的线段可用尺规作图.

## 3. 二次根式的作图

欲求出二次方程的根所对应的线段 首先要求方程的根有几何意义,否则根的作图就毫无意义. 因此,要求方程左边的二次三项式是二次齐次式,可设二次方程为

$$x^2 \pm px + qr = 0,$$

其中 $p$、$q$、$r$ 是已知线段.

我们知道,二次方程根的表达式,是含有 $p$、$q$、$r$ 的有限次加、减、乘、除、开方五种运算的一次式,若方程的根是实数值, 则一定能用尺规作出根所对应的线段.

若把二次方程的系数规定得更广泛一些, 将得到下面的定理.

**定理 3** 设 $A$ 是已知线段的零次齐次式, $B$ 是已知线段的一次齐次式, $C$ 是已知线段的二次齐次式, 并且它们仅含有加、减、乘、除、开平方五种运算,则当方程

$$Ax^2 + Bx + C = 0$$

的根有实数值时,这根(或绝对值)是可作的线段.

4. 关于等分圆周问题

把圆周分成 $n$ 等分, 就可以作出圆内接或外切正 $n$ 边形. 所以作正 $n$ 边形问题, 实质就是等分圆周问题. 有不少正 $n$ 边形的作图题可以用代数法来解决的,本节例 10 把线段作黄金分割的方法,就是十等分圆周,即作圆内接正十边形的方法.

事实上, 设 $O$ 为已知圆心, $R$ 为半径,如图 18-19, $AB$ 为圆内接正十边形的一边,以 $x$ 表示其长度, 则 $x$ 与 $R$ 的关系,可以由相似三角形的性质而获得.

设 $\angle OBA$ 的平分线 $BC$ 交 $OA$ 于点 $C$, 易证 $\triangle OAB \backsim \triangle BAC$, 于是 $OA : AB = AB : AC$, 又由于 $OC = BC = AB$, 所以 $OA : OC = OC : AC$,故知点 $C$ 就是半径 $OA$ 的黄金分割点,于是

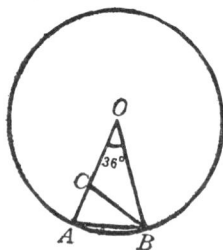
图 18-19

$$AB = OC = x = \frac{\sqrt{5}-1}{2} R.$$

由上述例 10 易知十等分圆周的作图方法（请读者自己补上）.

若将圆内接正十边形各顶点依次相间的点相连，即得圆内接正五边形.

若将一圆分成十等分，那么从一个分点起，每隔开三个分点相连，就形成五角星.

由分数等式 $\frac{1}{15} = \frac{1}{6} - \frac{1}{10}$ ，可获得十五等分圆周的方法.

另外把圆周作 3, 6, 12, $\cdots$, $3 \cdot 2^k$ 以及 4, 8, 16, $\cdots$, $4 \cdot 2^k$ 等分的方法，去决定作圆的内接正 3, 6, 12, $\cdots$, $3 \cdot 2^k$ 及正 4, 8, 16, $\cdots$, $4 \cdot 2^k$ 边形，已是大家熟知的方法（不再赘述）.

更一般地说，能否用尺规等分圆周问题，高斯于 1801 年已证明了如下定理.

**定理 4** 可用尺规 $n$ 等分圆周的充要条件是 $n$ 为如下形状的整数：

$$n = 2^k P_1 P_2 \cdots P_s,$$

其中 $k$ 是自然数或零；而 $P_1, P_2, \cdots, P_s$ 中每一个是可以表示成 $P_i = 2^{2^t} + 1 (i = 1, 2, \cdots, s)$ 形式的质数或等于 1.

定理 4 完整地解决了等分圆周的可能与不能问题. 但是如何作法以及如何判断 $2^{2^t} + 1$ 型数是质数，仍然是很难的问题，并未得到完全的解决.

## 习 题 十 八

用交轨法解下列各题（1～6）：

1. 求作一圆与一给定的角的两边相切，且与一边切于一指定的点 $F$.

2. 已知一边及其所对的角和另外两边的比，求作三角形.

3. 已知一边、其它两边的比及此两边的夹角的平分线，求作三角形.

4. 在已知弧 $\overset{\frown}{AmB}$ 上求一点 $M$, 使弦的比为 $MA:MB=$ 定比 $(p:q)\neq 1$.

5. 已知定圆 $O$, 定直线 $l$ 过圆心 $O$, $\odot O$ 上两定点 $A$ 与 $B$ 在 $l$ 的同侧, 求作: $\odot O$ 上一点 $P$, 连结 $PA$、$PB$ 交 $l$ 于 $M$、$N$, 使 $OM=ON$.

6. 在定 $\odot O(R)$ 内作一弦 $AB$, 使 $AB=a$(定长), 且使直线 $AB$ 过定点 $C$.

用三角形奠基法解下列各题(7~11):

7. 已知一底、一腰、高及中位线之长, 求作梯形.

8. 已知两边上的中线和其中一边上的高, 求作三角形.

9. 由同一顶点引出的高、中线、角平分线的长为定长, 求作三角形.

10. 已知三角形第一边的长、第二边的高、第三边的中线, 求作三角形.

11. 已知三角形的三中线之长, 求作三角形.

试用变位法解下列各题(12~18):

12. 给定 $\triangle ABC$, 求作一直线平行于 $BC$, 交边 $AB$ 于 $D$, 交边 $AC$ 于 $E$, 使 $AD=EC$.

13. 求作过已知点 $P$ 的直线, 使其夹在给定平行线 $a$ 与 $b$ 之间的线段, 在定直线 $l$ 上的射影为定长 $m$.

14. 在定直线 $XY$ 的同侧有 $A$、$B$ 两点, 求作: $XY$ 上一点 $C$, 使 $AC+CB$ 为最短.

15. 给定两平行线 $x$、$y$ 及它们外侧各一点 $A$、$B$, 求出自 $A$ 至 $B$ 的最短路线, 且介于 $x$、$y$ 间的部分平行于定直线 $l$.

16. 求作一正三角形, 使它的三个顶点分别在三个已知同心圆上.

17. 已知底边 $a$、高 $h_a$、两底角之差 $\angle B-\angle C$, 求作 $\triangle ABC$.

18. 通过定点 $P$, 引直线与两定圆 $O$、$O'$ 交于 $A$、$B$, 使 $PA=PB$.

用位似法解下列各题(19~21)：

19. 过定角∠XOY 内一定点 A，作一圆 O，使 ⊙O 与∠XOY 的两边相切。

20. 求作一圆，使通过一定点，且切于两已知相交直线。

21. 已知三高 $h_a$、$h_b$、$h_c$ 的长度，求作 △ABC。

用代数法解下列各题(22~27)：

22. 求作一个正方形，使它和已知三角形等积。

23. 已知两线段之差及积，求作这两线段。

24. 求作正五边形，使其一边为定长。

25. 过定圆内一已知点，求作互相垂直的两弦，使四端点连成的凸四边形有一定的面积。

26. 求作一个三角形，使与已知三角形相似，且与另一已知三角形等积。

27. 求作一条直线，平行于已知梯形的底边，且平分其面积。

# 第十九章　平面几何教法研究

　　平面几何是初中数学的重要内容. 当前初中几何教材, 是在小学数学中几何初步知识的基础上, 使学生进一步学习基本的平面几何图形知识, 并向他们直观地介绍一些空间几何图形知识. 初中几何将逻辑性与直观性相结合, 通过各种图形的概念、性质、作(画)图及运算等方面的教学, 发展学生的逻辑思维能力、空间观念和运算能力, 并使他们初步获得研究几何图形的基本方法.

## §1　平面几何教学的目的和规律

### 一、平面几何的教学目的

　　从中学数学教学的总目的出发, 针对平面几何的教学特点, 现行平面几何的教学目的, 可概括为:

　　1. 使学生理解有关相交线、平行线、三角形、四边形、圆, 以及全等三角形、相似三角形的概念和性质, 掌握用这些概念和性质对简单图形进行论证和计算的方法. 了解关于轴对称、中心对称的概念和性质. 理解锐角三角函数的意义, 会用锐角三角函数和勾股定理解直角三角形.

　　2. 使学生会用直尺、圆规、刻度尺、三角尺、量角器等工具作几何图形.

　　3. 使学生通过具体模型了解空间的直线、平面的平行与垂直关系, 并会用展开图和面积公式计算圆柱和圆锥的侧面积和全面积.

　　4. 逐步培养学生观察、比较、分析、综合、抽象、概括的能力, 逐步使学生掌握简单的推理方法, 从而提高学生的逻辑思维能力.

　　5. 通过辨认图形、画图和论证的教学, 进一步培养学生的空间观念.

6. 通过揭示几何知识来源于实践又应用于实践的关系, 以及几何概念、性质之间的联系和图形的运动、变化, 对学生进行辩证唯物主义的教育.利用有关的几何史料和社会主义建设成就, 对学生进行思想教育. 通过论证与画图的教学, 逐步培养学生严谨的科学态度,并使他们获得美的感受.

## 二、平面几何教学的一般规律

平面几何教学有其自身的特点和规律,一般说来,要注意以下几点.

### 1. 重视几何基本概念的教学

重视基本概念的教学,是数学教学的总要求,但对几何教学而言,还有其特殊意义和特定要求.

几何概念大致可分为三类:

第一类是既不加定义也不给予解释的概念,如"延长","在…之上","在…之内"等. 这类概念往往是通过潜移默化学会使用,仅要求学生能够了解,并能正确表达和应用于绘图.

第二类是有所定义,但涉及内容较少的概念, 如"全等三角形的对应边","同位角", "多边形"等. 这类概念应正确掌握它们的实质,既能明了是如何从具体实例中抽象出来的,又能灵活地进行应用.

第三类是有准确定义,涉及内容较多,而且具有判定作用或性质作用的概念, 如"直线的平行","直线的垂直","等腰三角形"等. 这类概念特别重要,往往既是判定定理,又是性质定理. 除了要遵循上述要求外, 还应掌握其系统性, 搞清这些概念的基本变形,基本关系和基本用途.

重视几何基本概念的教学,首先,要明了几何语言的特征, 掌握几何语言的使用方法,并不断提高几何语言的表达水平. 这里,不仅要掌握常规几何术语,特别是推理语言、作图语言的用法,而且要掌握几何变式语言的用法. 例如,"点 $P$ 在直线 $MN$ 上",也可以说成"直线 $MN$ 通过点 $P$";"对顶角相等",其意思是说"若两角为对顶角,则此两角相等";"求证三角形的三条中线共点",其意思是说,"已知 $AD$、$BE$、$CF$ 为 $\triangle ABC$ 的中线,求证 $AD$、$BE$、$CF$ 共点",且与"在 $\triangle ABC$ 中,已知 $D$、$E$、$F$ 分别为 $BC$、$CA$、$AB$ 边中点,求证 $AD$、$BE$、$CF$ 交于一点"是等同的.

其次,要重视几何知识的系统化,能随时注意将有关概念及其性质加以分类整理.例如,将关于角的相互位置关系的知识系统化,就需要把"邻补角"、"对顶角"、"两边分别平行或垂直的角"、"等腰三角形的底角"、"同圆或等圆中对等弧的角"、"同位角"等复合概念或单一概念及有关性质加以整理.

再次,要充分发挥概念在解题过程中的核心作用.无论几何证明,还是解几何计算题、作图题、轨迹题都需要不断地从性质出发选择有关性质的概念,又需要从概念出发,选择从该概念可导出的与解题有关的性质.因此,几何解题的过程,往往就是几何概念的系统化及其灵活运用的过程.

2.注意正确地分析和使用图形

图文结合是中学几何课程的特点之一,教学中必须要教会学生分析和使用图形.

分析图形,要突出本质属性,排除非本质属性的干扰,并通过一定的反例来深化和突出本质属性.例如,把点到线段的距离理解为垂足必在线段上,把三角形的高线理解为必在三角形内部,都是将非本质属性误认为本质属性的表现.又如,在讲解位似形时,

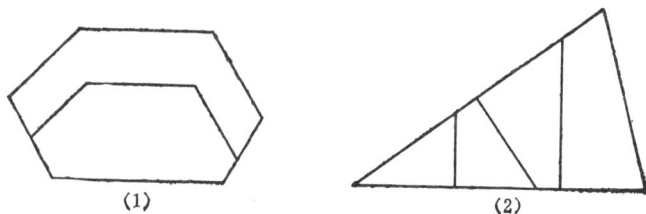

(1)　　　　(2)

图　19-1

可通过图 19-1 来让学生分析,以加深学生对位(相)似形本质属性的理解. 经过分析,他们应得出图 19-1(1)中两多边形不相似;图 19-1(2)中有四个三角形,其中三个相似,只有两个位似.

分析图形,更要提高对复杂图形的识别能力,善于对图形进行适当的组合与分解,这里抓住图形中某些特殊线段、角或三角形,进行有条理的分析很为重要.

例 1　已知 $\square ABCD$,$P$、$Q$ 分别为 $BC$、$CD$ 上一点,且 $PQ \parallel BD$,连 $PA$、$PD$、$QA$、$QB$,求证存在三个与 $\triangle PAB$,等积的三角形(图 19-2)

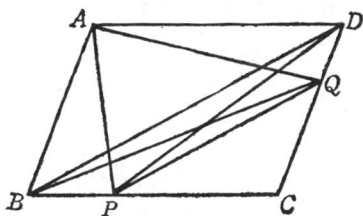

这里,若从 $\triangle PAB$ 所处特殊地位出发,以 $PB$ 为底,高的长度等于 $AD$ 与 $BC$ 间的距离,可找出 $\triangle PBD$ 与

图 19-2

之等积;再从 $\triangle PBD$ 特殊地位出发,可找出 $\triangle QBD$ 与之等积;最后从 $\triangle QBD$ 出发,可找出 $\triangle QAD$ 与之等积.

3.注意思维能力的全面培养

自古以来,人们都将几何教学作为锻炼逻辑思维的体操. 至今,几何课程仍在培养逻辑思维方面发挥重大的作用,这是几何教学的重要任务,务必予以足够的重视. 然而,有一种片面观点,认为培养运算能力,是代数教学的事,培养逻辑思维能力是平面几何教学的事,培养空间想象能力是立体几何教学的事. 事实上,运算包括代数运算、分析运算、几何运算. 初中几何中的平移、旋转、对称、相似以及位似等变换就是一种几何运算. 同时逻辑思维不仅是"几何型"的,也有"运算型",而且是一种比较先进的逻辑推理形式,至于空间想象也不仅仅局限于三维空间,既有二维空间, 又可发展到 $n$ 维空间. 培养能力不能孤立进行, 必须加强能力的综合训练.

平面几何中的逻辑思维,主要是通过三段论的形式, 由大前提、小前提和结论三部分组成. 对此,在第一分册中已作了详尽介绍,在平面几何中应有针对性地加强教学,学会运用. 而且应注意培养对图形的观察与分析能力、辩证思维能力、转化思想与方法的运用,即注意把复杂图形的研究转化为基本图形的研究,注意将图形的判定转化为确定某些基本元素之间的关系, 注意有意识地总结各种几何证题方法(所谓"证题术"),证明度量关系和位置关系,以及注意通过类比、联想、形数结合培养创造思维能力等.

**例 2**  过 ⊙$O$ 直径 $AB$ 的一端 $B$ 作切线 $BC$, 在 $BC$ 上任取两点 $P$、$Q$,连 $PA$、$QA$,分别交圆于 $S$、$R$, 再连结 $PR$、$QS$, 求证: $P$、$Q$ 对 $RS$ 的视角相等(图 19-3).

显然,经观察与分析,连 $RS$,欲证 ∠1=∠2,即欲证 $P$、$Q$、$R$、$S$ 共圆. 即要证 ∠$AQP$=∠$ASR$.

根据本题特点,结合过去证题的经验, 又转化为欲证 ∠$ASR$ 所对的弧等于 ∠$AQP$ 的两个不相邻的内角 ∠$\alpha$ 与 ∠$\beta$ 所对的弧之和.

可见, 这里充满着观察、分析、综合、类比, 特别是转化思想与方法的运用. 当然,在具体论证时, 又是通过逻辑思维形式来实现的.

**例 3**  在任意四边形 $ABCD$ 的外部以 $AB$、$CD$ 为边作正

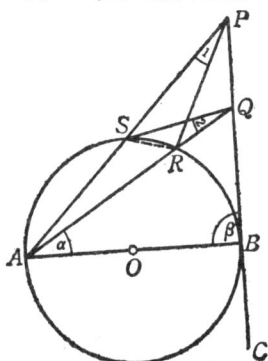

图 19-3

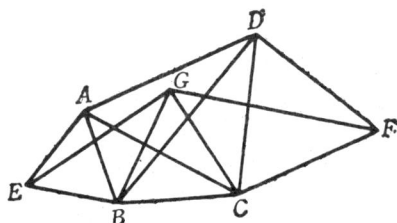

图 19-4

$\triangle AEB$ 和正 $\triangle CFD$,又在其内部以 $BC$ 为边作正 $\triangle BGC$,求证 $GE=AC$, $GF=BD$(图 19-4).

假如我们对旋转变换比较熟悉,且有应用几何变换证题经验的话,仅需将 $\triangle GEB$ 绕点 $B$ 顺时针旋转 $60°$, 即得第一个结论;类似地,将 $\triangle CFG$ 绕点 $C$ 逆时针旋转 $60°$ 就得第二个结论.

这里,我们不仅可看到多种能力的综合运用,而且可发现有关等腰三角形、平行四边形和圆的相当一部分定理都可以通过图形的对称性或几何变换得到证明, 运用这种方法往往可以解决相当一类问题(如在任意三角形、四边形内外作特殊三角形、四边形)的证明问题. 如果再作进一步探究,我们还可通过形数结合、类比、联想等,获得其它证明方法,以培养其创造性思维能力.

# §2 入门阶段的教学

所谓入门,指义务教育初中几何教材第一章线段、角与第二章相交线与平行线(即直线部分)的教学. 在一开始学习时, 多数学生不明了学习目的,不理解平面几何的教学特点,表现出学习上的不适应性. 在进入论证阶段,多数学生不习惯于推理论证,不会使用几何语言进行叙述,不会用尺规工具进行作图,以致产生畏难情绪. 以后随着学习的深入, 几何概念的增多, 推理论证要求的提高,这种畏难情绪日趋严重,分化现象也越来越明显.因此,如何加强入门阶段的教学,克服学习上的分化现象,历来是几何教学中重要的研究课题.

**一、内容分析**

这部分的教学内容及其之间的知识结构,见表 1 所示.

**二、教学要求**

这部分教学的具体要求,在中学数学教学大纲里,已有明确阐述,本书不再重叙. 只强调如下特别重要的几点:

1. 入门教学要使学生初步了解几何的研究对象,了解学习几

## 表 1

```
           ┌─线段──┬─线段的比较和度量
           │      └─线段的和、差及画法──线段的中点
           │
           │              ┌─角的比较和度量──直角、锐角、钝角、余角、补角、
           ├─射线─┬─角─┤                          邻补角
           │            └─角的和、差及画法──角的平分线
     直     │
     线─────┤─直线的性质─┬─经过两点有且只有一条直线
           │           └─两条直线相交只有一个交点
           │
           │                      ┌─对顶角及其性质
           │              ┌─两线相交─┼─垂线及其性质──点到直线
           │              │              的距离
           └─线段关系─┬─相交线─┤
                     │       └─三线相交──同位角、内错角、同旁内角
                     │
                     └─平行线──平行公理─┬─判定
                                      └─性质

           ┌─真命题、定理──证明
     命题─┤
           └─假命题
```

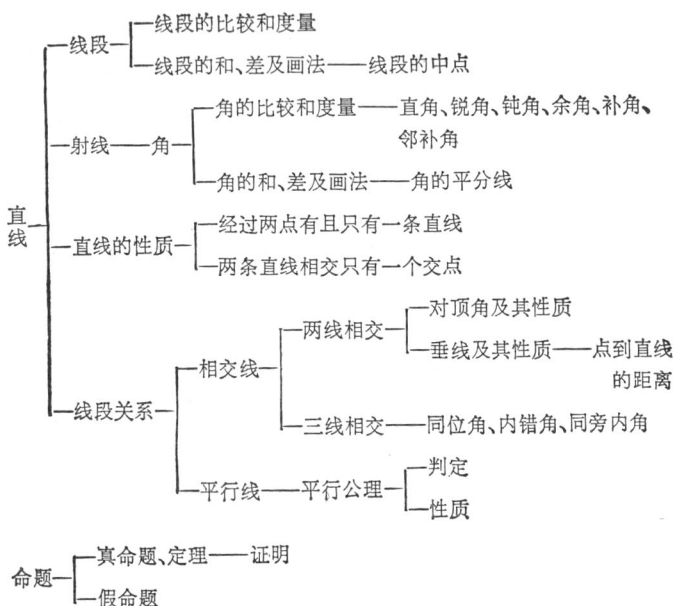

何的意义,从而激发学生学习几何的热情.

2.使学生了解定义、命题、公理、定理以及证明的含义,能区分命题的条件(题设)和结论(题断),会把命题改写成"如果…,那么…"的形式.了解证明的必要性,了解证明的步骤和格式,能结合图形,将学过的文字语言改写成符号语言,但不要求独立完成命题的证明.

**三、教学建议**

这部分内容是学习初中几何的基础,为解决好"入门难"的问题,在教学中应注意以下问题.

**1.注意培养学生学习几何的兴趣**

首先应上好"导言课".在做法上,可启发学生从观察入手,介绍几何知识在日常生活与生产实际中的应用;从勾股定理、黄金分割谈起,介绍我国古代数学的成就;从欣赏一些装饰图案,具体测

算山高、河宽以及折叠、拼补图形等实际问题中，引导学生学习几何的兴趣，明确学习几何的重要性．同时要注意不断结合生产、生活实例，注意借助教具演示；讲解基础知识，注意运用变式语言、变位图形，进行一题多解、一题多变的练习；引导学生猜想，积极思考，以吸引学生的注意力，激发学习的激情．

2．注意几何学习方法的指导

学生过去虽然已接触到一些几何图形．但他们习惯于基本程式的计算，满足于所得数的结果，忽视概念的掌握，算理的运用，对解题结果是一个图形或形状以及位置关系的确定等很不习惯．我们应重视学习方法的研究，善于引导他们如何从数的研究过渡到对形的研究，从数值计算过渡到对几何图形的量一量、画一画，对几何图形的分解、组合或形状、位置、大小关系的确定；从代数语言过渡到几何语言，从计算过渡到推理，做到"论必有据"，使学习方法适应学习几何课程的需要．

3．注意引导学生突破概念关

在平面几何第一、二章中有 29 个重要概念，虽然其中 21 个在小学里已接触过，但当时限于条件，学生不可能真正理解，应用上带有机械模仿性．现在重新学习时，要注意引导学生从实际中抽象出概念，注意结合图形利用数学表达式总结概念的意义，揭示概念的本质，同时，利用对比、分析，注意概念间的联系与区别，使其从感性认识上升到理性认识，并注意引导学生运用概念，指导实践，在实践中进一步加深对概念的理解和记忆．

# §3　三角形及四边形的教学

## 一、内容分析

三角形与四边形统称为"直线形"，属于平面几何基本阶段的教学内容．

三角形与四边形是最常见的图形，在工农业生产和生活中有

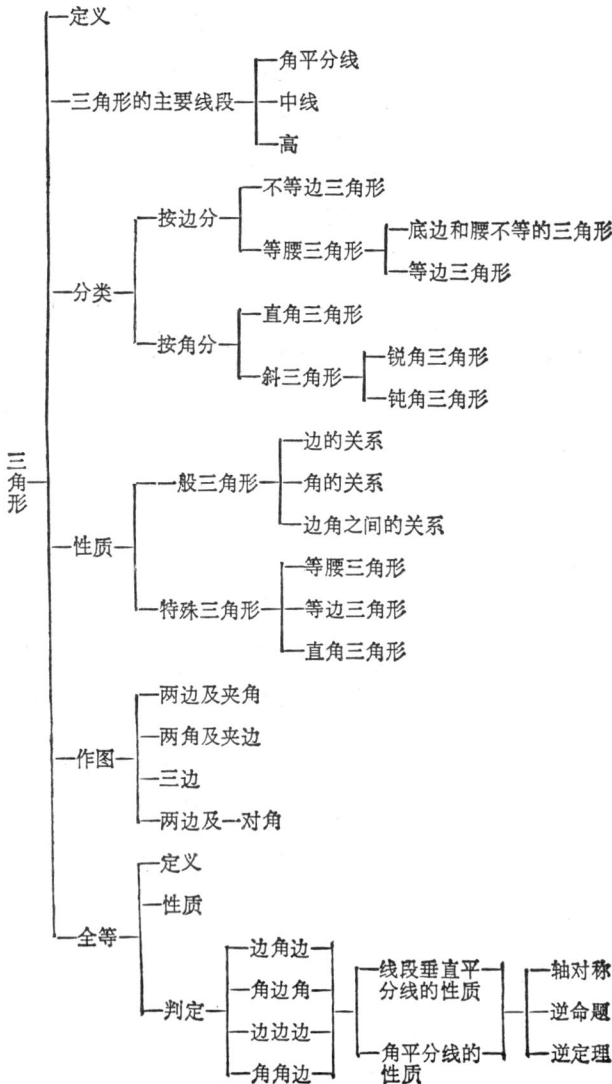

着广泛的应用.三角形与四边形是最简单、最基本的图形,是学习相
似形与圆的基础,对于培养学生的逻辑思维能力,又起着十分重要

表　2

```
三角形
├─ 定义
├─ 三角形的主要线段 ─┬─ 角平分线
│                    ├─ 中线
│                    └─ 高
├─ 分类 ─┬─ 按边分 ─┬─ 不等边三角形
│        │          └─ 等腰三角形 ─┬─ 底边和腰不等的三角形
│        │                         └─ 等边三角形
│        └─ 按角分 ─┬─ 直角三角形
│                   └─ 斜三角形 ─┬─ 锐角三角形
│                                └─ 钝角三角形
├─ 性质 ─┬─ 一般三角形 ─┬─ 边的关系
│        │              ├─ 角的关系
│        │              └─ 边角之间的关系
│        └─ 特殊三角形 ─┬─ 等腰三角形
│                       ├─ 等边三角形
│                       └─ 直角三角形
├─ 作图 ─┬─ 两边及夹角
│        ├─ 两角及夹边
│        ├─ 三边
│        └─ 两边及一对角
└─ 全等 ─┬─ 定义
         ├─ 性质
         └─ 判定 ─┬─ 边角边
                  ├─ 角边角 ─┬─ 线段垂直平分线的性质 ─┬─ 轴对称
                  ├─ 边边边 │                          ├─ 逆命题
                  └─ 角角边 └─ 角平分线的性质          └─ 逆定理
```

的引路、奠基作用.

人们习惯上将"基本概念,相交线、平行线"的学习作为几何学习的入门阶段, 它只是初步接触到推理论证, 对于证题的基本要求、证题的思路、书写格式等还不熟悉. 经过三角形与四边形部分的学习,在明确了定义、公理、定理及其推论的意义和方法后,才能直接用定义、公理、定理的形式进行证明, 进一步明确逻辑推理的要求, 熟悉推理论证的方法. 这部分内容几乎包括了平面几何中常见的各种证法,在命题的推证过程中,还涉及要添加辅助线的问题等.

三角形部分的教学内容及其关系见表2.

其中全等三角形的判定和性质是三角形这部分的重点.

多边形及四边形部分的教学内容及其关系见表3.

**表 3**

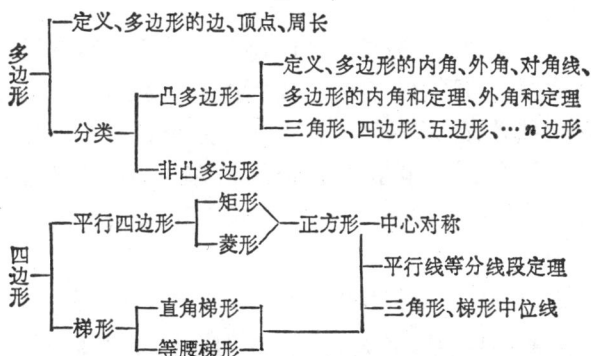

其中多边形的概念是基础,平行四边形的性质与判定是核心,梯形又是平行四边形知识的运用.

## 二、教学要求

《大纲》对三角形这部分内容教学的具体要求是:

使学生理解三角形的有关概念, 熟悉三角形的角平分线、中线、高的概念; 掌握三角形的内角与外角的性质, 以及特殊三角形的有关定义; 掌握三角形的分类; 掌握等腰三角形的性质与判定,以及直角三角形的几个重要性质；掌握线段的垂直平分线和角的平分线的性质定理及其逆定理.

使学生掌握三角形全等的性质与判定，会证明判定三角形全等的"边、边、边"定理和判定直角三角形全等的"斜边、直角边"定理.

使学生了解三角形中的边角不等关系，只要求学会证比较简单的不等问题.

使学生掌握尺规作图中的五种基本作图，掌握最简单的几何作图的步骤，会写已知、求作和作法，不要求写证明.

使学生初步掌握逆命题和逆定理的概念，能正确叙述题设与结论都是简单命题的逆命题，了解真命题的逆命题不一定正确.

使学生理解轴对称和轴对称图形的概念，了解轴对称的性质，会画与已知图形成轴对称的图形，但不要求学生用轴对称的性质证明问题.

要求学生能独立进行推理论证，能正确书写证明过程.

《大纲》对四边形这部分内容教学的具体要求是：

使学生熟悉有关多边形的概念与性质，掌握平行四边形（包括矩形、菱形、正方形）的概念、性质和判定；掌握梯形的概念，等腰梯形的性质和判定；掌握平行线等分线段定理，三角形、梯形中位线定理及其逆定理.

使学生理解中心对称和中心对称图形的概念，了解中心对称的性质. 会画与已知图形成中心对称的图形，但不要求学生会用中心对称的性质证明问题.

要求学生能根据定义和定理作平行四边形（包括矩形、菱形、正方形）和梯形；会等分已知线段；了解解作图题的步骤，但不要求写分析、证明和讨论.

通过分析概念之间的联系与区别，培养学生的辩证观点. 通过定理的证明和应用，提高分析问题的能力、逻辑思维的能力.

### 三、教学建议

结合这部分内容的教学要注意引导学生突破三关：

1. 注意引导学生突破几何语言关

几何语言极为规范、严谨，按其叙述方法可分为文字语言和符号语言，按用途可分为描述性语言、推理语言和作图语言. 对于文字语言，教学中应力求生动、形象、准确. 通过教者示范，强调阅读教材，通过几何图形以及反例等予以强化，使学生掌握"所有"、"凡"、"延长"、"连结"、"截取"、"对应"、"全等"、"在…之上"等术语的用法. 符号语言是推理论证的基础，教学中要引导学生将概念符号化，通过范句、范式、范例养成使用的规范化，并进行文字语言和符号语言互释互译的练习. 只有通过教师的精心安排，循序渐进地进行教学，才能突破几何语言关，为推理论证打好基础.

2. 注意引导学生突破图形关

突破几何图形关，不仅要教会学生具体的画图方法与技巧，熟练地画出几何图形，如任意三角形不可画成等腰三角形，等腰三角形不可画成等边三角形. 分清实线、虚线的用法，更重要的是要培养学生具有一定的看图、识图能力. 例如，在图 19-5 中能分清有几个角，在图 19-6 中能分清有多少个三角形，在图 19-7 中能明了阴影部分面积是如何计算的，等等.

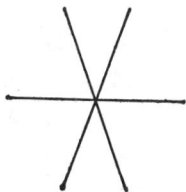　　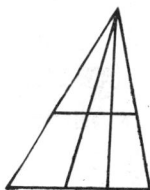　　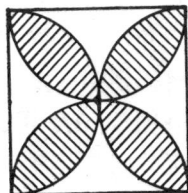

图　19-5　　　　　图　19-6　　　　图　19-7

3. 注意引导学生突破推理论证关

培养学生的逻辑推理能力，是平面几何的重要教学任务.

首先，要教会学生对照图形，分清已知条件，能正确写出已知、求证,学会引用定理,说明理由;其次,要从简单到复杂学会分清命题结构,掌握一定的书写格式;再次,在寻求思路的基础上,要学会运用"三段论"进行证题. 并能学会添置辅助线.

例如,对"求证同垂直于一直线的两直线平行"这一命题,要能分清已知,求证. 即"已知直线 $AB \perp MN$, $CD \perp MN$,求证 $AB /\!/ CD$",并启发学生能分别运用"同位角相等"、"内错角相等"、"同旁内角互补"等方法予以证明.

三角形与四边形的教学,在进行一般教学的基础上,还应注意下列两个问题.

1. 关于全等三角形的教学

搞好全等三角形的教学,是搞好"直线形"教学以至整个平面几何教学的关键,教学时应注意以下几点.

(1) 要教给学生寻求全等三角形对应元素的方法.

一般地,若两个角相等,则这两个角就是对应角, 对应角所对的边就是对应边;若两条边相等,则这两条边就是对应边, 对应边所对的角就是对应角;两个对应角所夹的边是对应边;两条对应边所夹的角是对应角.

此外,在书写格式上,应要求学生按对应顶点的顺序书写, 并注意将"对应边、对应角"与"对边、对角"区分开.

(2) 要教会学生掌握三角形全等的判定方法.

三角形全等首先可用定义来判断,即若两三角形的边、角均对应相等, 则两三角形全等. 但要保证两三角形全等是否需要这么多条件呢? 可让学生通过试验,明确若仅有一对元素相等或若仅有两对元素相等, 都不能确定两三角形全等,只有三对元素对应相等,两个三角形才可能相等.

教学中,可给出统一的已知元素的大小,让学生在纸上各自作出三角形, 通过度量、叠合的实验得出判定方法 I,其他判定方法也可用类似方法得出, 这样可使学生确信这些方法的合理性与可靠性.

为使学生切实掌握全等三角形的判定方法，应在简单的题目的基础上，逐步过渡到较复杂的，即需要二次或二次以上使用三角形全等判定方法才能解的题目．同时，在学习的开始阶段，应要求学生引用全文，注明理由，在学习有了一定基础后，可将理由予以简化，如写"边、边、边"，"角、边、角"等．

2．关于培养逻辑推理能力的教学

(1) 要注意启发学生独立思考

第一，教师要善于根据教学的需要，启发学生通过实验、观察，发现规律，提出猜想．例如，在讲解"三角形三条中线交于一点"前，可让学生画出几种不同的三角形，然后分别画出它们的三条中线，多数学生可能会产生"三角形的三条中线交于一点"的猜想；在讲解"三角形内角和定理"时，可让学生通过度量或拼接，得到三角形内角和等于180°的猜想．

第二，教师要教会学生分析和证明定理，在此基础上，注意引导学生深入探究．

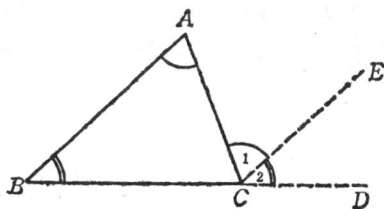

图 19-8

例如，对于三角形内角和定理的证明(如图19-8所示)，可让学生回忆邻补角的性质，得到作 $BC$ 延长线 $CD$，接着启发学生如何作辅助线 $CE$，证明 $\angle ACD = \angle A + \angle B$．在完成证明后，还应启发

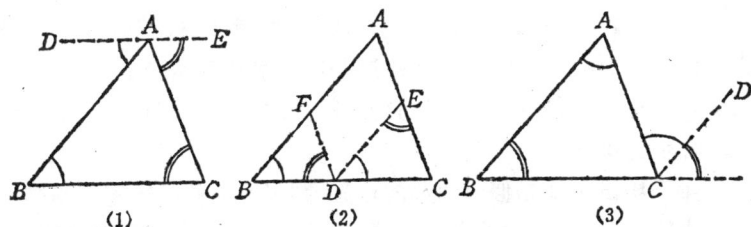

图 19-9

学生总结证题方法，进一步引用如图19-9所示的方法，再予以证

明.

(2) 要教会学生思考问题的方法

分析法与综合法,是几何证明的最基本的方法.一般地说, 分析法有利于思考,综合法宜于表达,二者各有优点,在实际解题时, 往往合并使用. 在教学中,要教会学生运用好分析法与综合法.

在用分析法探求证明途径时,往往有几条路可走,但不一定都能走通. 走不通只好放弃,几条路都能走通,就有多种证法. 教学时,应启发学生猜想、尝试,提出多种解题途径,教师不宜过早地指出证题途径,这样有利于锻炼学生分析问题和解决问题的能力.

(3) 要帮助学生总结证题的规律

在教学中,要根据学生的实际情况,适当总结某些常见图形的性质,常见图形的内在联系,通过题组教学, 总结解某类题的证题规律, 以启发学生多种联想, 沟通思路, 从而有利于提高证题能力.

# §4  相似形的教学

## 一、内容分析

相似形是几何学中的重要内容之一, 也是中学数学的重要组成部分, 相似形的内容可分为四大部分, 在教学中可分为四个阶段.

第一阶段包括比和比例, 平行线分线段成比例定理, 三角形内、外角平分线性质定理等内容,这些内容本身都是独立的, 可以解决许多比例线段的证明和计算问题.同时, 又为学习下一阶段相似三角形作准备.

第二阶段包括相似三角形的定义、判定及性质等内容. 同样, 这些内容是单一、相对独立的,但同时又是下一阶段相似多边形的基础.

第三阶段包括相似多边形的定义与性质等内容. 由于相似多

边形的判定定理不便使用，一般只根据定义进行判定，因此，《大纲》中没有列入相似多边形的判定定理.

第四阶段包括位似形的定义、性质、射线法测量等内容. 位似变换是几何中的一种重要变换，在轨迹、作图和测量中都有重要应用，因此这一阶段的内容实际上是相似形这一部分内容的综合应用.

由以上分析可见，这部分内容的中心是相似三角形，而研究相似三角形的理论基础是平行线分线段成比例定理及其推论. 因此，相似三角形和比例线段这两阶段的内容是相似形的重点，而熟练地掌握比例的性质是学好相似形这部分内容的关键.

## 二、教学要求

使学生理解比与比例的概念，掌握比例的有关性质，并能熟练地进行简单的比例变形.

使学生理解线段的比、成比例线段的概念，掌握平行线分线段成比例定理及其推论，推论的逆定理，掌握三角形角平分线的性质定理.

使学生理解相似形的概念，掌握相似三角形的判定与性质，掌握直角三角形中成比例的线段，掌握相似多边形的性质.

使学生了解位似形的概念及运用位似图形进行测量的原理.

通过相似形的学习，使学生了解如何利用类比方法去探索、发现新问题，逐步养成研究问题的习惯.

## 三、教学建议

关于相似形的教学，在进行一般教学的基础上，应注意下列几个问题.

1. 重视相似形概念的教学

为使学生深刻理解相似形的概念，教学中可分三步进行.

第一步，在引入新课时，应通过实例对相似形的概念进行直观描述，说明相似形只要求形状相同，但大小不一定相等.

第二步，在给出相似三角形的定义后，由于三角形的特殊性，应使学生明确,在判定两个三角形相似时, 不需要逐个检验"对应角都相等,对应边都成比例", 和判定两个三角形全等类似,只要利用相似三角形的判定定理.

第三步, 在学习相似多边形时, 学生由于受相似三角形判定定理的影响,往往会误认为也有类似判定定理, 得出矩形都相似、菱形也都相似的错误结论. 教学中,应通过反例,使学生明确判定两个相似多边形,只能严格按照定义, 即 ① 边数相同; ② 对应角都相等; ③ 对应边都成比例.

2. 掌握线段成比例的证明方法

在相似形这部分内容中,证明线段成比例是一个重点,又是一个难点. 为突破这一难点,教学中可与证明线段相等的情况对比,总结一些证题规律,帮助学生掌握常用的方法.

例如,常常通过添设平行线,将已知条件集中, 以便利用平行线分线段成比例定理. 现行中学课本中证明三角形内、外角平分线性质定理就是这样的.

再如,证明线段成比例时,可用等量去代换比例式中的一条线段,也可以代换两条线段的比等.

3. 加强实际应用的教学

相似形在实际中应用很广,加强实际应用的教学,能提高学生学习几何的兴趣. 教学中,应多列举实例,例如比例规、放缩尺的原理, 在力学、物理学中的应用以及利用小平板仪测绘平面图等.

# §5 圆 的 教 学

## 一、内容分析

圆是平面上最简单的封闭曲线, 在生产和生活中有广泛的应用, 在平面几何中占有十分重要的地位. 圆这部分的内容及其关系见表 4.

表　4

圆
├─ 圆的概念与性质
│　　├─ 圆的定义——不共线三点确定圆
│　　├─ 圆的性质
│　　│　　├─ 轴对称性——垂径定理及其推论
│　　│　　└─ 中心对称性——弧、弦、弦心距的关系
│　　└─ 有关量的计算
│　　　　├─ 圆的周长——弧长
│　　　　└─ 圆的面积——扇形、弓形的面积
└─ 圆与其他图形的位置关系
　　├─ 直线与圆的位置关系
　　│　　├─ 相离
　　│　　├─ 相切
　　│　　│　　├─ 判定定理
　　│　　│　　└─ 性质定理
　　│　　└─ 相交
　　├─ 角与圆的位置关系
　　│　　├─ 圆心角、圆周角、弦切角的概念和性质
　　│　　└─ 圆幂定理
　　│　　　　├─ 相交弦定理
　　│　　　　├─ 切割线定理
　　│　　　　└─ 割线定理
　　├─ 圆与圆的位置关系
　　│　　├─ 外离
　　│　　├─ 外切——性质
　　│　　├─ 相交——性质
　　│　　├─ 内切——性质
　　│　　└─ 内含(同圆心)
　　└─ 多边形与圆的位置关系
　　　　├─ 三角形与圆
　　　　│　　├─ 外心
　　　　│　　└─ 内心
　　　　├─ 四边形与圆
　　　　│　　├─ 圆内接四边形的性质与判定
　　　　│　　└─ 圆外切四边形的性质
　　　　└─ 正多边形与圆
　　　　　　├─ 正多边形的有关计算
　　　　　　└─ 等分圆周

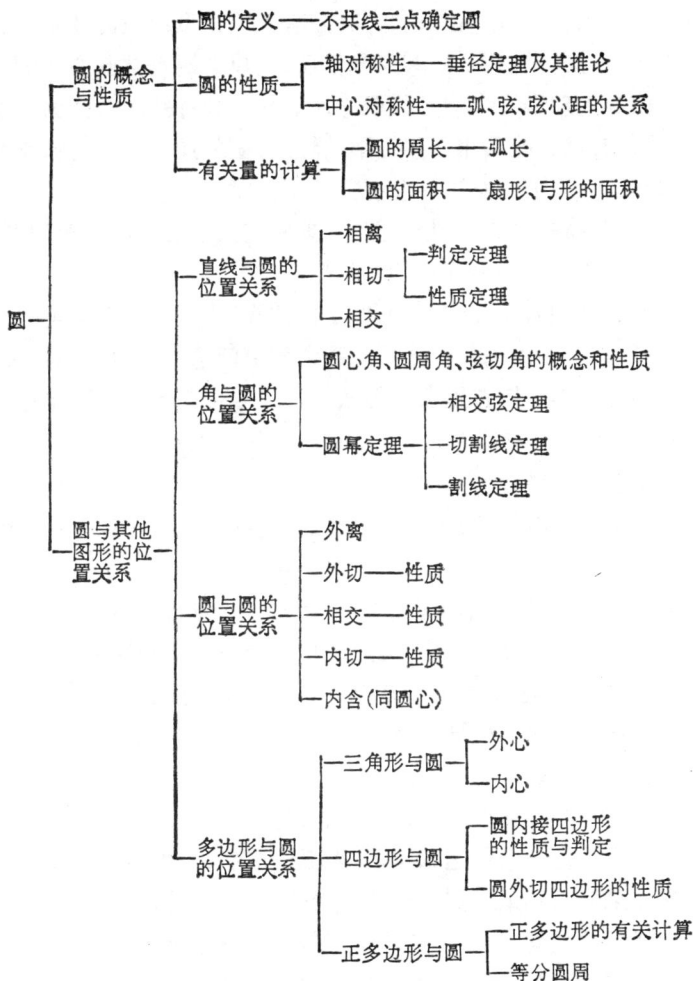

　　这一部分的内容较多,应用也较为广泛. 但圆的有关性质,直线与圆相切、圆与圆相切以及与圆有关的计算,应用更为广泛, 更重要,所以它们是本章知识的重点,其中圆的性质是其基础.

二、教学要求

使学生掌握与圆有关的概念和一些重要性质,直线与圆,圆与圆的位置关系,与圆有关的角,与圆有关的比例线段的性质,以及直线与圆、圆与圆相切的判定和性质,简单的四点共圆的证明.

使学生理解正多边形的概念,掌握几种特殊的等分圆周作正多边形的方法,能运用正多边形的性质,圆的周长、面积、弧长和扇形面积的计算公式解决一些有关计算问题.

了解四种命题及其相互关系;理解用反证法证明命题的思路,能用反证法证明一些简单的几何题.

通过圆的教学,结合前面所学的知识,进一步培养学生的逻辑思维能力,综合运用知识分析问题和解决问题的能力;同时,通过直线与圆,圆与圆位置关系等教学,对学生进行运动变化等观点的教育.

**三、教学建议**

关于圆的教学,在进行一般教学的基础上,应注意下列几个问题.

1. 注意将直线形与圆的有关问题对照进行讲解

学生对圆虽然不陌生,但把圆作为一种几何图形来研究,还是首次.为此,在教学中,一方面要注意利用学生已有的圆的知识,另一方面,要注意引导学生运用直线形的有关知识和方法去研究圆.例如,"不在一直线上的三点确定一个圆"可以和"两点确定一条直线"相对照;扇形的面积公式和三角形的面积公式相对照.即将扇形看成是一个曲边三角形,将弧看成底边,将半径看成高.教学中如果能正确地运用类比和比较的方法,不但可使学生加深对所学知识的理解,而且可有助于培养逻辑思维能力.

2. 注意进一步培养学生的推理论证能力

圆是平面几何最后一部分的内容,无论所涉及的图形,还是命题的解法都比前面的复杂.在教学中要特别注意进一步巩固与培养学生的逻辑推理能力,这就要加强解题思路分析,帮助学生建立已知与未知、简单与复杂、特殊与一般在一定条件下可以转化的思想,把一般问题化为特殊问题的思考方法.

3.注意确立形数结合的思想

点和圆的位置, 和点到圆心的距离与半径之间的数量关系是互相对应的. 通过点和圆、直线和圆、圆和圆的位置关系的教学, 使学生明确已知位置关系可确定为数量关系; 反之, 已知数量关系可确定为位置关系, 从而确立形数结合的思想.

4.注意加强运动与变化思想的教学

客观事物是不断运动、变化的, 只有从运动和变化的观点去观察、研究它们, 才能更准确更深刻地反映客观事物的本质. 教学中, 应加强运动和变化的思想. 例如在讲点和圆、直线和圆、角和圆、圆和圆的位置关系时, 都可以通过点与圆、直线与圆、角与圆、圆与圆的相对运动,使学生看到它们的各种不同的位置关系.

# §6 其余部分的教学

初中平面几何的内容,除了上述几节的知识外,还有如下几个部分的知识,其教学内容、要求与建议分述如下.

一、尺规作图

在九年义务制的几何教材里,尺规作图的知识,安排在第三章三角形中,其教学内容和要求都比较简单.

1.教学内容

介绍基本作图题,以及利用基本作图题,作出三角形.

2.教学要求

(1) 了解尺规作图和基本作图的含义.

(2) 学会用尺规完成以下基本作图:

① 作一条线段等于已知线段;

② 作一个角等于已知角;

③ 作角的平分线;

④ 作线段的垂直平分线;

⑤ 过定点作已知直线的垂线.

(3) 利用基本作图,作如下几种三角形:

① 已知三边作三角形;

② 已知两边及其夹角作三角形;

③ 已知两角及其夹边作三角形;

④ 已知底边及底边上的高作等腰三角形;

⑤ 已知底边上的高及腰作等腰三角形;

⑥ 已知一直角边及斜边作直角三角形.

(4) 了解作图的步骤. 对于尺规作图题,会写已知、求作和作法.

必须指出:初等几何里的尺规作图的知识,比较深奥, 在九年义务制初中几何教学中,不要随意补充复杂作图题,不要拔高.

**二、解直角三角形**

在九年义务制几何教材里,有一章是解直角三角形.其教学内容和要求是:

(一)锐角三角函数

1. 教学内容

锐角三角函数. 30°、45°、60° 角的三角函数值. 正弦和余弦表,正切和余切表.

2. **教学要求**

(1) 了解锐角三角函数的概念,能够正确地应用三角函数表示直角三角形中两边的比.

(2) 熟记 30°、45°、60° 角的三角函数值,会计算含有特殊角的三角函数式的值,会由一个特殊锐角的三角函数值,求出它的对应的角度.

(3) 会查正弦和余弦表、正切和余切表(有条件的学校可使用计算器),由已知锐角求它的三角函数值,由已知三角函数值,求它对应的锐角.

(二)解直角三角形

1．教学内容

解直角三角形及其应用．

2．教学要求

(1) 掌握直角三角形的边角关系，会用有关知识解直角三角形．

(2) 会用解直角三角形的有关知识，解一些简单的实际问题．

(3) 通过与三角形或四边形有关的实习作业，培养学生解决实际问题的能力和用数学的意识．

**三、点的轨迹**

点的轨迹知识，比较难懂．目前为了减轻初中学生的学习负担,在《九年义务教育全日制初级中学数学教学大纲》(试用)中,已放低了对轨迹的教学要求;教材中把"点的轨迹"只放在"读一读"栏目中提出,不作为教学要求,只供学生课外参考,只要求学生初步了解点的轨迹的概念和几个简单的轨迹．

## 习 题 十 九

1．平面几何的教学目的是什么？

2．在平面几何教学中应注意哪些规律？

3．何谓平面几何的入门教学？你认为应怎样解决"入门难"的问题？

4．怎样突破几何语言关？

5．怎样突破几何图形关？

6．怎样突破推理论证关？

# 后　记

　　本书第一版，写于1989年春．就总体结构而论，这部教材是根据国家教委审定的高等师范院校"中学数学教材教法"的教学大纲编写的．全书分成总论、初等代数研究、初等几何研究三个分册．编写时力求做到：努力体现教学大纲的基本要求，系统阐述大纲规定的基础知识、基本理论和基本技能；紧扣师专培养目标和规格要求，密切联系中学数学教学实际，在内容上适当延伸和拓宽；恰当运用近代数学的观点、思想和方法，注意培养学生的思维能力、自学能力和实践应用能力；主次分明，详略适度，给师生留有进一步思考和发挥的余地．同时，为适应不同地区教学的需要，还编入少量选学内容(书中标有*号，用小字排印)．

　　《中学数学教材教法》出版后，前后印刷五次，现在已为全国一百多所师范院校选作这门课程的教材．经过多年教学实践，同行们普遍认为，这部教材大体合乎师专实际，有一定创新意识．同行们也提出了不少有益的改进意见，建议我们在适当的时候进行修订．

　　前段时间，国家教委制定了九年制义务教育课程计划和各学科教学大纲，并于1993年秋季开始在全国实施．新的课程计划和新的教学大纲，对基础教育提出了新的要求，从而对中学数学教材教法也提出了新的要求．面对新的形势，为了更好地适应中学数学教学改革的需要，进一步提高本教材质量，在华东师范大学出版社的支持下，我们对原书进行了全面的修订．

　　修订工作是在原书框架上进行的，力图保持原书特色，篇章结构原则上不作大的变动．修订中我们力图反映近几年中学数学教学改革的新经验、新成果，努力体现九年制义务教育初中数学教学新大纲和新教材的需要. 为了便于教师教学,学生自学,还适当调整了各章的例题和习题.

这次修订是集体的创作,集中了各方面的经验. 参加执笔修订的有赵振威(第一分册绪言,第一、三、四、五、八章,第二分册绪言,第九、十三章),章士藻(第二、六、七章,第三分册绪言,第十四章),何履端(第十五、十六、十七、十八、十九章),沈培华(第十、十一、十二章). 最后,第一、二分册由主编赵振威修改、定稿;第三分册由副主编章士藻修改、定稿.

在修订过程中,我们得到了主审张奠宙教授的悉心指导;也得到了全国师范院校同仁的支持,特别是秦雪生、胡连三、周修知、黄益生等老师,对本书的修改提出了宝贵的意见.在此谨致诚挚的感谢.

由于我们水平有限,缺点、错误在所难免,恳切希望读者批评指正.

编　者

1994 年 2 月于虞山

# 本社出版的新世纪师范院校教材